ZIEMBINSKI
aquele bárbaro sotaque polonês

AQUELE BÁRBARO AQUELE ZIEM

Embaixada
da República da Polônia
em Brasília

ALEKSANDRA PLUTA

BINSKI

O SOTAQUE POLONÊS

PERSPECTIVA

COLEÇÃO PERSPECTIVAS
dirigida por J. Guinsburg

© Editora Perspectiva 2015
Título original em polonês: *Ten piekielny polski akcent. Ziembiński na brazilijskiej scenie*

TRADUÇÃO: Luiz Henrique Budant
Revisão técnica da tradução: Marcelo Paiva de Souza
Edição de texto: Yuri Cerqueira dos Anjos
Revisão: Adriano C.A. e Sousa
Capa: Sergio Kon
Produção: Ricardo W. Neves, Sergio Kon, Lia N. Marques, Luiz Henrique Soares e Elen Durando

CIP-Brasil. Catalogação na Publicação
Sindicato Nacional dos Editores de Livros, RJ

P789z
  Pluta, Aleksandra
    Ziembinski, aquele bárbaro sotaque Polonês / Aleksandra Pluta ; tradução Luiz Henrique Budant. - 1. ed. - São Paulo : Perspectiva, 2016.
    322 p. : il. ; 23 cm.

    Tradução de: Ten piekielny polski akcent. Ziembiski na brazylijskiej scenie
    Inclui bibliografia e índice
    ISBN 978-85-273-1072-7

    1. Ziembinski, Zbigniew Marian, 1908-1978. 2. Atores - Brasil - Biografia. 3. Diretores e produtores de teatro - Brasil - Biografia. I. Título.

16-36429
                                    CDD: 927.92
                                    CDU: 929:7.071.2

22/09/2016   28/09/2016

Direitos reservados em língua portuguesa à
EDITORA PERSPECTIVA S.A.
Av. Brigadeiro Luís Antônio, 3025
01401-000 São Paulo SP Brasil
Telefax: (11) 3885-8388
www.editoraperspectiva.com.br
2016

Velho Zimba! Ninguém fez tanto quanto esse polonês pelo teatro brasileiro.

Nelson Rodrigues

Agradecimentos
11

Um Ziembiński Que Perdeu o "Ń"
(Mas em Troca Recebeu o Título de Pai do Teatro Brasileiro Moderno)
13

1 Mamãe, Vou Ser Ator: A Infância de Ziembinski
21

2 Ziembinski Nos Palcos Poloneses
39

3 Sou Obcecado Pelo Drama Burguês
55

4 O Teatro Polonês Durante a Guerra
81

5 Esboço de História da Imigração Polonesa no Brasil
99

6 Um Visto Para a Lua
113

7 "Não Estou Entendendo Nada, Mas É Maravilhoso"
(Os Comediantes e "Vestido de Noiva")
123

8 Poloneses nos Palcos Brasileiros
149

9 O Misterioso Gottlieb von Sambor
165

SUMÁRIO

10 A Mudança do Rio de Janeiro Para São Paulo
(Zimba e Cacilda Becker no Teatro Brasileiro de Comédia)
177

11 Da Hegemonia do Ator Para a Hegemonia do Diretor
199

12 Aquele Bárbaro Sotaque Polonês!
219

13 O Emigrante Volta
227

14 Confusão em Torno de uma Paternidade
243

15 Despedida
251

Anexos
271

299 Notas
307 Bibliografia
311 Índice de Nomes

AGRADECIMENTOS

A autora agradece às seguintes pessoas:

O embaixador da Polônia no Brasil, Andrzej Maria Braiter, a consulesa Katarzyna Braiter, Aleksandra Luszczynska, Aleksandra Piasecka-Till, Alicja Goczyła-Ferreira, Andrzej Bukowiński, Ana Lucia T. Vasconcelos, Anna Ciszowska, Antunes Filho, Arthur Trojan, Bartłomiej Koter, Bernadeta Lekacz, Cecil Thiré, Dorota Bochniak, Fabiana Fontana, Fausto Fuser, Henryk Siewierski, Jacó Guinsburg, o cônsul da Polônia em Curitiba, Marek Makowski, Lisete Lagheto, Luiz Henrique Budant, Magdalena Starzycka, Marcelo Paiva de Souza, Marcin Mierzwiński, Marcin Raiman, Monika Ścibor, Nanete Neves, Natalia Rucińska, Nydia Licia, Paulo Kochanny, Piotr Kilanowski, à família Borek, à família Moreno Teixeira, à família Souza, Ryan Fernandes Oliveira da Silva, Ryszard Piasecki.

Agradecemos à Funarte/Centro de Documentação pela cessão das imagens de Ziembinski e das peças em que trabalhou no Brasil, bem como a Maria Thereza Vargas por sua valiosa ajuda. Apesar do nosso esforço para identificar as pessoas que aparecem nas fotos, isso nem sempre foi possível. Desculpamo-nos, pois, pelas omissões e nos colocamos à disposição de quem puder fornecer qualquer informação a respeito, para que possamos acrescentar em futuras edições.

Agradecemos também a Hucitec, que gentilmente nos permitiu reproduzir aqui trechos da obra *Ziembinski e o Teatro Brasileiro*, de Yan Michalski.

UM ZIEMBIŃSKI

(mas em troca recebeu o título

> *Tem poetas onde interessa mais*
> *a obra, artistas cuja peripécia pessoal se*
> *reduz a um trivial variado, sem maiores*
> *sismos dignos de nota, heróis de guerras e*
> *batalhas interiores, invisíveis a olho nu.*
> *Tem outros, porém, cuja vida é, por si só,*
> *um signo.*
>
> Paulo Leminski

JE PERDEU O "Ń"
i do teatro brasileiro moderno)

Com essas palavras, Paulo Leminski, filho de polonês e brasileira, um dos poetas mais originais do Brasil no século xx, começou a biografia de outro poeta brasileiro, Cruz e Sousa[1]. Cito aqui as palavras de Leminski por dois motivos. Primeiro, esses dois sobrenomes – Leminski e Ziembinski – não poderiam ser omitidos no contexto da contribuição polonesa à cultura brasileira. Tal contribuição vai muito além das relações diplomáticas e trocas culturais bilaterais entre esses países distantes, ela toca as esferas da alta cultura, da cultura mundial – atrevo-me a dizer. Segundo, do meu ponto de vista é difícil separar a obra de Ziembinski, excepcionalmente diversificada e rica, do colorido extraordinário das peripécias de sua existência. Trabalhando neste livro, várias vezes me perguntei o que era para mim mais atraente: os espetáculos ou os meandros do destino? O teatro ou a vida?

Procurando material sobre Zbigniew Ziembiński na Polônia, fui a várias bibliotecas, arquivos e sebos, buscando impacientemente seu nome em índices de livros sobre a história do teatro polonês do entreguerras. Na maioria deles, na letra Z constava quase sempre Aleksander Zelwerowicz, frequentemente Michał Znicz. Contudo, Ziembiński, não havia jeito de encontrar. Então comecei a supor que sua carreira começou de verdade apenas no Brasil e que apenas lá poderia encontrar a bibliografia exaustiva indispensável com fins de resgatar sua figura. Alguns dias antes do voo para São Paulo, visitei a biblioteca do Instituto Teatral de Varsóvia, que se revelou – contra minhas expectativas anteriores de que na Polônia seria difícil encontrar qualquer coisa sobre Zimba – uma verdadeira mina de conhecimentos. Passei os meses seguintes em São Paulo, onde adquiri o hábito de me dirigir automaticamente às estantes de livros sobre teatro, fossem em bibliotecas, fossem em arquivos. De costume, abria os livros sobre história do teatro brasileiro na última página e passava o dedo freneticamente pelo índice onomástico, no qual, ao alcançar o Z, sempre me deparava com Ziembiński – ou melhor, com Ziembinski, sem o seu "ń" polonês, um Ziembiński abrasileirado, um Ziembiński cujo nome era escrito de várias maneiras, quase nunca a correta. Depois de alguns meses, durante os quais me deixei absorver totalmente por diversas histórias e interpretações de sua figura, cheguei a algumas conclusões mais importantes:

1. É impossível contar a história do teatro brasileiro omitindo a figura de Ziembinski.
2. É impossível contar a história de Ziembinski omitindo todo o contexto cultural do Brasil.
3. Não há pessoa que tenha uma posição neutra em relação a Ziembinski – existem apenas aqueles para quem sua vaidade e estilo autoritário de direção são imperdoáveis ou aqueles que se derramam em palavras de veneração, garantindo que sem a contribuição dele o teatro brasileiro contemporâneo simplesmente não existiria: "aqueles que criticam Ziembinski não têm a menor ideia do que é teatro" (Antunes Filho).
4. Ziembinski não foi criador de uma obra de nível constante. Depois de apresentações de sucesso espetacular, que não saíam de cartaz por vários meses, seguiram-se também fiascos espetaculares, peças cuja vida veio a ser vexatoriamente curta, tão curta, que não vale a pena nem recordá-los.
5. A divergência de opiniões sobre Ziembinski nos materiais escolhidos por mim e nos testemunhos de personalidades importantes do teatro brasileiro é muito bem ilustrada por duas breves declarações:
    - "A presença de Ziembinski era muito poderosa, ele deixava marcas da sua personalidade em seus espetáculos, o que era sua força teatral" (Sábato Magaldi).
    - "Ziembinski se aproxima do velho e tão amplamente aceito ideal de diretor: aquele cuja direção não se nota e não se sente" (Fernando Peixoto).

UM ZIEMBIŃSKI QUE PERDEU O "Ń"
(MAS EM TROCA RECEBEU O TÍTULO DE PAI DO TEATRO BRASILEIRO MODERNO)

Fazendo a primeira pergunta básica sobre a contribuição de Ziembinski para o desenvolvimento do teatro brasileiro, podia esperar quase infalivelmente a mesma resposta. Como um poema aprendido de cor na infância, da boca dos meus interlocutores saíam sempre os mesmos bordões: "direção", "luz", "consciência teatral", "Ziembinski – pai do teatro brasileiro moderno". Também escutei com frequência que, antes de Ziembinski, reinava uma estagnação à qual apenas meu compatriota pôde pôr cobro, trazendo consigo conhecimento das modernas tendências teatrais europeias, da história do teatro, das técnicas de iluminação. É difícil, porém, imaginar que antes de 1941 imperavam trevas sepulcrais e que não acontecia absolutamente nada. Menos mal se quem o dissesse fosse um brasileiro! Mas se um estrangeiro ousasse dizer o mesmo, correria o risco de se indispor com o meio teatral local. Também por isso, escrevendo sobre a situação do teatro brasileiro no início do século XX, irei me reportar principalmente a depoimentos e juízos de estudiosos e críticos teatrais brasileiros.

Nas pesquisas sobre Ziembinski, interessou-me em especial o rótulo que lhe foi dado de "pai do teatro brasileiro moderno". Comecei a procurar os motivos para tanto, se foi assim na verdade. Não podia repetir de novo, afinal, um bordão batido há décadas. Era preciso saber quando, onde e por que ele foi rotulado desse modo. O que fez para merecer isso. Aprofundando-me no tema, encontrei-me com pessoas que tiveram a possibilidade de trabalhar com Ziembinski ou que assistiram a seus espetáculos. Conversei, entre outros, com Antunes Filho, Fausto Fuser, Jacó Guinsburg, Maria Thereza Vargas, Nydia Licia e Cecil Thiré. Algumas dessas pessoas questionaram aquela visão. Também houve duras palavras de crítica endereçadas ao meu compatriota. Isso me permitiu compreender que todo grande artista é uma personagem controversa e gera sentimentos extremos. Ziembinski teve tantos admiradores quantos foram seus inimigos, mas o título de "pai do teatro brasileiro moderno" agarrou-se a ele e, com o passar do tempo, tornou-se muito difícil arrancá-lo.

Minha primeira fonte de informação, e também de inspiração durante o trabalho de reconstrução da vida e da obra de Ziembinski foi o riquíssimo, meticuloso livro de Yan Michalski, *Ziembinski e o Teatro Brasileiro*. Esse livro é fruto de sete anos de pesquisa de Michalski (1932-1990), polonês de Częstochowa, sobre Zimba. Pode-se considerá-lo uma homenagem feita ao mestre por um aluno que morreu antes de terminá-la. A empreitada de Michalski foi concluída pelo ator, diretor, pesquisador e crítico teatral brasileiro Fernando Peixoto. Tomando conhecimento dessa publicação, pode-se ter a impressão de que tudo aquilo que poderia ter sido dito ou escrito sobre Ziembinski encontra-se na obra de Michalski. O retrato de Ziembinski que se descortina das páginas do livro é um retrato neutro, embora a atitude do autor diante dele nem sempre seja desprovida de crítica. Graças exatamente a isso, aliás, esse retrato é mais confiável. Sem dúvida, Michalski admirava seu mestre, mas no caso dos espetáculos malsucedidos de Ziembinski, que saíram de cartaz após apenas alguns dias ou semanas, ele não se furtou a um comentário severo. No livro pode-se encontrar uma incontável quantidade de críticas vindas a lume após a estreia dos espetáculos nos quais Ziembinski atuou ou que foram por ele dirigidos. As críticas teatrais são justamente uma das fontes mais valiosas para o pesquisador de teatro, pois a essência das artes da cena só se manifesta enquanto dura o espetáculo. Baixadas as cortinas, ela se desvanece. Ao contrário da literatura, da pintura, da escultura ou da arquitetura, cujas obras podemos admirar e experienciar muitos anos após a morte do respectivo criador, na criação cênica o caso é completamente outro. É preciso admitir que o tempo de vida do ator é o tempo vivido no palco em cena, sob a luz dos refletores. Quando esse tempo passa, é difícil para as próximas gerações ter ideia de quão grande foi determinado ator. Como disse certa vez Zdzisław Dąbrowski·, "a atuação é uma arte que tem apenas um tempo: hoje. Na falta do ator, é como se simplesmente desaparecesse do mapa". Por isso, no trabalho com a biografia de Ziembinski, foram fontes de informação tão valiosas para mim as reações, impressões ou análises registradas no calor da hora nas críticas teatrais, sejam aquelas escritas ainda antes da Segunda Guerra Mundial por literatos ilustres como Tadeusz Boy-Żeleński e Antoni Słonimski, sejam aquelas que foram aparecendo desde o começo dos anos de 1940 na imprensa brasileira, às quais consegui ter acesso trabalhando neste livro no Brasil. Entre os mais importantes autores a comentar os empreendimentos teatrais de Ziembinski estão Décio de Almeida Prado, Sábato Magaldi, Miroel Silveira, Barbara Heliodora – proeminentes críticos de teatro com horizontes que vão para muito além do território brasileiro.

Outra valiosa fonte de informação, além do livro de Yan Michalski e das críticas teatrais publicadas na imprensa, foi a tese de doutorado de Fausto Fuser, defendida

UM ZIEMBIŃSKI QUE PERDEU O "Ń"
(MAS EM TROCA RECEBEU O TÍTULO DE PAI DO TEATRO BRASILEIRO MODERNO)

nos anos de 1980 na Universidade de São Paulo (USP), intitulada *A Turma da Polônia na Renovação Teatral Brasileira, ou Ziembinski: O Criador da Consciência Teatral Brasileira?* A tese tem um caráter totalmente distinto do livro de Michalski; Fausto Fuser buscou provar que todo o enlevo com as conquistas e revoluções realizadas por Ziembinski e a ele atribuídas é, de fato, um grande exagero. Em sua tese, o autor esforçou-se, sobretudo, em documentar o que já havia sido realizado no teatro nacional antes da chegada de Ziembinski às terras brasileiras. Ele imprimiu ao seu trabalho acadêmico um estilo algo emocional, indignou-se ao tomar conhecimento do que Ziembinski falou de si próprio durante uma curta estada na Polônia no começo dos anos 1960, e mais de uma vez adotou um tom irônico perante o título de "pai do teatro brasileiro". A leitura dessa tese de doutorado foi uma experiência intelectual muito estimulante, pois lançou uma luz completamente diferente na figura glorificada do quase semideus do teatro brasileiro. Fuser realizou, além disso, algo excepcional, que a mim se mostrou muito útil: procedeu a uma série de entrevistas com expoentes do meio teatral que tiveram oportunidade de conhecer e de trabalhar com o mestre polonês. Essas entrevistas foram publicadas como anexo à sua tese de doutorado, um anexo de proporções que não ficam atrás da própria tese. O adendo foi uma fonte inesgotável de conhecimento, tanto mais valiosa, porque a maioria das pessoas com as quais Fuser conseguiu conversar já não está viva. Seus depoimentos, nunca antes publicados e aproveitados, tornaram-se o ponto de partida de muitos capítulos do presente livro. O próprio encontro com Fausto Fuser, sua esposa e seu filho, também foi uma experiência enormemente valiosa e frutífera. Como convém a um brasileiro, Fuser é uma pessoa muito emocional e durante a conversa sobre Ziembinski várias vezes mostrou-se contrariado, zangou-se e levantou a voz. Fuser é um erudito com relações fortemente afetivas tanto com o teatro quanto com seu objeto de estudo, ou seja, com Ziembinski. Passou alguns anos na Polônia, onde aprendeu polonês e estudou direção na Escola Nacional de Cinema, Televisão e Teatro (PWSTTviF) em Łódź.

A última fonte da qual me servi a fim de reconstruir a trajetória do herói deste livro foi o registro das "confissões", do "monólogo íntimo" gravado pelo próprio Ziembinski em três fitas cassete, material publicado até o momento apenas em língua portuguesa por Yan Michalski em anexo ao livro *Ziembinski e o Teatro Brasileiro*. Fiz uma seleção subjetiva de fragmentos das gravações. Nessa escolha, guiei-me, principalmente, pelo desejo de uma apresentação clara e cronológica dos mais importantes eventos da infância e da juventude de Ziembinski, deixando de lado, infelizmente, momentos de caráter mais reflexivo. Transcrever o teor das gravações em sua totalidade seria impossível por conta dos limites deste livro. Tenho esperança de que, no futuro, haja oportunidade para traduzir por completo essas confissões íntimas, absolutamente essenciais para o entendimento da personalidade do artista.

Escrevendo sobre a vida e a obra de Ziembinski, uma perspectiva foi especialmente indispensável para mim. Encarei Ziembinski não apenas como um artista, mas também como um emigrante e um imigrante. Por esse motivo, entre outros, dediquei um capítulo a uma rápida sinopse da história da imigração polonesa no Brasil, e um outro a uma discussão detalhada dos problemas relacionados com o sotaque polonês de Ziembinski. Seu papel de diretor e ator foi tão importante para mim quanto o papel de estrangeiro tentando adaptar-se a novas realidades, ou o de um polonês que se afastou tanto de seu país que não foi de todo entendido quando, anos depois, decidiu visitá-lo de novo. Um homem, um artista arremessado para fora de seu contexto de origem, um percurso criativo que cruzou as fronteiras entre dois mundos tão distintos entre si, que conseguiu alcançar o sucesso no país que deixou para trás, bem como no país em que chegou, em um prazo surpreendentemente curto. Sob esse aspecto, cumpre reconhecer que Ziembinski se destacou em meio aos imigrantes da Polônia no Brasil. Há anos me fascina o tema da imigração polonesa na América Latina. Escrevendo sobre Ziembinski, pude abordar o assunto invulgarmente amplo em nível micro, pois cada onda migratória se compõe, afinal, de histórias humanas singulares, pessoais.

Este livro não será uma biografia de ação veloz. Seu ritmo pode frequentemente ser desacelerado por um considerável número de críticas e opiniões daqueles para os quais Ziembinski não era indiferente. Tenho, todavia, esperança de que a construção do livro, baseada principalmente em juízos e depoimentos de testemunhas oculares, permita observar de perto essa figura que despertou tantas controvérsias e emoções extremadas – da adoração à negação. A forma de deixar ao leitor a possibilidade de confronto direto com as fontes primárias, reduzindo ao mínimo os comentários da autora, pareceu-me a mais apropriada.

Caberá ao leitor determinar qual faceta de Ziembinski é a predominante.

Silenciam os últimos sussurros por entre o público. Gradualmente se apagam as luzes. A cortina se ergue com dignidade, descobrindo as tábuas do palco. Da escuridão vão surgindo os primeiros pontos de luz no cenário. Luz tom de ciclame da Pérsia. O refletor está direcionado apenas para ele, envolto em uma auréola perolada, numa pose teatral, levemente pomposa. A iluminação faz com que os traços de sua face pareçam mais vívidos, mais belos do que os traços das faces daqueles que serão iluminados apenas pelo refletor branco.

A luz rósea dá-lhe brilho, revela a maquiagem feita com cuidado, na qual trabalhou desde as dezessete em ponto, sentado diante do espelho em seu camarim. No palco do teatro no Rio de Janeiro são ditas as primeiras palavras. Intrigado pelo acento exótico, o público apura o ouvido. De onde é esse homem sob a luz rósea? De onde surgiu esse bárbaro sotaque polonês no teatro brasileiro?

De Wieliczka.

MAMÁ

1
E, VOU SER ATOR:
a infância de ziembinski

Eu, há vários anos, ando com uma ideia que eu procuro realizar. Eu gravo à noite, quando tenho tempo – pode-se imaginar que é pouco, porque não tenho tempo – mas gravo e vou gravar dezenas de fitas onde eu falo sobre não somente o teatro brasileiro, mas sobre a colocação do mundo em que eu vivi, em relação ao homem de teatro que passou por este mundo [...]. Eu vou deixar isso com alguém, ou talvez escreva, transforme isso num livro [...]. Me parece que isto é a coisa mais séria que eu posso deixar como testemunho da época em que eu vivi, onde se fala de milhares de coisas, de milhares de pessoas, de coisas sem importância nenhuma.[1]

Não foi possível verificar se Ziembinski continuou as gravações e se deixou outras além das três fitas cassete que foram transcritas e publicadas em anexo ao estudo de autoria de Yan Michalski. O crítico não interferiu no texto da gravação e manteve a versão original dos depoimentos, a despeito das incorreções de vernáculo que nela ocorrem, preservando dessa maneira seu caráter sincero e pessoal.

Diz Ziembinski:

> Estou pensando... Estou pensando... Estou pensando talvez não no que eu quero dizer, mas estou pensando sobre aquilo que eu possa querer

dizer [...]. Quero unir uma porção de imagens, uma porção de fatos que constituíram aquilo que se tornou a minha vida. [...] Essa palavra "surpresa" me persegue desde minha mais terna infância. Eu sempre fui movido por alguma surpresa. Surpresa foi para mim o encarar a vida. Surpresa foi para mim de ir me descobrindo como ser humano. Surpresa foi para mim de eu descobrir a minha família.

[...] Eu era um garoto, um garoto mais para família pobre. Porque não é bem uma questão de pobreza: na época que eu nasci – 1908 – meu pai era médico, médico de uma pequena cidade [...]. Meu pai, que era médico, era um médico bom, muito bom, eu tenho a impressão que era muito bom, porque numa cidade pequena ele conseguiu ser idolatrado, provavelmente emanava dele algum fator humano.

Numa cidade onde devia ter 10.000 habitantes e 3 a 4 médicos, ele que era médico, o homem que desprendia de si a dose da bondade e da ciência, naquele tempo talvez precária, mas apoiada no talento dele [...]; mas financeiramente isto numa cidade pequena mal chegava a manter a sua família, a ter uma casa, criar o filho, mandar para escola, cuidar da sua esposa.

Como a minha mãe naquela época só podia ser esposa que sabia cuidar da casa e dos filhos que iam nascer mais absolutamente nada, porque era típico produto do fim do século XIX, no caso, uma espécie de Nora, uma espécie de pequena boneca, que nós hoje não reconhecemos mais, mas que sabemos que nossas mães, nossas avós, nossas bisavós eram assim, e que realmente a mulher naquele tempo ocupava esse espaço.

Então por isso que eu digo que de criança eu fui acostumado a uma modéstia financeira e talvez por isso durante longos anos não consegui me despertar nunca a ideia de trabalhar, de fazer, de me constituir para ser um homem rico. Esse é o meu grande defeito. Esse foi meu grande desastre. Se hoje eu vivo dentro de milhares de programas e se hoje eu recomeço a minha vida de novo, é porque nunca pensei em termos de riqueza, acostumado a viver modestamente.

[...] Eu nasci assim, eu fui assim, eu vivi assim, eu me criei assim, e dentro dos padrões estes a minha satisfação era tal, esta satisfação que

▷   O pequeno Ziembinski em foto sem data.

eu chamo de satisfação do bom produto. Uma satisfação que brilhava dentro de mim por eu ser bom ator, por eu fazer bem a minha arte, por eu conseguir encontrar dentro de mim alegria daquilo que eu estou fazendo bem, e não alegria da renda, não alegria de vontade de vender o meu produto. Essa modéstia se incumbia da minha vida. Eu era filho de um médico em uma pequena cidade, como disse. A característica dessa pequena cidade eram minas de sal [...]. Essas minas [...] foi o primeiro mundo de fantasia que apareceu diante dos meus olhos.

A distância, o poder, a construção, os elementos de forma extrema enchiam o começo dos meus olhos, quem sabe pode ser que daquilo também havia algum elemento futuramente condutor para a escolha da minha profissão; embora eu não escolhi a minha profissão, ela que me escolheu, ela que me raptou por um acidente simples, que um dia eu vou contar. Mas pode ser que essas [...] minas de sal, é que era justamente a primeira imagem que me encheu os olhos.

[...] Hoje vejo diante dos olhos e que talvez dentro desses elementos existe, como acabei de dizer, elementos condutores para alguma coisa do futuro. Essas minas de sal, do qual eu tinha pavor porque a viagem era a viagem para o inferno, realmente o elevador caindo no buraco fundo com a velocidade enorme [...] me apavorava, a terra me devorava, a terra me sugava durante 30, 40 segundos a descida vertiginosa pra baixo, eu perdia a respiração e só quando parava, quando me encontrava no palco do sal, do cristal do sal, que meu medo desaparecia e crescia diante de mim algum deslumbramento.

[...] Eu que passei por muitas coisas, eu que experimentei muitas coisas, eu que realmente apanhei, como se diz em palavras claras, eu talvez melhor do que ninguém possa dizer hoje até que ponto sofrimento é válido, até que ponto é mistificação. [...] Pode ser que futuramente os resultados desse sofrimento possam ser para nós criativos.

[...] Então, como estava dizendo, essas minas me apavoravam e me davam pela primeira vez uma grande imagem. Imagem que me encantava e que ao mesmo tempo me dava uma sensação de uma coisa estranha, de umas coisas feitas de propósito para serem admiradas. Ué, o teatro

MAMÃE, VOU SER ATOR: A INFÂNCIA DE ZIEMBINSKI

afinal de contas, ou pelo menos o teatro do passado, de algumas décadas atrás, não era outra coisa do que coisa feita pelos artistas, pelos homens da arte, para serem admirados?

Hoje sabemos bem que o conceito de teatro, a força dele, a comunicatividade dele está em outro ponto [...]; mas até lá, e nos tempos aos quais eu me refiro agora, quer dizer, os tempos até a década assim de 60, realmente este era o postulado do teatro. Então eu estou comparando isso com aquela primeira imagem das minas subterrâneas. Essas imagens fantasmagóricas, essas imagens que eram um teatro sem palavra, que eram um teatro, uma exibição para plateia de turistas. [...] Eu me lembro perfeitamente que essa foi uma muito forte imagem da minha infância.

Meu pai, como eu disse, era médico das minas de sal. Eu acho que ele cometeu um grande erro em relação a mim, a quem ele admirava muito, porque ele me isolou na minha infância, muito jovem, muito recente, da companhia dos outros garotos. Ele fazia questão que eu estudasse em casa, com professores em casa [...].

Parece que eu era talentoso, que eu tinha uma certa facilidade de conseguir aprender, e depois então ele sempre se preocupava com isso, para que eu estudasse em casa, para que eu não me misturasse, não oscilasse com outras crianças, a não ser crianças escolhidas por ele, crianças de famílias que ele conhecia.

Eu não sei qual foi o intuito, não posso bem compreender isso hoje; era um homem complicado, não era um homem mau, não estou defendendo ele por ser meu pai, não; não era realmente um homem mau. Era um homem inteligente, um homem sensível, mas com certos conceitos fortemente burgueses, e que desde recente infância a mim me chocavam um pouquinho. Nós morávamos perto de Cracóvia. A Polônia estava dividida em três, sob três poderes: Áustria, Alemanha e Rússia, e praticamente não tinha sua independência, só conseguiu a independência depois da guerra de 14 [...]. Isto era um dos elementos de sofrimento e de luta pela libertação que fortemente dotou os poloneses de um caráter ligeiramente heroico, e toda nossa literatura romântica é lutar pela liberdade.

Então eu estava naquela cidade[2] junto com ele, que era diretor do hospital e um bom cirurgião, e eu na época muito jovem [...] ajudava, ia quase todo o dia ao hospital. Ele tinha paixão por mim e queria que eu fosse médico a todo pano, e eu também queria, achava fascinante; nunca me passou pela cabeça que eu possa ser ator, enfim artista [...]. Eu tinha duas grandes paixões naquele tempo, eram a medicina e a pintura. Pintava muito. O que um garoto na minha idade podia pintar, né?

[...] E realmente essa pintura já desde criança, desde a época mais terna, me ocupava; e por outro lado o fato de ser médico. Então meu primeiro contato de médico era ferimento, era operação, era corpo rasgado sangrento, eram seres esfacelados, sujeitos ao mais atroz sofrimento. Porque as guerras futuras eram guerras de aniquilamento, a guerra de 14 era a guerra do ferimento, era ainda o ser humano que se feria e se matava.

Hoje nas guerras um extermina o outro mas raramente lutam, raramente entram em contato direto corpo com corpo; então aqueles seres humanos, aqueles corpos esfacelados que via na minha frente eram a pura imagem de um inferno humano, de um inferno que para minha mentalidade extremamente pequena se acrescia ainda de um fator de fantasia enorme.

No entanto, eu não tinha medo, isso que qualquer criança chora com sangue, com desgraça, eu não chorava; não sei, eu sentia um sufocamento, uma quase emoção que me levava a me atirar para ajudar, para fazer alguma coisa para criar a minha importância daquilo que eu falei há pouco tempo, uma importância de eu ser útil para um ser através do meu produto. Que até um certo ponto é semelhante ao teatro [...].

Meu pai morreu cedo. Muito cedo para mim. Muito cedo para mim. Não quero ser irreverente: muito cedo para minha idade, mas talvez na hora certa para eu me criar. Não sei, se meu pai tivesse me criado como queria me criar e tivesse imposto a dose de colocação burguesa que possuía...

Embora ele também tivesse dentro de si algumas coisas assim de frustrado artista, talvez pior ainda, é, de frustrado artista que às vezes fazia espetáculos de amadores, ele naquela época já não representava mais,

1
MAMÃE, VOU SER ATOR: A INFÂNCIA DE ZIEMBINSKI

mas ele tinha isso dentro de si, e tinha uma paixão por teatro, e me levava muito ao teatro, e fazia questão que eu fosse ao teatro [...]: ele gostava de ver operetas, gostava de ver coisas musicais, enfim era uma espécie de esnobização luxenta de um pequeno-burguês [...].

Minha mãe, que não tinha outro elemento para mim a não ser um extremo amor e ternura, e que sacrificou todo o resto de sua vida, não tinha nenhum real poder perante mim, ela era apenas mulher e eu era o homem da casa, que de repente abriu as asas, e embora muito jovem – porque quando meu pai morreu, em 1919, eu tinha naquele tempo 11 para 12 anos – mas esse jovem ser encontrou uma certa libertação naquilo, para poder então sair e começar a outra vida, que foi dedicada a ele e não aos pais.

Naquele momento que eu comecei a ver o mundo como ele era. Minha mãe, que tinha uma verdadeira paixão, eu até digo com toda franqueza, paixão tão grande que até num determinado momento eu me fazia perguntas se ela não gosta mais de mim do que de si própria, e que esse gosto por mim é uma espécie de total poder sobre mim [...]. Logicamente naquele tempo eu não podia ter a menor noção daquilo que acontecia, apenas me sentia oprimido pelo amor materno.

Durante muito tempo eu me sujeitava a esse amor materno, depois me libertei desse amor materno, o que me libertou foi o teatro e a arte. Ah! Detesto falar assim, "arte", porque parece que logo fica uma coisa careta, compreende? Mas não tem outra expressão para isso. O que me libertou é uma criatividade, é uma necessidade de me entregar ao outro, ser prepotente, no caso, ou ser artístico e me libertar de um ser totalmente humano, emotivo apenas, que era minha mãe.

Muitos anos depois, realmente muitos anos depois, eu consegui ver que talvez aquilo que eu considerava amor era amor muito forte demais. Logicamente nem ela se dava conta daquilo, nem ela poderia ter a menor noção do alcance daquilo que acontecia entre mim e ela [...]. Houve na minha vida um ponto, um momento, um acontecimento, talvez é melhor, que decidiu sobretudo do resto da minha vida, que modificou completamente o rumo, e que foi responsável por aquilo que hoje sou e que eu me tornei.

Eu, cultivado em casa, como uma flor assim meio delicada; retirado totalmente da normal vida dos rapazes da minha idade, rapaz que vivia sempre oscilando entre as conversas dos velhos, dos muito mais idosos do que eu, brincando raramente com meus companheiros da minha idade, permanecendo mais na companhia das pessoas de idade, da vida deles, das conversas deles e dos problemas deles, das conversas sobre arte, sobre literatura, sobre teatro [...].

E eu, cultivado neste ambiente, afastado da escola, de contato com os outros rapazes da minha idade [...]. Toda essa vida, essa cultivação, fazia de mim uma pessoa bastante diferente.

Eu me lembro que lia bastante. Lia logicamente na minha possibilidade de ler, mas lia livros extremamente mais adiantados do que a minha mentalidade. Eu nunca me lembro de ter lido livro de criança, de literatura infantil, não, os meus livros eram poesias, eram dramas, eram livros dos adultos que passavam pela minha casa. Tudo isso cultivava em mim um ser estranho. [...] Acho que havia um grande perigo naquilo, eu podia ter me tornado uma criatura esquisita, talvez deformada, talvez meio tantã, sei lá, devido às circunstâncias que me criei.

[...] Todo mundo sabia apenas uma coisa, que eu deveria ser talentoso, eu parecia realmente talentoso [...] mas em todo caso pelo menos inteligente. Eu jogava cartas, eu tocava piano, eu fazia uma porção de coisas, dançava bem, dançava com pessoas de muito mais idade do que eu, e todas essas coisas me colocavam numa situação assim um pouco reservada.

De repente veio a morte do meu pai – isso foi um golpe terrível, dividiu a minha vida em dois, dividiu financeiramente, socialmente, educacionalmente, e eu acho vocacionalmente também. A morte do meu pai derrubou a nós todos, derrubou a família inteira. Nós nunca éramos gente rica, fomos sempre gente pobre. Pobre ganhando o dinheiro que meu pai ganhava, mas não deixou nada.

Esse dinheiro que meu pai ganhava dava para sustentar a casa, dava para despesas, casa mobiliada, enfim, tudo isso, mas não dava para mais nada, para nenhuma segurança. Minha mãe encontrou-se totalmente desprevenida, num choque sentimental, naturalmente, terrível.

1
MAMÃE, VOU SER ATOR: A INFÂNCIA DE ZIEMBINSKI

[...] Nós tínhamos que mudar de casa, mudamos para outra casa, onde nos foi oferecida pelas minas de sal; as minas de sal empregaram a minha mãe num emprego postiço, de uma bibliotecária de uma biblioteca das minas de sal [...], uma coisa pro forma, apenas para que desse a essa mulher a possibilidade de ganhar algum dinheiro e que desse para sustentar o seu filho.

Logicamente eu tinha que deixar de estudar em casa, tinha que começar a minha vida normal, entrar no colégio [...]. Eu tinha que ir estudar fora, tinha que abandonar a minha vida, tinha que começar a estudar, a me criar e me formar o mais depressa possível, para fazer alguma coisa na vida. Então, realmente, foi um golpe, a minha vida se dividiu em dois, todos aqueles encantos, aqueles devaneios desapareceram, mas ao mesmo tempo apareceu diante de mim a liberdade, a vida diferente, que no fundo eu muito queria, talvez inconscientemente, mas queria, queria ser alguém, queria ser companheiro dos outros, queria enfrentar a vida com os outros. [...] Então fui para a escola, fui estudar [...]. De repente, então, pintou na minha frente uma outra vida, contato com a mocidade, contato com os professores [...].

Aí começou pintura, talvez pelos quadros que meu avô vendia, realmente sem querer jogar confete em cima de si, eu tinha muito talento de pintor, até hoje eu conservo ele, e agora especialmente, nesta época, está me dando uma vontade louca de voltar à pintura. Eu tinha muito, e para minha idade eu era um rasgo de originalidade, de talento, de estilo talvez, que me levava para pintura [...].

Eu queria ter um contato com essa cidade (Cracóvia). Então inventava umas coisas assim: me inscrevia nas sociedades esportivas universitárias de Cracóvia, viajava lá de trenzinho para jogar tênis, para fazer uma porção de coisas [...].

Eu era sempre o filho de uma viúva numa situação extremamente difícil, uma viúva muito considerada, e ao mesmo tempo filho de um homem idolatrado, de um homem que fez muitissimamente bem para a cidade [...], uma pessoa que não era amarrada ao dinheiro, ele curava muita gente de graça, viajava, ia 10, 20 30 quilômetros nas casas de campo, fazia lá as coisas e ajudava os doentes e não cobrava nada porque sabia que eles não tinham condições de pagar.

■ ◆ ■

[...] Em quase todos os colégios costuma-se fazer espetáculos no fim do ano que servem como uma espécie de divertimento diferente para os alunos, e ao mesmo tempo de uma ocupação que une eles a uma coisa que até agora não costumam fazer e projeta também dentro deles umas realizações, umas tentativas que até agora não tiveram. Realmente, eu sabia que ia se fazer um espetáculo dentro do meu colégio, que estavam ensaiando esse espetáculo. Não tinha nem conhecimento disso, e na verdade nem me interessava, não estava dando bola para o que se diz para isso. Eu só sabia que o espetáculo que nós íamos levar, como aliás na maior parte das vezes os colégios da Europa, [...] o texto desse espetáculo era muito importante, não era uma comediazinha, uma brincadeira, [...] era realmente um texto de primeira categoria, era um fragmento de um poema dramático de um dos maiores de nossos escritores, de nossos maiores poetas românticos, chamado Adam Mickiewicz, e que é muito conhecido mundialmente, chama-se *Os Ancestrais*. Nós íamos levar – nós não, porque eu não tomava parte disso, mas eles iam levar uma segunda parte, que constitui praticamente um drama em si, que surge de um mito pagão muito parecido com a nossa macumba, é relacionada com a época pagã da Polônia, antes de ela ser cristã, onde numa época do ano um feiticeiro, por assim dizer, que correspondia ao nosso talvez pai de santo, reunia a gente pobre atrás de uma igreja pagã, e lá, através dos exorcismos, ele conseguia evocar os espíritos das pessoas que faleceram. Um belo dia chega um recado do diretor do colégio e também do professor de desenho, que era ao mesmo tempo um pouco frustrado ator, diretor, e que dirigia esse espetáculo: que eu decorasse duas estrofes de um menino que aparece à sua mãe, aparece de repente no meio da evocação, o menino junto com sua irmãzinha, ambos tendo a base de 10, 8 anos, queixando que a vida deles é uma vida extraordinária, uma vida cheia de felicidade, que são livres totalmente felizes, totalmente satisfeitos. […] Mas que eles ainda não alcançaram a felicidade absoluta, a possibilidade de penetrar no céu, porque eles foram felizes demais na Terra. Então vieram aqui chorando; ele, o menino, pedir à mãe dele que atirasse na direção dele um grão, uma semente de qualquer planta muito amarga, para que eles pudessem comer ou mastigar essa planta, porque quem, como eles dizem, não sofreu amargor na Terra não pode entrar feliz no céu. Este papel eu tinha que fazer, dizer, contar essa estória e pedir à minha mãe chorando uma ajuda para que eu possa alcançar a felicidade completa.

Eu recebi este papel, eu não tinha frequentado os ensaios, nem tinha a menor ideia como isso funciona; eu peguei esse papel, decorei com uma facilidade enorme e para bem dizer nem tinha noção exata o que eu vou fazer […]. Então decorei, repeti, e me pareceu que é isso. Quando eu fui ao ensaio pela primeira vez […], fui sem a menor noção do que ia acontecer. Lá estava o diretor, o professor de desenho, ensaiando todos os colegas dos cursos muito mais altos, só 6º ano, 7º ano, 8º ano, e alguns também fazendo papéis menores, do 4º e 5º ano, por aí. E me disseram:

– Você, olha, você sabe nessa elevaçãozinha – nem sei bem o que era […] – e você vai esperar lá; quando chegar a tal fala e vão se dirigir para você e vão te dizer isso, então você recita esse versinho.

A situação era extremamente primitiva, era exatamente, realmente o espetáculo de colégio; a única coisa de importante que havia naquilo era o texto, realmente extraordinário. Eu me lembro: única coisa que eu sentia era que se aproximava o momento em que eu tenho que falar, e sentia que então neste momento eu vou falar como aquele menino, ou melhor, eu vou ser aquele menino. Realmente, chegou a […] fala para que eu pudesse falar, e eu comecei a falar, comecei a falar com minha mãe que estava lá embaixo, que eu imagino há anos não via, depois da minha morte. Senti uma comoção muito grande de me dirigir a ela, cheguei ao fim do verso, pedi, chorei, realmente as lágrimas me corriam dos meus olhos. Pedi a ela o grãozinho de amargura e terminei. Eu senti um ambiente de estranheza em torno de mim, uma coisa meio perplexa.

Veio o diretor, mandou-me descer de lá, passaram mão na minha cabeça, disseram muito bem, tá, tá, o ensaio parou. Futuramente eu entendi o contraste que se deu naquele momento entre uma tentativa de interpretação, de uma realização de um ser que se apoderou de uma emoção [...] e de repente presenciou com sua voz e com seu corpo o fato da vivência do teatro. Em relação a uma coisa decorada, esquemática, formal, empostada, o que seria no caso o espetáculo do colégio. Terminou o ensaio. Eu estava de lado, realmente perplexo. Não perplexo por aquilo que aconteceu comigo em relação aos outros, embora eu não era burro para não sentir que aconteceu uma coisa realmente não muito dentro dos cálculos daquilo que pudesse acontecer, que aconteceu uma coisa diferente. Mas principalmente preocupado comigo, quase aconchegado dentro de mim uma emoção que eu nunca senti, uma vivência interpretativa, uma capacidade de acolher dentro de si, por frações de segundos ou minutos, um outro ser humano, a emprestar o seu corpo e seu organismo psicofísico para ele se realizar, para ele se evocar e assumir uma posição artística e estética dentro dos termos de uma realização teatral.

Eu não tinha a menor noção da terminologia que estou usando hoje, mas eu sentia o incubado dentro de mim ator; nem sabia o que era ator, mas ouvia falar que assim isso se chama, e que me permitiu por umas frações de segundos sentir o desvencilhamento, o gozo, a abertura, a liberdade, a amplitude de ser, de se emprestar a si e através de si mesmo se emprestar aos outros seres inexistentes aparentemente, mas existente através da sua arte e da sua realização interpretativa.

Eu saí meio tonto de lá, após muitos elogios, "muito bem", "nunca pensei", "formidável", [...] e o diretor: "Você vai ser ator", "Você é formidável, menino", "Faça isso", [...] e eu ouvia tudo isso soando nos meus ouvidos, embora eu particularmente estava bastante ausente a esses elogios e a esse zumbido em torno de mim. Inclusive meu professor de desenho, que vibrou, me abraçou, olhou para mim, eu olhei para ele, não sabia por que estava olhando assim porque eu sabia muito bem, muito concreto, aquilo que eu sentia ainda dentro de mim. Eu engoli um pedaço de arte, eu joguei para fora de mim uma posição artística e

1
MAMÃE, VOU SER ATOR: A INFÂNCIA DE ZIEMBINSKI

eu, realmente, a minha psique se quebrou em dois, para que eu possa projetar, ou então semear de mim, ou produzir de mim algo que me era ao mesmo tempo totalmente estranho e terrivelmente fraternal, e que partia do meu corpo e da minha carne. Esse era o acontecimento que eu queria há muito tempo contar. Eu realmente cheguei em minha casa e disse essa frase para minha mãe:

– Mamãe, eu vou ser ator.

Logicamente que ela recebeu isso assim como bobagem de menino de 13 anos, 12 anos, e ela respondeu:

– Mas você não quer ser médico?

– Não – eu digo – não quero mais. Eu vou ser ator.

Eu sabia que eu iria contar com uma certa oposição. Eu sabia porque naquele tempo ser ator era ainda, mesmo na Europa, nesta idade era ainda um pouco assim:

– Isso é para outra gente, meu filho, você tem de estudar, você tem...

Eu sabia que isto ia aparecer, e realmente foi:

– Você tem que estudar, pelo menos isso você tem que ter, você tem que se tornar doutor, você tem que estudar, você tem que ir na Universidade, você tem que fazer alguma coisa realmente a teu favor; e aí, se você quiser, você vai.

[...] E comecei o meu teatro, mas não comecei logo no profissionalismo; eu comecei o meu teatro fazendo todo dia, em toda ocasião, em todos os momentos dentro do meu colégio, dentro da minha vida particular, indo ver teatro, afundando-me no teatro, sorvendo teatro, procurando teatro, esperando terminar o meu colégio, o meu ginásio, para que autorizassem a entrar na Universidade. [...] Esse foi o rompimento dentro da minha vida, esse foi o ponto em que eu passei para o lado nosso, de hoje, nosso que já é tão diferente daquele lado nosso, de ontem [...].

Quando isto aconteceu, eu estava no 3º ano ginasial. Tinha então pelo menos na minha frente uns 5 anos para me formar, para poder então enveredar para a Universidade, e estes 5 anos foram os anos do preço, os anos para eu alcançar aquilo que desejava como espaço. Isso se apresentava para mim bastante grande, no entanto havia um alívio enorme dentro de mim [...], uma dança da minha libertação. Eu me modifiquei totalmente, modificaram-se as minhas atitudes, modificou-se a minha maneira de pensar e modificou-se também a minha maneira de agir [...]. Eu, um menino, como disse, fraco, macio, meio desligado de mais importantes atividades, meio desinteressado daquilo que possa me interessar, meio vítima, meio rapaz oprimido, naturalmente não em excesso dessa palavra, mas sim oprimido pelas circunstâncias domésticas, pela influência do meu pai pelo fato da morte do meu pai [...]. De filho da família, de filho acanhado, do pequeno rapaz que estuda, eu passei a me sentir o dono de uma realidade, possuidor de um segredo excelente, de um segredo brilhante, de um segredo que talvez só eu sabia dele [...]. Esse meu inquietante segredo é que me transformou. De repente comecei a me interessar por tudo [...]. Toda a minha vida tornou-se uma espécie de teatro. Eu comecei a agir de uma maneira diferente; eu comecei ver as pessoas e os acontecimentos de uma maneira diferente, toda a minha vida, tudo que me envolvia, tudo que me fazia talvez no passado sofrer tornava-se no momento um assunto de gozo [...]. Eu procurei realmente constituir em torno de mim uma outra vida. Não preciso dizer que fazer o teatro, o teatro do colégio, o teatro de estudante, o teatro pequeno, o teatro precário, tornou-se a minha obsessão. Eu imagino devia ter chateado de uma maneira terrível os meus professores com as minhas conversas, com as minhas dissertações e com a minha vontade de sempre fazer algum espetáculo dentro do colégio. Por mais engraçado que pareça, eu de repente me aferrei mais aos estudos que antigamente, não sei, pode ser que isso era preço da libertação, aquela minha densa libertação que eu fazia, e me interessava mais pelas matérias, não com vontade de colher melhores notas, mas a minha excitação interior, a minha abertura, um certo fôlego, uma certa respiração maior, uma maior oxigenação do meu sangue através dos meus ideais futuros conseguiram um maior interesse para as coisas às quais eu, amarrado por muito talento e bastante facilidade de estudar, já era bastante amarrado, mas não me aproveitava disso. Agora comecei a me aproveitar.

MAMÃE, VOU SER ATOR: A INFÂNCIA DE ZIEMBINSKI

Agora comecei a crescer como aluno, para mostrar a minha vivacidade, para mostrar a presença da minha personalidade. Isso foi notado. Isso se ressentiu visivelmente. Eu me lembro que as minhas atividades fora as atividades escolares naquele tempo se dividiam entre a vontade de fazer os espetáculos e entre vontade de ver os espetáculos. Logicamente que na minha cidade não tinha teatro, mas tinha teatro ao lado, na grande cidade [...] que era Cracóvia. Então começou a insistência semanal, para não dizer diária, [...] de eu ir ao teatro. Que não era tão fácil, não era tão fácil nem financeiramente, porque minha mãe não tinha recursos para isso, como também devido que o teatro era 14 km do lugar onde eu morava. O menino como eu tinha que pegar um trem, viajar 20, 25 minutos de trem, andar a pé até o teatro, adquirir a entrada, esperar o espetáculo, assistir ao espetáculo e voltar de noite.

De noite avançada, que era meia-noite, quinze para meia-noite o último trem que me levava, voltar a pé para casa, deitar e levantar às 7:30 da manhã, 7:00 horas, para ir para escola. Já isso não era um empreendimento fácil. Logicamente que o lugar que eu encontrava era baratíssimo, lá na torrinha, mas eu insistia e minha mãe, por mais estranho que pareça, não se opunha a isso, consentia, gastava o dinheiro muito preciso em me proporcionar essa possibilidade de ver teatro. Eu via avidamente teatro. Não é novidade de teatro, naquele tempo em Cracóvia a estreia era semanal, 10 dias, máximo duas em duas semanas; então dava para ver três, quatro peças por mês [...]. Então isso por um lado me devorava, as voltas do teatro eram verdadeiras fantasias, eram caminhos delirantes, onde eu praticamente repetia os espetáculos, revivia, e apesar da minha bastante prematura – não sei qual é o termo certo – jovem idade eu conseguia colher desses espetáculos não apenas um efeito de diversão, de interesse passageiro, mas algum conteúdo, alguma coisa que me servia para mim próprio e para maior possibilidade de me ampliar e de converter os problemas que me norteiam em realidade extravagante e estranha para minha idade. Tudo que acontecia comigo naquela época era estranho. Era extravagante, às vezes brutal. Eu ousava tudo, eu partia para tudo, em todos os sentidos, emocionais, intelectuais, de sexo, de tudo que me libertava na direção de um caminho que eu queria alcançar. Dentro do colégio eu comecei a fazer espetáculos. Logicamente no começo através daquele que se incumbia disso antigamente, que era aquele professor de desenho que eu falava que era um artista nato, assim muito modesto, muito pequeno nas suas amplitudes, e que eu devorei em dois tempos, eu engoli esse homem, esse homem praticamente deixou de fazer teatro porque eu o substituí, porque eu suguei ele e ele sobrou, e eu, menino, comecei a enveredar pelos textos mais importantes, mais comprometidos, de maior quilate, e quando queria levá-los dentro dos espetáculos sempre encontrava aquele mesmo protesto:

– Vê lá, menino, como vai levar uma obra dessa, quem são vocês, como é que vocês conseguem fazer isso, uma loucura, deixa disso…

E eu insistia, e realmente reconheço que havia uma primeira participação minha em favor de ser útil aos outros. Logicamente que um espetáculo desses não era de duas em duas semanas, era um por ano, porque o tempo de trabalhar era muito escasso, e também a possibilidade de se ocupar com o espetáculo era também muito escassa. Mas o fato de se conseguir levar um grande texto, por mais precária que fosse a maneira de levá-lo, rendia em que os meus colegas, a gente de pequena cidade, se defrontava com um texto de uma importância única, e de conseguir através do texto pelo menos ter alguma noção da importância das coisas que permaneciam debaixo daquilo que muito levianamente, e sem dar sentido à palavra, se chamava corriqueiramente de Arte. Eu passei a ser intérprete principal, passei a ser diretor […], desenhava cenários, fazia papéis de velhos, papéis de jovens, enfim, era um frenesi, era um desdobramento da minha psique.

ZIEMB

2
SKI NOS PALCOS POLONESES

Depois de terminar o ginásio em Wieliczka, Ziembinski iniciou seus estudos na Universidade Jagielloński·, na Faculdade de Filosofia. Antes mesmo de completar vinte anos, conseguiu um trabalho no Teatro Słowacki, em Cracóvia, na temporada 1927-1928. Desempenhou seu primeiro papel importante no palco ainda aos dezenove anos de idade. Atuou como o Sacristão Leuthier, na peça *Proboszcz wśród bogaczy* (*Mon curé chez les riches*), cuja estreia se deu em 29 de agosto de 1927. Um ano mais tarde, foi convidado por Aleksander Zelwerowicz·· a Vilna. Anos depois, o próprio Ziembinski recordou esse acontecimento:

> De repente um dia aconteceu uma coisa de um extremo valor para mim. Eu soube que um dos maiores atores e diretores de Varsóvia, Zelwerowicz, que era o diretor do Instituto Nacional de Arte Dramática¹, em Varsóvia, viajou com a escola, quer dizer, com vários alunos, provavelmente não com todos, mas com os do curso superior, do último ano, qualquer coisa assim, para mostrar-lhes uns teatros, e logicamente levou eles nessa cidade onde o teatro era mais em evidência, Cracóvia, e foram assistir ao meu espetáculo. Eu até hoje desconfio que foi propositado. Porque ele era um pedagogo extraordinário e sentia de longe onde residia o talento. Além disso, aquele homem fez essa viagem com o intuito

muito específico que eu depois soube pelas conversas com ele: é que ele tinha em mente o fato de formular um teatro, quase teatro-escola, numa cidade do norte do país, que se chamava Wilno, e que tinha dois teatros: um teatro municipal e um teatro pequeno de comédia.

E ele resolveu abandonar Varsóvia por um tempo, e dos seus antigos alunos e de todos os jovens que encontraria na Polônia formar um teatro, um teatro profissional, funcionando nas bases de um teatro como se fosse normal, comum, mas feito apenas de gente jovem, e de preferência de ex-alunos dele. Logicamente que havia dois ou três atores, atrizes mais velhos para os papéis mais idosos, mas 75% eram eles. Esse homem, então, estava na plateia, com a sua escola. Pra mim era por um lado um medo, um choque muito grande, e por outro lado era uma curiosidade, mas nada mais que isso. O estranho começou quando após o espetáculo eu recebi um bilhetinho convidando-me para cear com ele e a escola, como homenagem à minha interpretação. Aí eu perdi as estribeiras, aí onde terminou essa noite toda os maiores elogios, abraços, sinceridades, bondades, opinião dele; e inclusive, primeira andorinha, primeira sugestão, primeira insinuação desse futuro convite para ir para esse teatro e ir realmente na posição do primeiro ator jovem para Wilno, e que se concretizou semanas depois.[2]

Desde o início dos anos de 1920, quando Vilna ainda era parte da Polônia, a situação teatral na cidade era peculiar. O Grande Teatro de Pohulanka, que, nos tempos de domínio do tsarismo•, havia sido uma das mais importantes instituições culturais da cidade, foi palco do laboratório Reduta, de Juliusz Osterwa••, entre 1925 e 1929; enquanto isso, em outra ribalta – a Lutnia –, Franciszek Rychłowski conduzia o seu teatro. O Reduta esforçava-se para manter um repertório ambicioso e de qualidade, ao passo que a Lutnia tinha um caráter de puro entretenimento. Depois da partida do Reduta, o Teatro de Pohulanka continuou a funcionar e pelas duas temporadas seguintes quem o dirigiu foi, justamente, Zelwerowicz. Era amplamente conhecida sua fé na mocidade e como era importante para ele estar cercado por jovens. Ele via na juventude, ademais, uma arma eficaz contra o Reduta; propôs então contratos de trabalho aos melhores formandos recentes do Departamento de Arte Dramática do

Conservatório Musical de Varsóvia e a outros jovens adeptos das artes cênicas. No teatro de Vilna foram-se achar, no total, quarenta e cinco pessoas, vinte e cinco das quais eram alunos de Zelwerowicz. O restante era composto por jovens que conheceu e dos quais se aproximou visitando outros teatros, assim como no caso de Zbigniew Ziembinski, e de vários outros atores mais velhos de Vilna provenientes do Lutnia, cujo contrato, provavelmente, foi uma condição estabelecida pela Administração Municipal. "Dizia-se na cidade que havia chegado uma escolinha, que uns molecotes estavam tomando conta do Pohulanka. Apenas o brilho do nome Zelwerowicz emprestava alguma aura àquela empreitada e fez o público dar-lhe certo crédito"[3]. Ao lado de Ziembinski, em meio aos atores do novo teatro de Zelwerowicz encontravam-se, entre outros, Irena Eichlerówna, Zofia Niwińska, Tadeusz Białoszczyński e Jan Kreczmar. Os diretores eram Aleksander Zelwerowicz, Ryszard Wasilewski e também, dando seus primeiros passos nesse ofício, Jerzy Walden e Zbigniew Ziembinski.

> Assim que essa temporada seria minha última temporada no momento em Cracóvia – Ziembinski continua seu depoimento. – Eu estava estudando na Universidade, o problema se complicava, mas eu tinha possibilidade de terminar pelo menos os meus anos de Filosofia e de Letras em outro lugar. E eu sabia que tinha que dar jeito nisso, tanto mais que minha situação dentro de Cracóvia não seria eterna. Realmente, depois desse espetáculo e depois dessa noite feérica, se assim poderia dizer, encerrou-se esse capítulo, e três ou quatro semanas depois eu estava contratado [...] e uns dois meses depois eu me preparava, eu partia para Wilno, para uma cidade distante, muito distante de Cracóvia e da minha cidade natal, rompendo definitivamente com o meu passado, rompendo definitivamente com esses arredores, com esse teatro, com essa vida, com esse tipo de personalidade, para abrir e ingressar numa vida nova para primeira vez tentar um teatro diferente. O teatro foi inspirado em sentido de escola, de progresso, de formulação de teatro diferente, e na tentativa de umas conquistas novas, e eu fervia, eu sabia que não eram só conquistas artísticas.[4]

Na viagem a Vilna, Ziembinski foi acompanhado por Zofia Niwińska, outra atriz escolhida por Aleksander Zelwerowicz. Ela se admirou com a erudição do jovem Ziembinski. Na viagem de muitas horas até o destino final, era ele quem se destacava em relação aos outros jovens atores contratados por Zelwerowicz. É assim que Niwińska recorda suas primeiras impressões sobre o recém-conhecido colega, com o qual veio a trabalhar por uma temporada em Vilna:

> Conheci Ziembinski, então um ator muito jovem fazendo estágio no Teatro Słowacki, em Cracóvia, vendo-o atuar em *Simone*, no papel do jovem amante de Zofia Jaroszewska. Em 1929, para abrir o seu Teatro Jovem de Vilna, Zelwerowicz contratou seus ex-alunos de diversos teatros, e os levou todos, e também o diretor Zygmunt Nowakowski, de Varsóvia para lá em uma longa viagem de onze horas de trem. Zelwerowicz queria que a gente começasse a se conhecer ao longo da viagem. Fiquei fascinada com a conversa, que se estendeu horas a fio, quando o grande erudito Zygmunt Nowakowski escolheu como parceiro de discussão o jovem Ziembinski, que no fim da viagem já nos havia conquistado a todos, revelando conhecimentos extraordinários de história do teatro, de filosofia, literatura e língua alemã. Ele respondia a todas as perguntas com tamanho saber que todos ficamos impressionados. Foi assim que começou minha amizade com Zbyszek·. [...] era excepcionalmente musical, e este dom nortearia seu caminho como ator. Ele tinha grande senso de humor e ficava muito bem em papéis cômicos. [...] Dispunha de excelentes condições físicas, era alto, magro, ágil, podia ser muito favoravelmente "despido" pelo figurinista.[5]

O teatro de Zelwerowicz em Vilna rapidamente começou a alcançar os primeiros sucessos. Isso foi possível graças a seu talento pedagógico, a sua capacidade de seleção de atores talentosos e ao engajamento do jovem grupo. Um dos espetáculos que alcançou maior sucesso foi *Sonho de uma Noite de Verão*, de Shakespeare, com direção de Zelwerowicz, em que coube a Ziembinski o papel de Oberon. Ele começou, portanto, como ator, porém não se passaram muitos meses até que estreasse também no papel de diretor.

Sobre como isso aconteceu e como, de maneira totalmente espontânea, dirigiu sua primeira peça, Ziembinski falou em um depoimento especial, que foi realizado para o Museu da Imagem e do Som (MIS), no Rio de Janeiro. Ele contou então que, após atuar em duas peças em Vilna (uma delas *O Inspetor Geral*, de Gógol, a outra a já citada *Sonho de uma Noite de Verão*), certa noite Zelwerowicz dirigiu-se a ele:

> – Você não gostaria de dirigir um espetáculo?
> Ao que ele respondeu:
> – É claro.
> – Já pensou em alguma peça especificamente?
> Ziembinski fez a ele sua proposta. Seria a peça *O Escultor de Máscaras*, de Fernand Crommelynck. Zelwerowicz assentiu:
> – Pode dirigir. Escolha um elenco. E pode pôr a mim também no espetáculo.
> Depois dos ensaios e da estreia, que aconteceu em 1º de outubro de 1929, Zelwerowicz novamente lhe perguntou:
> – Você gostaria de dirigir mais uma peça?
> – É claro que gostaria.
> – E o que propõe, agora?
> – *Se Eu Quisesse*, de Paul Géraldy e Robert Spitzer.
> Depois desse segundo espetáculo, Zelwerowicz mandou que Ziembinski fosse a Varsóvia e fizesse os exames para obtenção do diploma de diretor.
> – Em duas semanas você vai para Varsóvia. Prepare-se bem.

Ziembinski obedeceu. Em 16 de dezembro de 1929, passou no exame da comissão da União dos Artistas Cênicos Poloneses[6]. Depois de aprovado, voltou a Vilna e dirigiu três espetáculos consecutivos, entre eles uma farsa de Władysław Smólski, intitulada *Błędny bokser* (O Boxeador Errante), que entrou em cartaz em 1930 com grande elenco. E novamente aconteceu algo inesperado. Uma noite, Arnold Szyfman· ligou para Ziembinski e perguntou se ele não gostaria de ir a Varsóvia para uma conversa. Szyfman planejava contratá-lo como ator e diretor. Zelwerowicz não tinha nada contra, pois o lisonjeava que um de seus atores-alunos fosse contratado pelo próprio Szyfman.

Depois de uma primeira exitosa temporada em Vilna, Ziembinski, junto com outras quinze pessoas, deixou o teatro de Zelwerowicz. Foi uma grande perda para o grupo, pois se dizia que Ziembinski era um dos seus pilares e seria difícil para os recém-chegados substituí-lo. Dos novatos, a maioria não atuou em papéis mais importantes na temporada seguinte. Jovenzinho, Mieczysław Milecki, apesar do talento muito promissor e das belas condições físicas, bem como Balcerzak, de grande aptidão, mas "não bem aquinhoado" fisicamente, não poderiam substituir o dinâmico e precoce Ziembinski, nem o viril e experiente Białoszczyński. [...] Além disso, Białoszczyński, Karczewski e Ziembinski já haviam conquistado uma grande popularidade na cidade e o amor do público, pelo qual os recém-chegados precisariam ainda se esforçar.[7]

Nas lembranças de outra atriz, Hanna Małkowska, Ziembinski aparece como um ator completo:

> Aquele jovem rapaz que saltou direto da universidade para o palco do Teatro Słowacki nunca foi "iniciante", tornou-se de imediato um ator completo. Causava admiração sua dicção fenomenal, pois, com incrível precisão articulatória, conseguia falar na velocidade de uma metralhadora. Além disso, começou de pronto como diretor. Zelwerowicz confiou-lhe a realização de algumas peças, e Zbyszek saiu-se muito bem; depois de uma temporada de estágio foi aprovado *summa cum laude* no exame de direção e imediatamente contratado por Szyfman para o Teatr Polski como o mais jovem diretor da Polônia.

■ ◆ ■

Nem em Varsóvia, contudo, Ziembinski chegou a ficar por muito tempo. Já na temporada seguinte, 1931-1932, ele foi convidado pelo conhecido diretor Karol Borowski para ir para Łódź. E foi assim que transcorreu sua trajetória pela Polônia: de Wieliczka para Cracóvia, de Cracóvia para Vilna, de Vilna para Varsóvia, de Varsóvia para Łódź. A próxima parada em sua carreira teatral será em Poznań, mas sobre isso falaremos mais adiante. Assim como Ziembinski, Borowski também trabalhou no Teatr Polski em Varsóvia antes de sua chegada a Łódź. Em Łódź, por recomendação da União dos Artistas Cênicos Poloneses, Borowski se tornou diretor artístico do Teatro Municipal (Teatr Miejski). Também lhe foi outorgada a direção de dois outros teatros: o Kameralny e o Teatr Letni, este último funcionava nos meses de verão no parque Staszic. No tempo que passou em Łódź, ele conseguiu criar um repertório ambicioso, de alto nível. Foi apenas por uma temporada que Ziembinski e Borowski tiveram oportunidade de trabalhar juntos na cidade. Durante esse período foram montados, entre outros, espetáculos como *A Ópera Dos Três Vinténs*, de Bertolt Brecht, *Przedmieście* (O Subúrbio), de Franciszek Langer, e *O Caso Dreyfus*, de Wilhem Herzog. Enquanto o repertório mais exigente era apresentado no Teatro Municipal, os outros dois palcos sob a direção de Borowski abriam espaço para uma programação mais comercial e farsesca. E foi exatamente nela que Ziembinski se saiu melhor. Os espetáculos que obtiveram maior popularidade junto ao público de Łódź foram comédias leves, e Ziembinski rapidamente se tornou um especialista nesse gênero. Além de Ziembinski e Mieczysław Węgrzyn, Aleksander Węgierko e Bogusław Samborski também passaram brevemente pelo Teatro Municipal. Com Samborski, Ziembinski ainda atuaria no futuro em alguns filmes, e ambos ainda se encontrariam nos palcos, não apenas da Europa.

Apesar de uma providência tão feliz como a nomeação de Borowski para o cargo de diretor do Teatro Municipal de Łódź, a situação teatral na cidade não era das melhores. Vários fatores influenciavam nisso. Em primeiro lugar, sob o aspecto financeiro, aquele foi um dos períodos mais difíceis para a cultura na cidade. Naquela temporada, justamente, o poder público tinha de financiar a maior parte de cada ingresso. Em segundo lugar, o problema consistia numa característica específica da sociedade local, que se compunha em grande medida de população não polonesa. Por fim, o terceiro fator que influenciava desfavoravelmente a situação do teatro em Łódź era o fulgurante desenvolvimento do cinema.

Em um período tão difícil, quando não apenas Łódź, mas toda a Polônia era abalada por uma crise econômica, o público em Łódź teve oportunidade de conhecer o repertório renovado proposto por Karol Borowski e pela nova equipe do Teatr Miejski. Vale a pena tomar conhecimento das críticas escritas no calor da hora, logo após os espetáculos apresentados naquela temporada. Elas são um dos poucos testemunhos a documentar de forma fidedigna o que acontecia nos palcos de então:

> *Noite de Reis, ou o Que Vocês Querem?* de Shakespeare, título da peça inaugural da temporada 1931-1932 no Teatr Miejski em Łódź, também foi a pergunta dirigida ao público e, concomitantemente, como que uma alusão à linha do repertório eleito por Karol Borowski: peças de fácil recepção, porém apoiadas em textos bons e já testados.
>
> [...] A diversão do público começou pela comédia *Le Bois sacré* (15/10/1931), de Caillavet e de Flers, ao estilo das comédias de Bałucki que gozam de grande sucesso em nossas ribaltas. [...] Zbigniew Ziembinski tentou alongar a maré de sorte do sucesso de *Le Bois sacré* montando a comédia *Spódniczka czy toga* (Saia ou Toga, 25/10/1931), de P. Verber e A. Madis, mas, apesar dos bons atores no elenco, a peça subiu ao palco apenas 11 vezes, incluídas aí algumas apresentações vespertinas [...]
>
> [...] O Teatr Miejski sob direção de Karol Borowski, antes do encerramento da temporada, apresentou ainda a comédia de G. B. Shaw *Pais e Filhos* (9/05/1932) [...]. A julgar pelo pequeno número de apresentações (4), não foi esse o melhor trabalho de direção de Zbigniew Ziembinski.
>
> Enquanto o palco principal tentava direcionar seus espectadores a um repertório de valor em termos culturais, o Kameralny convidava-os a peças leves, de entretenimento, o que em absoluto não significa de menor nível artístico. Obteve merecidos sucessos nesse palco Zbigniew Ziembinski – bom ator e, como se verificou, interessado na direção de comédias. A ele exatamente o público deve os três melhores espetáculos dessa temporada: *Tempestade Num Copo d'Água* (16/01/1932), de B. Frank, *Hau Hau* (3/10/1931), de P. Hoodges e J. Percival; e *Wilki w nocy* (Lobos na Noite), de T. Rittner, abrindo a temporada, em 16/09/1931. O sucesso desta última foi decidido pelo nível literário do texto.
>
> Destacando-se os méritos semelhantes de *Tempestade Num Copo d'Água*, não se pouparam palavras de reconhecimento também a Zbigniew Ziembinski. Ele granjeou a opinião de um diretor meticuloso, perspicaz, que compreende devidamente suas tarefas nessa função.[8]

2
ZIEMBINSKI NOS PALCOS POLONESES

Quando a temporada em Łódź chegou ao fim, mais uma mudança aguardava Ziembinski. Antes, contudo, que fosse contratado pelo Teatr Miejski de Varsóvia para as temporadas de 1932-1933 e 1933-1934, participou ainda de uma turnê organizada pelos atores do Teatro Nacional de Varsóvia, visitando cidades como Radom, Kielce, Częstochowa, Płock e Bydgoszcz, entre outras.

Na temporada 1935-1936, atuou como convidado também no Teatr Nowy, em Poznań, onde novamente se encontrou com seu antigo colega de teatro Zbigniew Koczanowicz. Em suas memórias, intituladas *Czterdzieści lat to niewiele* (Quarenta Anos Não é Muito), Koczanowicz também recorda a temporada de 1935-1936, durante a qual trabalhou com Ziembinski no Teatr Nowy. Vale a pena transcrever da obra alguns dos fragmentos mais importantes nos quais Koczanowicz descreve as condições de trabalho em Poznań e como Ziembinski, o mais jovem diretor teatral polonês, era visto por seus colegas de profissão.

> O próprio teatro, localizado na rua Dąbrowski – portanto, como se dizia em Poznań, "depois da ponte" –, não me causou a melhor impressão. Tanto a plateia quanto o pequenino palco e os dois camarins coletivos no subsolo, abaixo do palco, ofereciam uma visão lamentável. Tudo era velho, descuidado, e, considerada a afeição de Poznań pela ordem e pela limpeza, não havia ali motivos para que as autoridades da cidade se orgulhassem. Um típico "cineteatro" de periferia daqueles tempos.
>
> [...] Era considerável no grupo o número de colegas que, em busca de mudanças, tinham vindo do Teatr Polski.
>
> [...] Władysław Grabowski veio a Poznań com Zbigniew Ziembinski para apresentações na peça *Powrót mamy* (A Volta da Mamãe), de Maria Pawlikowska-Jasnorzewska.
>
> Da nossa turma de Poznań, do grupo de jovens amigos mais próximos uns dos outros, apenas Halina Michalska estava no elenco da peça, enquanto alguns, com verdadeiro deleite, frequentavam os ensaios no papel de visitantes-espectadores. Quem dirigia era Ziembiński. O Grabowski, como já mencionei, eu conhecia de Varsóvia do tempo de *O Mercador de Veneza*, já o Zbyszek, desde 1930, ou seja, desde *Noc listopadowa* (Noite de Novembro). De resto, eu frequentemente me avistava

com ele em ambientes neutros, em encontros de conhecidos em comum. Tinha a fama de ser um diretor jovem e muito talentoso, e todos previam que teria muito sucesso nessa área. Também o vi algumas vezes no palco como ator. Era um bom ator, muito inteligente, e apesar de suas qualidades para galã, desde o começo almejou os papeis característicos. Talvez o seu maior sucesso tenha sido o papel de Chopin na peça *Lato w Nohant* (Verão em Nohant), de Jarosław Iwaszkiewicz, no Teatr Mały, em companhia de uma excelente George Sand – de Maria Przybyłko--Potocka e de Nina Andrycz como Solange.

Quando Szyfman confiou àquele diretor jovenzinho a primeira peça no Teatr Polski, reinava a prematura opinião de que ele não daria conta de trabalhar com os peixes grandes, de que teria de se curvar, não possuindo ainda uma autoridade consolidada, às grandes individualidades. Mas não foi assim. Ziembinski, com tato inaudito, com mostras constantes de respeito e humildade em relação aos mestres e, por fim, com seu charme pessoal, conseguiu ao cabo de alguns ensaios ganhar controle total sobre a situação, atingindo, para a satisfação geral, o objetivo desejado.

Durante os ensaios, era delicado e quase terno em sua relação com os atores, como Juliusz Osterwa, e, ao mesmo tempo, detalhista e pedante como Węgierko·. Era querido por todos e trabalhavam de bom grado sob sua direção até mesmo aqueles com os quais era mais difícil de se lidar.

[...] Ziembinski não era um grande amante das escapadas noturnas, então geralmente voltava direto para o hotel depois das apresentações.[9]

Depois das apresentações em Poznań, Ziembinski voltou a Varsóvia, e da temporada de 1936-1937 até a explosão da Segunda Guerra Mundial trabalhou nos teatros da capital, principalmente no Teatr Polski e no Teatr Mały.

Além do depoimento de Koczanowicz, também várias outras fontes históricas apontam que o maior sucesso de Ziembinski na Polônia foi o papel de Chopin na peça *Verão em Nohant*, de Jarosław Iwaszkiewicz, encenada exatamente no Teatr Mały, com estreia aos 4 de dezembro de 1936. Dirigido por Edmund Wierciński, o espetáculo é considerado um dos mais importantes na carreira de ator de Ziembinski.

Antoni Słonimski escreveu sobre a montagem:

▷ *Lato w Nohant*, de Jarosław Iwaszkiewicz, no Teatr Mały, Varsóvia, 1937. Ziembinski como Chopin. Fotografia de Stanisław Brzozowski.

Já há muito não tínhamos uma estreia tão verdadeiramente artística. […] *Verão em Nohant* é uma peça de valores aristocráticos, é uma peça bem nascida, pois surgiu numa atmosfera de nobres intenções e de verdadeiro amor pela música de Chopin. […] Em uma apresentação preparada com muito cuidado, sobressaiu em primeiro plano a criação da senhora Przybyłko-Potocka. Talvez tenha sido um dos melhores papéis da eminente artista. Merece distinção também a mui talentosa Andryczówna, depois Borowska, Grolicki e Ziembinski, cuja caracterização foi excelente e que conseguiu, de forma admirável, moderar seu temperamento cênico usual. Já há tempos nos teatros de Varsóvia não se dava uma estreia como a de *Verão em Nohant*, capaz de devolver ao teatro sentido e relevância.[10]

Tadeusz Boy-Żeleński:

Esse *Verão em Nohant* dura um dia – o último dia das relações de Chopin e George Sand – e diz tudo. Quase tudo. […] O autor opera com maestria a *persona* de Chopin, administra-a com particular habilidade. Durante os dois primeiros atos ele não aparece em cena; mas ouvimos o tempo todo se falar dele, e ouvimos ao próprio atrás de uma parede. Sentimos algo mais forte que a dominadora individualidade de George Sand: é o talento dela que impera na casa, mas é o gênio dele que a assombra. E, de súbito, após se chamar em vão para o café-da-manhã o artista absorto em seu trabalho, ao fim do segundo ato, uma passagem musical se interrompe, entreabrem-se as portas do misterioso aposento e passa como um espírito pelo palco, em descuidadas roupas de trabalho, Chopin, tal e qual como em um retrato, pálido como uma aparição… Desliza pelo palco, vai como um sonâmbulo direto até a escrivaninha – e simplesmente pega o tinteiro, murmurando que tinha acabado a tinta; após o que desvanece novamente através da porta, pela qual, daí a um instante, reverbera outra vez uma teimosa frase musical. O efeito é magnífico, toda a plateia prende a respiração. É raro que de modo tão simples se produza impressão tão forte. […] Grata surpresa nos causou o senhor Ziembinski, que conseguiu abrandar sua juvenil vivacidade para o papel de Chopin, desempenhado com sutil simplicidade, sem erro, comoventemente.[11]

Kazimierz Wierzyński:

> Sim, era Chopin. Passou como uma visão corporificada em cena, tomou vulto diante de nós como se estivesse vivo. [...] O fantasma ressurrecto não feria em nada nossa imaginação; tudo que sabíamos sobre Chopin a partir dos livros e que vive em nós graças a sua música correspondeu à imagem traçada por Iwaszkiewicz e replicada, no rastro dele, pela primorosa criação cênica de Ziembinski. E o que é mais importante: Iwaszkiewicz invocou essa visão sem quaisquer artimanhas mágicas. A simplicidade de seu conto cênico permitiu que Chopin se mostrasse em uma figura humana comum, sem falso *páthos* [...]. Não era apenas uma figura histórica ou onírica, mas um ser humano vivo, cheio de miudezas cotidianas misturadas com sua genialidade sobre-humana. No final do segundo ato, quando ele saiu subitamente de seu quarto com um pedaço de folha pautada e uma pena na mão, a plateia congelou em poderosa comoção. Algo entre o enlevo e o pasmo tomou os olhos, os ouvidos e o coração dos presentes. A senhora George Sand foi interpretada por Przybyłko-Potocka com toda a maestria de sua grande arte. Outra apurada criação foi o Chopin de Ziembinski. Tinha uma máscara ótima, a nuança precisa na voz e em toda a figura, melancolia nos olhos ausentes. Falou o diálogo de modo impecável. Depois de *Tessa*, outro músico, ainda mais exitoso que o primeiro.[12]

Irena Krzywicka:

> O Chopin do senhor Ziembinski é um grande triunfo do ator, só falou baixo demais. [...] Em suma, um acontecimento artístico dos mais interessantes, em escala europeia [...]. Apenas alguém que conheça de verdade e de perto os verdadeiros criadores, e pertença também à mesma grei, poderia dar tal retrato do artista, não falseado e não corriqueiro, tão humano e, ao mesmo tempo, tão comovente.[13]

A atividade artística de Ziembinski não se limitava, porém, apenas ao teatro. Já aos vinte anos de idade começou também sua aventura com o cinema, aparecendo em vários momentos na grande tela. Entre os filmes mais importantes em que atuou estão: *Huragan* (O Furacão), *Uwiedziona* (Seduzida), *Córka generała Pankratowa* (A Filha do General Pankratow), *Róża* (Rosa), *Fredek uszczęśliwia świat* (Fredek Alegra o Mundo), *Ułan księcia Józefa* (O Ulan do Príncipe Józef), *Profesor Wilczur* (O Professor Wilczur), *Kościuszko pod Racławicami* (Kościuszko em Racławice) e *Granica* (A Fronteira). Ziembinski também testou suas forças como diretor de cinema (*Fredek Alegra o Mundo*, 1936), porém a tentativa se mostrou um fiasco e o filme não conseguiu críticas favoráveis. Na metade dos anos 1930, Ziembinski fez uma viagem à URSS, onde conheceu pessoalmente Vsévolod Meierhold (em um dos depoimentos dados ao Museu da Imagem e Som no Rio de Janeiro, Ziembinski conta que tinham a intenção de realizar um espetáculo juntos, o que não chegou a acontecer). Como se isso ainda fosse pouco, começou a colaborar com a Polskie Radio (Rádio Polonesa) e desde o começo dos anos 1930 tornou-se também membro do Comitê Central da União dos Artistas Cênicos Poloneses. Pode-se perguntar se nas pausas entre o teatro, o cinema e o rádio ele ainda tinha tempo para a vida privada. Tinha. Casou-se com Maria Próżyńska, e o fruto de seu casamento foi o filho Krzysztof, que chegou ao mundo em 1935 e que, no futuro, escolheria seguir a mesma carreira artística do pai.

PELO

*Meus anos de juventude não foram
nada além de um grande drama burguês
dividido em atos.*

Zbigniew Ziembinski

3
SOU OBCECADO
DRAMA BURGUÊS

Analisando os mais de sessenta espetáculos nos quais Ziembinski tomou parte na Polônia como ator e/ou diretor, não se pode resistir à impressão de que, entre eles, predominavam o drama burguês e as comédias. Quem sabe o gênero das peças dirigidas por Ziembinski também tenha sido influenciado por sua infância e pelo meio em que cresceu. Sobre a atmosfera burguesa reinante em sua casa e sua obsessão pelo drama burguês, Ziembinski conta em suas gravações:

> O que acontecia na minha família totalmente burguesa, totalmente fechada nos conceitos mais absolutos de burguesia, de quadrado, de conceito religioso, familiar, social, o que acontecia de horrendo, de dramático, de desumano, de luta, de mesquinharias, de falsidades, de terríveis desavenças de um com outro, isto hoje para mim representa um teatro, um enorme teatro burguês do fim do século passado e início do século em que vivemos. Naquele tempo pela primeira vez eu ouvi a palavra "amante" – amante... eu não sabia, eu não dava conta, eu só ouvia pessoas cochicharem que meu tio, que era dentista, tinha uma amante. Isto chegava a um segredo de família, um segredo tenebroso, era gente que cochichava nos cantos, que escondia de mim a verdade.
>
> [...] Eu me lembro de algumas brigas de ciúmes de meu pai e de minha mãe, estranhíssimas, não sei por quê, porque minha mãe estava

completamente fechada dentro da casa e nem botava o nariz fora da casa, uns ciúmes esquisitos, umas coisas que ninguém possa imaginar, e que eu também não dava-me conta. E então me agarrava – ué, isto parece até com a novela... – me agarrava a uma leitura que minha mãe fazia para mim, e que era um famoso romance de um dos nossos grandes romancistas, aliás mundialmente conhecido, que se chamava Henryk Sienkiewicz [...].

Então eu toda noite tinha uma novela em capítulos [...] que transferiam a minha própria realidade onde as brigas de casa, onde os horrores da burguesia, onde os choques tanto positivos quanto negativos deixavam de existir por algum momento para ceder o lugar a uma visão, a uma realidade nova que chegava a mim em capítulo, em pequenos trechos literários que eu absorvia, e através disso me deslocava para outra realidade, para outro mundo, produzindo dentro de mim talvez aquilo que muitos anos depois se reproduziu como um poder criativo.

[...] Eu sou vidrado pelo drama burguês. Eu sou obcecado pelo drama burguês. Não sei, acho uma extrema grandeza no drama burguês, e aliás todo final do século, aliás passagem de um século para outro, foi marcado, foi castigado e ao mesmo tempo engrandecido pelo programa do drama burguês. Pode ser que eu tenha uma sedução por esse tema tão grande devido que a minha infância toda, a minha mocidade toda não era outra coisa a não ser um variado, cortado em atos, em quadros, grande drama burguês.

Essa forma, essa colocação social é que marcou o início da minha vida e pode ser que talvez por causa disso eu tenha certas características, certas amplidões, se as possuo, humanas bastante significantes, e elas provavelmente é que marcaram a minha vida de arte, elas que marcaram a minha ascendência na direção de alguma criatividade, ou de um poder de transferência das minhas sensações, das minhas possibilidades para os outros. É fácil encontrar e ver que na passagem do século XIX para o século XX houve a maior riqueza do que se possa imaginar do drama burguês. Hoje existe uma luta tremenda, um castigo permanente, uma negação violenta, uma maldição de tudo aquilo que é considerado burguês.

3
SOU OBCECADO PELO DRAMA BURGUÊS

[...] Disse então que estava e que sou vidrado pelo drama burguês, obcecado pelo drama burguês, porque eu o vivi na minha própria carne. São confissões extremamente íntimas, são confissões que atingem o âmago da minha vida, do meu crescimento, para chegar àquele ponto, àquele acontecimento estranho que avisei há pouco e que é uma espécie de término do meu drama burguês. Meu pai, médico, era um homem bonito, alto, forte, um homem extremamente – tenho a impressão – orgulhoso e forte, ou pelo menos, se não for, que fazia questão de ser considerado assim. [...] Casado com uma mulher de família burguesíssima, filha de um professor da Universidade, minha mãe, que pelo que eu deduzi não via um mundo atrás dele [...], como mulher que provavelmente nem sabia o que era o sexo, e que foi entregue nas mãos de um homem, entregue nas mãos de um dono de família, para não dizer dono do mundo, e que se incumbiu de lhe dar o lar e de lhe dar os filhos. E deu um filho, eu; o outro morreu tragicamente, logo no segundo ano da sua vida, não chegou a fazer um ano e meio, de uma doença que naquele momento era trágica, porque era crupe, a doença da garganta que sufocou o meu irmãozinho porque não havia penicilina, não havia possibilidade de libertar isso. Isso foi uma grande tragédia na família, que abalou a família. E tenho a impressão que o meu pai até um certo ponto quase acusava a minha mãe que o segundo filho dela tinha morrido, embora ele é que era médico e tinha possibilidade de salvá-lo, e na verdade não tinha, devido que o avanço da medicina não era tão grande. Eu não compreendia naquele tempo nada [...], mas eu tenho a impressão de algumas desavenças, algumas escuridões, alguns momentos tempestuosos de alegria; e imagino que a minha mãe devia ter sofrido um bocado naquele lar, naquele pseudolar, naquele amor que era mais uso do que amor, aquele marido e pai dos filhos dela que era um homem venerado, que era um homem idolatrado, e ela era uma espécie de humilde serva dentro da vida dele. Isso ainda não seria tudo. A tragédia começou, por outro lado, pela família do meu pai, que era uma família tipicamente burguesa, constituída da minha avó, que era a mãe dele, e que casou pela segunda vez. O meu pai era filho de um grande médico, que era uma figura conceituadérrima dentro de certas colocações sociais. E minha avó, a mãe dele, depois da morte do seu marido casou-se outra vez, tenho a impressão que para sobreviver, porque não devia ter apesar disso uma colocação suficiente, que lhe permitisse viver sozinha, casou-se com um homem que ela considerava tipicamente... [aqui o depoimento se interrompe]. Um casamento errado, um sargento do exército. [...] Ela, coitada, tinha uma perna mais curta, dizem que quando jovem caiu da mesa, qualquer coisa assim, então tinha dentro de si, ainda, o descontentamento de uma aleijada. Todas as encrencas dentro da casa dos meus avós, que tinham o outro filho que foi o vexame da família, que foi o irmão mais moço do meu pai e que era totalmente devasso, e que era a vergonha da família, e que era um homem de instintos mais baixos, arruaceiro, bêbado, aventureiro, homem sem conceito ético ou moral. Bom, eu estou julgando ele assim porque eles falaram que ele era assim, eu via apenas um rapaz jovem, revoltado ao extremo, que provavelmente seria eu se soubesse compreender o que acontecia a minha volta. Mas ele fazia questão de escandalizar os pais dele, no caso meus avós [...]. Então ele tornou-se um fruto podre do casamento que ela repudiava, e só o amor materno que realmente a ligava a ele, no entanto ele era eternamente a imagem visível do casamento errado tanto para ela como para todo o resto da família. [...]. Esse meu tio, esse alucinado, devasso, chegou a tal ponto que tornou-se doente de sífilis, naquela época praticamente sem recurso contra a sífilis. Além de um vexame de família, além de uma terrível perturbação com a doença dele [...] naquele tempo isso não era somente uma doença física, era uma doença mental.

Era o meu amigo até o máximo, ele me idolatrava e procurava minha companhia, enquanto todo mundo arrancava a mim da companhia dele, para que eu não apodrecesse, como eles pensavam, moralmente, e logicamente até um certo ponto fisicamente, pelo contato com aquele monstro que imaginavam que fosse homem acarretado de sífilis. Eu tinha uma grande simpatia por ele. Se fosse hoje, eu dizia que achava ele bacana.

Tinha um rasgo de fantasia dentro dele, com certeza era um pequeno Oswald dos *Espectros* de Ibsen, em muito menor tamanho, mas tinha um encanto humano, um relâmpago de grandeza na sua podridão, na sua revolta, na sua devassidão [...].

A minha vida era oscilar entre a vida dele, que eu provavelmente não compreendia naquele momento, mas que eu pressentia algo de estranho, de sedutor, de fabuloso, de negativo, de amaldiçoado, de terrível e por outro lado, entre tudo aquilo que me falaram sobre ele, e a vontade de me retirar do contato com ele, e me guardar na minha inocência pacata, dolente, acanhada, modesta e inocente como sempre era.

A situação do meu avô sargento tornava-se cada vez pior. Ele quase sentia-se culpado por ter dado vida a um filho desses. Era um homem extremamente bom, mas totalmente inculto, realmente um homem primitivo, não, talvez primário, e cuja única real profissão era ser professor de equitação. [...] Depois, sabendo que não poderia viver disso e sustentar a família, ele se tornou uma espécie de vendedor de quadros. Estou citando isso por uma curiosidade: vendedor dos quadros dos pintores que eram amigos dele e dos grandes pintores. Assim, eu na minha mais recente mocidade logo entrei no terreno do segredo da pintura, o que eu mais via na minha mocidade era o quadro, o que eu mais escutei na minha vida era a pintura. Pintura e quadro pelo lado do meu avô. Teatro pelo lado do meu pai. Foram duas colunas mestras, por assim dizer, do meu interesse intelectual, imposto para mim pelas circunstâncias, que futuramente se reverteram fortemente na minha vida.

[...] Nesta situação a minha avó era sogra da minha mãe, quer dizer era uma colocação terrível. De um lado, minha mãe sofria incompreensões naquela casa pelo meu pai, e de outro lado levava todas as amarguras, todas possíveis e imagináveis espicações, sei lá como dizer, invectivas, mesquinharias, mal-humores do lado da mãe do meu pai. A minha avó adorava... então de novo eu era o primeiro, o meu tio devasso era o primeiro, o meu pai era o primeiro, a minha mãe era a última, a minha mãe era o fim da picada, sempre.

Minha mãe, quando se casou com meu pai, já não tinha os pais dela. Tanto a mãe dela como o pai tinham morrido, portanto eu nunca vi nem tinha os meus avós maternos. Além disso a colocação dela dentro da nossa casa era tipicamente de pequena órfã, porque o meu pai não somente se tornou marido dela como também se tornou uma espécie de pai dela. Essa terrível colocação burguesa, e essa terrível colocação de eterna Nora, onde sempre a mulher que saía da casa dos pais, entrava na casa do marido, que automaticamente também tornava-se o pai dela, espiritual, intelectual, e por assim dizer de criação. Isso foi uma das piores coisas que a burguesia trazia consigo, e que esclarece vários dramas, vários defeitos, várias deturpações dos seres humanos, devidos a essa falsa colocação.

[...] Dentro dessa vertigem, dentro desse redemoinho tempestuoso, mesquinho e patético é que eu me criei. Eu me lembro da minha mocidade, dos escândalos, das brigas, das gritarias, das brigas quase físicas, de alucinações, em que todo mundo chorava, onde meu pai andava ofendido, minha mãe fechada nos cantos chorava, minha avó desmaiava, meu tio, o filho mais jovem dela, gritando, tomando porres homéricos, e trancando-se para alucinar todo mundo no último quarto que ele ocupava no apartamento com as putas durante noites e dias, e fora de propósito para chocar. Já pensaram o que era naquele tempo um homem trancado com uma puta ao lado, fazendo misérias lá, quando a mãe dele, pela porta ao lado, estava lá, morrendo e desmaiando de desespero daquela ofensa que ele lhe proporcionava, e que ele fazia de propósito – hoje compreendo isso – para fustigar o ar burguês. Logicamente que não era só isso, logicamente que também ele era um alucinado e também ele era um, me parece, até esquizofrênico ou coisa parecida, mas com certeza era uma profunda revolta humana contra aquilo que o cercava.

[...] Assim eu vivia. A isso se juntavam maiores e mais trágicos elementos. [...] Existia na minha casa uma empregada cuja existência de ser nunca consegui compreender. Uma mulher seca, chamava-se Carolina, uma mulher seca, de um rosto completamente talhado de rugas, embora não era tão velha, que me criou, e que me criou com um amor ferido maior de cachorro por mim, e que tinha uma dedicação pela minha mãe que não tinha mais tamanho. Eu só quando tinha 20, 30 anos pensei: "Ué, o que era isso?" Essa mulher, que não suportava – quando minha mãe enviuvou – nenhum homem olhar para minha mãe, que acompanhou a família por todos os cantos e lados, que ia conosco em todo lugar onde ia a minha mãe, e que apoiava ela, que ajudava ela, que dava tudo de si para que essa mulher – a minha mãe – conseguisse algum apoio em algum ser humano. [...] Eu me lembro de uns escândalos, gritarias, e ela defendia a minha mãe contra o meu pai, umas coisas loucas, patéticas, de querer se atirar da janela, de pular em cima dele, de arrebentar ele. Com minha compreensão posterior tornou-se muito para mim mais claro, tragicamente claro, desesperadamente claro, qual a ligação ou tentação de ligação poderia existir entre essa mulher magra, seca e alucinada e essa mulher abandonada na trama da burguesia, por um lado por seu marido que usava ela apenas como um enfeite, e por outro lado pela família do seu marido que considerava ela uma inimiga [...]. Não sei se os meus conceitos, se aquilo que eu pensava, era verdade ou não, mas bem que poderia ser verdade, uma verdade violenta, desesperada, amarga, uma verdade na sua crueldade talvez de um relâmpago de felicidade para minha mãe ou para outra.

[...] Apareceu de repente uma tia minha, não sei de onde ela veio, não sei quem era ela, sei que ela falava francês, que tinha um sotaque francês, que falava numa língua estranha, e que de repente começou a morar na casa dos meus avós, como uma prima pobre ou qualquer coisa desse gênero. E que ouvia brigas homéricas, cochichos, conversas, coisas que se falava sobre ela em voz baixa. E no entanto era uma mulher pacata, simples – eu tinha a impressão – devia ter sido uma mulher com um drama de um problema, de uma frustração amorosa, ou qualquer coisa assim. Não sei o que havia, porque eu tinha 8, 10 anos naquela época, e não tenho ideia o que poderia ser, sei que atazanaram de tal maneira a vida da mulher que vivia praticamente de boas graças na casa da minha avó, que ela se suicidou, respirando gás, e através disso criando uma tempestade enorme dentro da minha família, que eu não poderia compreender o que era e que nunca até hoje não consegui compreender de que se tratava.[1]

■ ◆ ■

É difícil não levar consigo as influências da infância para a vida adulta.

Ainda que, no Brasil, Ziembinski tenha sido tratado como um diretor que teve oportunidade de absorver todas as correntes e tendências do teatro que lhe era contemporâneo, como artista que se distinguia por uma riquíssima cultura europeia, ante a qual os brasileiros não raro adotam uma atitude de reverência, em um exame mais acurado do repertório com o qual Ziembinski trabalhou tanto como diretor quanto como ator na Polônia do entreguerras se pode perceber que, menos do que às peças de um Shakespeare, ele recorria ao acervo das peças leves, comédias sentimentais e farsas. Muitas peças que então dirigiu são de autoria de comediógrafos populares à época, tanto poloneses quanto estrangeiros, entre os quais se pode citar Michał Bałucki, Antoni Cwojdziński (Ziembinski traduziu uma de suas peças e a levou ao palco também no Brasil) e Jacques Deval.

Os depoimentos gravados em fita cassete no começo dos anos de 1970 talvez permitam decifrar algumas das predileções de Ziembinski na escolha de repertório. Pois, além das peças leves, o drama burguês era uma opção pela qual tinha particular apreço. Essa específica forma dramática nascida no século XVIII e popularizada no século XIX diferenciava-se da tragédia, particularmente por colocar em cena assuntos da vida cotidiana da burguesia. Suas personagens são pessoas comuns e os assuntos nele abordados são problemas de costumes e questões familiares. Sua temática principal é definida pelo universo dos costumes, atitudes e conflitos da classe social burguesa. Sobre disputas e conflitos familiares, Ziembinski já levara uma excelente lição de casa, o que provavelmente tenha facilitado a ele a compreensão das personagens que encarnava em cena. Também constaram de seu repertório, é claro, peças como *Noc listopadowa* (Noite de Novembro), de Stanisław Wyspiański, ou *Henrique IV*, de Pirandello. E entre seus melhores papéis foram incluídos, por exemplo, o do Poeta (*Wesele*/As Núpcias, de Wyspiański), premiado em um concurso de peças de Wyspiański (1932), o de Chopin (*Verão em Nohant*, de Iwaszkiewicz), o de Juiz do Tribunal (*Genebra*, de Shaw), o de Zbigniew (*Mazepa*, de Juliusz Słowacki) e o de Stanisław Potocki (*Noite de Novembro*, de Wyspiański).

Contudo, em sua biografia artística pesam mais os espetáculos em estilo algo menos sério, os gêneros considerados leves. Qual é sua temática? Eles abordam importantes

◁◁ *Temperamenty*, de Antoni Cwojdziński, no Teatr Mały, Varsóvia, 1938. A partir da esquerda: Zofia Nakoneczna, Ziembinski, Jan Kurnakowicz, Irena Borowska e Lidia Wysocka. Fotografia de Stanisław Brzozowski.

problemas de cunho social, talvez angústias existenciais? Em resposta a essas perguntas, podemos selecionar algumas críticas mais interessantes, as quais se concentram justamente na descrição da ação e não nos valores artísticos da peça. Seria difícil escrever hoje sobre Ziembinski sem levar em consideração os juízos manifestados no calor da hora pelos mais ambiciosos intelectuais, colunistas e literatos daquela época, tais como Antoni Słonimski, Tadeusz Boy-Żeleński, Irena Krzywicka, Kazimierz Wierzyński e Jan Parandowski. Pois afinal "a arte do ator é uma arte que tem apenas um tempo: hoje". Quem não teve oportunidade de assistir àqueles espetáculos nos anos de 1930, precisa amparar-se nos documentos então produzidos ao vivo.

CRÍTICAS DA IMPRENSA POLONESA DO ENTREGUERRAS

Exibido no Teatr Narodowy, o espetáculo *Redemoinho*, de Noël Coward (estreia em 7 de maio de 1933), do qual Ziembinski foi tanto diretor quanto ator, conta a seguinte história, brilhantemente resumida por Antoni Słonimski:

> É a história de um almofadinha cuja mãe, afamada beleza, tem um amante, apesar da idade um tanto quanto avançada. O almofadinha se chama Nicky Lancaster, é compositor e vive convencido de que a sua mãe não teve e não tem amantes. Ele volta de uma longa estada em Paris trazendo a noiva, que lhe é roubada pelo amante da mãe, um tal de Tom Veryan. O irado almofadinha apronta um escândalo histérico com a mãe e nisso acaba destruindo seus produtos de toalete. Nicky é viciado em cocaína, pelo que, conforme grita, a culpa é toda da mãe. A mãe também é responsável por Nicky ter perdido a noiva, pois se ela não fosse morar na casa de Tom Veryan, a noiva, Miss Bunty, provavelmente teria ficado com o almofadinha. [...] Esse moralista cocainômano não se presta ao papel de herói da peça. Ele me lembra um certo criminoso que após sair da cadeia deu para moralizar acerca da indumentária feminina. Após dois atos mortalmente chatos, a indigesta cena doméstica que o filho-histérico apronta

▷▷ *Wesele,* no Teatr Narodowy, Varsóvia, 1932. A partir da esquerda: Ziembinski, Franciszek Dominiak, Mieczysław Myszkiewicz e Ludwik Solski.

para a mãe é uma das coisas mais bobas que vimos em cena. A tradução de Drzewiecka é dura como pedra. Aos atores, eu concedo anistia por conta das novas eleições para Presidente da República.[2]

Levando em conta os trabalhos artísticos posteriores de Ziembinski, principalmente aqueles do período em que morou e trabalhou no Brasil, é difícil não enxergar aqui certas similaridades com as típicas histórias de telenovelas brasileiras, nas quais Ziembinski chegou a atuar nos anos de 1970.

Sobre a mesma peça, *Redemoinho*, Boy-Żeleński escreveu: "Aquela cena decididamente é repugnante. É insuportável. O público escuta-a com embaraço, aqui e acolá ouvem-se risos. Efeito inapropriado. [...] O título *Redemoinho*, aqui, é muito grandiloquente, bastaria, talvez, *Um Lamaçalzinho*. Era preciso apresentar essa peça, tão tediosa em sua primeira parte, tão desagradável na segunda?"[3] Semelhante história acontece na peça seguinte – *Stefek*, de Jacques Deval (Teatr Nowy, estreia em 9 de junho de 1933, direção de Ziembinski):

> No terceiro ato, revela-se que a mamãe é irmã de sangue da senhora Dulska*. Há até mesmo uma semelhança de motivos. A mãe mantém em casa uma bela criada, dá de presente a ela meias de seda, tudo para o conforto do filho. Para que ele não fique de lá para cá pela cidade. Lembra aquela mãe da anedota que, ao pegar o filhinho de flerte com a camareira, grita: "Você não pode ir se deitar, Marynia, não está vendo como meu bebê está cansado?"[4]

Antoni Słonimski esteve presente em quase todos os espetáculos com atuação ou direção de Ziembinski. Em suas críticas era excepcionalmente brilhante e mordaz, mas às vezes centrava a mira no próprio teor da peça, não em sua encenação. É o que ocorre também na crítica da comédia de Jerzy Tepa intitulada *Ivar Kreuger*, na qual o herói é um famoso multimilionário de origem sueca. Essa peça, cuja estreia se deu em 13 de fevereiro de 1934 no Teatr Letni, foi dirigida por Ziembinski:

> Ivar Kreuger [...] é um grande homem. É senhor de si mesmo, e até senhora de si mesmo. É um sonhador eroticamente autossuficiente. Sua

vida passa entre esse vício inocente e a fabricação de fósforos. Freud com certeza o explicaria assim: Ivar, vendo constantemente como se esfrega a cabecinha do fósforo, e vendo que o fósforo só acende no atrito com sua própria caixa, pôs os pensamentos e as mãos a vaguear. A confissão de Ivar abala-nos profundamente. O pobre não consegue se ver livre da reincidente brincadeira e teme uma paralisia progressiva [!]. Poderia igualmente ter medo de quebrar a perna, ou, ainda mais, a mão. [...] O diretor Ziembinski aplicou muita inventividade para enriquecer o espetáculo.[5]

Boy-Żeleński, por sua vez, resumiu a peça com as seguintes palavras:

> O jovem Ivar, filho de pais pobres, desde criança se distinguia pela natureza sonhadora e uma doentia excitabilidade dos sentidos. Sonhava com uma maravilhosa Ingeborg, vista fugazmente de penhoar, que tinha "os seios como peras" (recomendação duvidosa!), e, sonhando, nem se deu conta de quando sucumbiu a certo feio vício juvenil. Isso durou muitos anos... e foi piorando cada vez mais. Ameaçado por uma paralisia progressiva, o jovem Ivar reprimiu com força de vontade o grito incansável dos sentidos [...]. O drama [...] é – digamos abertamente – bastante ingrato. Sua doença é coisa indubitavelmente trágica, mas – pode-se dizer – nada cênica. Nem se mostra isso, nem se fala abertamente sobre isso [...]. A encenação e a direção impressionaram pela soma de trabalho e inventividade. O talentoso diretor, o Sr. Ziembinski, recém-chegado de uma excursão à Rússia, compôs aqui um verdadeiro estudo de direção em torno de temas russos. Luzes, sombras, vozes, música, construções e planos muito sugestivos... Nunca antes a doença que oprimia o Ivar Kreuger do Sr. Tepa foi tão ricamente orquestrada. Mas isso conseguiu conferir a ela as características da arte?[6]

Essas críticas mostram o caráter pouco exigente das peças que Ziembinski dirigia. O mais importante, contudo, é que não obstante a qualidade do material literário de partida, Ziembinski com frequência colhia louvores dos mais severos críticos de teatro daqueles tempos.

Logo antes da Segunda Guerra, em maio de 1939, Ziembinski debruçou-se sobre um texto clássico da comédia burguesa de Stefan Krzywoszewski, intitulado *Koleżanki* (As Colegas). A propósito dessa peça, podem-se encontrar na imprensa da época críticas favoráveis em relação ao seu trabalho:

> *As Colegas*, de Krzywoszewski, foi, irrefutavelmente, a melhor peça desse autor prolífico e popular em Varsóvia. Seu sucesso pode ser explicado também pela excelente atuação de todo o grupo de atores e pela perfeita direção de Zbigniew Ziembinski.[7]

Ou:

> A peça foi apresentada de modo correto e coerente, e o diretor, o senhor Ziembinski, teve uma tarefa deveras complexa, tantas eram as personagens em cena, tantas as conversas cruzadas, tantos os gritos, o movimento e a confusão que cumpria pôr em ordem.[8]

Słonimski escreve de outro modo sobre a peça:

> O fato de *As Colegas* manter-se viva é mais incomum que a vida dos quíntuplos canadenses. A comédia é feita de motivos velhos, usados e estropiados. Há piadas nos diálogos que venceram o teste dos cem anos. O autor não se arrisca a um chiste que tenha sido experimentado apenas cinquenta vezes; é muito pouco. E apesar disso a peça, posta de pé com refugo teatral, movimenta-se, vive e até entretém uma parte da plateia. Se alguém pegasse um pedaço de um samovar, uma bomba, dois parafusos enferrujados, um velho isqueiro, fizesse disso um carro e com esse carro nos atropelasse – esta seria uma analogia perfeita para a proeza de Krzywoszewski. [...] Li em alguma entrevista que Krzywoszewski levou três anos escrevendo suas *Colegas* e que teve dificuldades para se despedir da peça. O que considero de fato um exagero. Pessoalmente lidei com *As Colegas* por apenas três horas, mas deixei-as sem qualquer pesar.[9]

Dedicou-se muito espaço também aos comentários sobre o talento de Ziembinski como ator. Uma peça que se tornou grande sucesso foi *Tessa*, de autoria de Basil Dean e Margaret Kennedy, apresentada pela primeira vez em 11 de março de 1936 no Teatr Nowy, na qual Ziembinski atuou no papel de Dodd. O espetáculo foi dirigido pelo renomado Aleksander Węgierko.

Escreve Tadeusz Boy-Żeleński:

> A apresentação foi ótima. Mérito, acima de tudo, do diretor, o senhor Węgierko, cuja inteligente vigilância podia-se ver em cada detalhe; mérito ainda maior porque a peça (o que só lhe fez bem) foi confiada a um elenco em sua maioria muito jovem. O senhor Ziembinski pode contar o papel de Dodd entre os seus melhores – ele imprimiu à sua atuação liberdade, sinceridade e o sopro da arte.[10]

Afirma Bohdan Korzeniewski:

> Desta vez tem-se o direito de falar com a consciência tranquila, sem medo de cair em uma propaganda cortês, que a apresentação foi ótima [...]. Já não se assiste aos atores com mera emoção, mas com entusiasmo – personagens tão diversificadas, vívidas, singulares e ao mesmo tempo tão obedientes ao estilo do todo há muito não se encontravam. Muito disso é mérito do diretor. Em igual medida, pelo menos, – da jovem companhia, que exibiu uma atuação inesperadamente madura e nobre. Até Ziembinski preparou aqui uma surpresa – já tinha, há muito, conquistado um bom nome como ator, mas ainda não se dera a conhecer como agora; desapareceu sem deixar rastros de seu papel aquele tom quase imperceptível de negligência que fez com que algumas de suas últimas criações tenham sido saudadas com mais frieza do que mereciam; agora, como o jovem músico Dodd, cativa o público com uma atuação direta e sincera – carrega consigo uma contínua inquietude, um nervosismo, uma irritação, as obscuras cismas de um artista possuído pelo demonismo de sua arte.[11]

Entre as numerosas críticas publicadas na imprensa do pré-guerra, podem-se encontrar muitas sobre as peças nas quais Ziembinski foi, ao mesmo tempo, diretor e ator. Vários autores são da opinião segundo a qual o diretor que se apresenta numa peça dirigida por ele mesmo não se enxerga objetivamente em cena. Sobre a peça *Temperamenty* (Temperamentos), de Antoni Cwojdziński (Teatr Mały, estreada em 14 de dezembro de 1938), que Ziembinski não apenas dirigiu, mas na qual também atuou em um de seus papéis, Bohdan Korzeniewski escreveu: "Em *Temperamentos* [...], ao contrário, Zbigniew Ziembinski exagerou os conflitos, perturbando a ordem da peça. Tratou do modo mais falso do mundo o seu próprio papel. Mostrou-se aqui, e não pela primeira vez, que esse diretor não se vê em cena. Apresenta-se pior nas peças em que designa a si mesmo algum papel."[12]

É possível, contudo, encontrar algumas críticas que contestam a tese de Korzeniewski. Sobre a peça *Temperamenty* escrevem de modo distinto Antoni Słonimski:

> Cabe congratular o diretor Ziembinski tanto pelo papel estudado com precisão quanto pela excelente direção.[13]

E Boy-Żeleński:

> A peça foi apresentada e dirigida primorosamente. O diretor, o senhor Ziembinski, deu vida a cada detalhe, dessa vez sem dano ao ritmo, que, em alguns lugares, foi atordoante. Os *Temperamentos*, encarnados na pessoa de atores escolhidos por tal prisma, são mostrados de maneira exemplar. [...] O próprio senhor Ziembinski sublinhou de modo esplêndido os dois extremos – e ao mesmo tempo a unidade de caráter – de seu artista [...]. Com essa estreia o Teatr Mały comemorou seus vinte anos de existência sob a direção de Arnold Szyfman. Ao longo desses vinte anos, aprendemos a apreciar e a dar valor a esse pequeno palco, um dos melhores, mais inteligentes e mais agradáveis de nossos teatros, ao qual desejamos, nesse momento de jubileu, mais vinte anos de um feliz trabalho.[14]

▷ *Wir*, no Teatr Narodowy, Varsóvia, 1933. Ziembinski no papel de Nicky (à esquerda) e Feliks Norski. Fotografia de Jan Malarski.

▷▷ Ensaio geral da peça *Cień*, no Teatr Narodowy, Varsóvia, 1933. Atores: Ziembinski, Jan Ciecierski, Robert Boelke, Wiesław Gawlikowski, Maria Malicka, Wanda Micińska, Zofia Marcinowska e Greta Oranowska.

As mais interessantes, todavia, são as críticas nas quais não falta senso de humor. Entre elas, sem dúvida a primazia é de Antoni Słonimski. Na crítica da peça *Cień* (A Sombra), de Dario Niccodemi, cuja estreia se deu no Teatr Nowy em 19 de março de 1933, sob a direção de Ziembinski, Słonimski resume: "Se não fosse a delicada e nobre atuação da senhora Malicka, essa peça poderia ser considerada como sete anos – magros – de vacas paralíticas. Cada qual que pudesse livremente se levantar da poltrona, com certeza levantaria e sairia do teatro."[15]

Ele também não poupou seu sarcasmo diante do espetáculo *Wszelkie prawa zastrzeżone* (Todos os Direitos Reservados), de autoria de Irving Kayne Davis, apresentado no Teatr Mały (estreia em 6 de abril de 1935, direção de Ziembinski):

> O autor revelou-nos uma verdade psicológica tremendamente nova e corajosa. Essa revelação consiste na ousada afirmação do fato – por ninguém antes disso desconhecido – de que um homem, lutando em teoria contra o ciúme, ao achar-se nas garras desse sentimento não consegue se opor a ele. [...] Talvez na América houvesse necessidade de escrever uma peça sobre esse tema, mas não creio que haja valido a pena trazer tais revelações até a Europa. Eu, particularmente, se estivesse na América, preferiria trazer um maço de cigarros americanos. A personagem de Flip Frampton é tão indistinta como se a víssemos do outro lado do oceano Atlântico, e isso num dia de neblina.[16]

Outra peça com direção de Ziembinski – *Simone*, de J. Deval – foi exibida pela primeira vez em 6 de maio de 1934 no Teatr Nowy. Era tão banal que seu conteúdo pode ser resumido em algumas frases, conforme fez Słonimski:

> Simone ama Tony, Andrzej Salicel ama Simone, Simone não ama Andrzej Salicel, e Tony ama Simone. Depois Tony não ama mais Simone, Simone ama Andrzej, e Andrzej ama Simone. Essa chocante comédia de corações

◁◁ *Lato w Nohant*, de Jarosław Iwaszkiewicz, no Teatr Mały, Varsóvia, 1937. Ziembinski como Chopin. Fotografia de Stanisław Brzozowski.

◁ Ensaio geral da peça *Cień*, no Teatr Narodowy, Varsóvia, 1933. Ziembinski e Maria Malicka.

humanos é contada com a leveza e o brilho de um velho penico jogado no lixo. É leve, tem certo brilho, mas não dá para se sentar naquilo.[17]

Na crítica ao espetáculo *O Sexo Vencedor*, de M. Egan (Teatr Mały, estreia em 1 novembro de 1936, direção de Ziembinski), ele escreve:

> Isso não é *Sexo Vencedor,* é *Tédio Vencedor.* [...] Eu, pessoalmente, logo após a apresentação tomei um banho e algumas agulhadas de insulina, que agora passou a curar doenças dos nervos. Sobrevivi. Se tiverem coragem, tentem vocês também. O Teatr Mały [Teatro Pequeno] não é assim tão pequeno, afinal, se conseguiu abrigar uma porcaria tão grande quanto a peça de Egan. Aos pobres e inocentes artistas incumbidos da realização do espetáculo, minhas mais sinceras condolências e sincera amizade.[18]

Com base nas críticas mencionadas, pode-se perceber que ao lado dos grandes sucessos que Ziembinski alcançou nos palcos, também foram muitos e drásticos os fiascos. Essa linha senoidal em sua criação, na qual os grandes triunfos vão se entremear com retumbantes fracassos, também será observada no Brasil. Onde ele principia sua trajetória artística com um sucesso graças ao qual será aclamado "o pai do moderno teatro brasileiro". Esse rótulo vai aderir tão fortemente a ele, que a série de insucessos ulteriores passará quase despercebida. No Brasil, Ziembinski será chamado de mestre e sua autoridade será praticamente incontestável. Será apagada a memória dos espetáculos que conseguiram se manter em cartaz por apenas alguns dias após a data de estreia. Mas não antecipemos os fatos, pois antes que isso aconteça ainda precisa chegar à Polônia o mês de setembro de 1939.

Cada vez que recordo o que aconteceu comigo durante a guerra, me dá uma tremenda vontade de escrever tudo o que passamos. Porque, realmente, o que eu vi, o mundo que eu vi, a tragédia que eu presenciei, não é uma tragédia de carne e sangue, mas uma tragédia que abalava a alma da gente.

Zbigniew Ziembinski

4
TEATRO POLONÊS DURANTE A GUERRA

Observando o repertório dos teatros de Varsóvia às vésperas do ataque de Hitler à Polônia, pode-se ter a impressão de que o fantasma da guerra não assustava os moradores da capital. Ou talvez apenas não se permitissem pensar que aquele cenário negro poderia vir a tornar-se realidade.

No dia da eclosão da Segunda Guerra Mundial, Ziembinski não estava em Varsóvia. Alguns dias antes ele havia viajado em férias para a Iugoslávia. Tinha direito de descansar depois de uma longa e cansativa temporada no Teatr Polski. Em 28 de julho de 1939, deu-se a estreia de um espetáculo do qual foi diretor e no qual lhe coube, também, um dos papéis. Antes da viagem de férias, precisou encontrar um substituto que, durante sua curta ausência, pudesse assumir seu papel. Substituiu-o Zbigniew Koczanowicz. Aquele espetáculo, contudo, diferenciava-se contra o pano de fundo dos demais que Ziembinski havia dirigido até então. Era, com efeito, uma comédia, mas dessa vez nem um pouco açucarada. Aquela comédia era uma clara reação à situação que a Europa vivenciava na época e tinha caráter político. Havia sido escrita pelo inglês George Bernard Shaw e tinha o título de *Genebra*. A realidade entrelaçou-se com o teatro por alguns momentos e esse foi um abraço bastante perigoso, um embaralhamento arriscado entre a vida e o palco, que terminou mal para alguns dos atores que atuaram na peça. Zombava-se nela das mais importantes figuras da cena política internacional. Escarnecia-se, sobretudo, de Hitler, Mussolini e do general Franco, aos quais foram dados os seguinte pseudônimos: Battler, Bombardone e Flanco. Mostrados em um espelho distorcido, eles fizeram o público rir até as lágrimas. Uma tática de risco, especialmente às vésperas da deflagração da guerra. À pergunta – que por força vem aos lábios – sobre o porquê de não se achar entre os ditadores Josef Stálin, responde Irena Krzywicka: "Shaw [...] era um crítico da hipocrisia e dos preconceitos de classe, e continuou simpático à União Soviética mesmo após regressar de uma viagem pela pátria do proletariado."[1]

Na perspectiva de hoje, é difícil acreditar que a iminência da guerra, cuja data de início se aproximava de modo incoercível, parecesse ainda tão pouco provável.

Os atores que atuaram nos papéis principais de *Genebra* precisaram, porém, arcar com as consequências. Józef Węgrzyn, a quem coube o papel de Hitler, foi preso em dezembro pela Gestapo e encarcerado alguns meses na prisão de Pawiak•, e seu filho, Mieczysław, foi deportado para Auschwitz, onde acabou fuzilado. Não é de se estranhar que o ator tenha caído em depressão e que lhe tenha sido difícil retornar às ribaltas. E assim, brutalmente, a história interveio nas histórias individuais das pessoas. Também acompanhava Węgrzyn no palco, no papel de Mussolini, o talentoso ator Bogusław Samborski, seu destino, porém, tomou rumo de todo diverso. Mas não apressemos os fatos.

Genebra "reflete a mais sombria realidade e o mais terrível futuro, talvez o amanhã mesmo do mundo"; desenrola-se em cena, todavia, "com o acompanhamento constante do riso do público. Apenas um Shaw consegue fazer tais peças" – escreveu Tadeusz Boy-Żeleński[2] em sua crítica do espetáculo, na qual, algumas linhas adiante, rendeu elogios à direção de Ziembinski:

> O instinto do diretor talvez tenha descoberto o único modo de salvar a alegria visada pelo autor na peça, ainda assim já bastante carregada de sombras e reflexos sinistros. Como resultado, surgiu um ótimo *sketch* em três atos, no limite entre o gracejo intelectual, uma fantasiosa filosofia da história, uma moralidade e um espetáculo de revista encenado por bonecos.[3]

Irena Krzywicka, por sua vez, comentou o conteúdo da peça:

> Evidenciar os traços duradouros, que persistem por mais tempo, foi o objetivo de Shaw, e não perder o humor a despeito disso, lidando com um tema tão deprimente quanto a análise das ditaduras contemporâneas, não era tarefa fácil. [...] Shaw é Shaw e precisa porém condenar, por fim, a violência brutal, o culto da força irrefletida e as ideologias baratas dos três ditadores que, no terceiro ato, são levados a julgamento. De tal forma que, em resultado, e com a significativa ajuda do diretor e dos atores, a peça adquire a ressonância que esperam dela todas as pessoas a perceber e deplorar o declive pelo qual vai descambando atualmente a história. [...] A maior força da peça, entretanto, é desacreditar e zombar tanto das ideologias quanto das pessoas dos ditadores. O riso é uma arma letal.[4]

E o que nenhum crítico esqueceu de ressaltar foi a enorme coragem do diretor do Teatr Polski, graças à qual se tornou possível aquele diálogo excepcionalmente importante entre o mundo contemporâneo e a arte. O teatro não é, afinal, apenas uma superfície paralela ou marginal em relação à realidade, antes o contrário – é maravilhoso quando pode interagir com os acontecimentos atuais do mundo.

Boy-Żeleński não economizou considerações favoráveis a respeito de Ziembinski: "A peça, habilmente dirigida pelo Sr. Ziembinski, também foi interpretada com primor. [...] O Sr. Ziembinski conduziu exemplarmente a cena do julgamento do alto da cadeira de magistrado."[5] Palavras de admiração endereçadas a Ziembinski também partiram da pena de Irena Krzywicka:

> Na ótima direção do Sr. Ziembinski, o efeito cênico dessa estranha comédia mostrou-se muito convincente, divertido e, concomitantemente, apavorante. Pois eis que contemplamos três lunáticos possuídos pela mania de grandeza, odiando-se um ao outro, considerando-se cada qual um messias, figuras risíveis repetindo obtusamente as fórmulas cruéis e parvas que devem ser os lemas dos tempos de hoje. A excelente caracterização e atuação dos atores, principalmente do Sr. Samborski, que arrancava gargalhadas e aplausos ao cabo de quase cada fala, fez com que esses temas sombrios se tornassem muito engraçados, e existe acaso algo mais mortal do que o riso?

[...] O choque desses dois tipos de pensamento e de visão das coisas, o democrático e o fascista, é, ao mesmo tempo, uma grande alegria para os espectadores e uma formidável propaganda em prol das grandes conquistas da civilização que agora diferentes "totalistas" tentam apagar da face da terra, em prol da tolerância e da defesa das liberdades individuais. Deve-se caloroso reconhecimento ao Teatr Polski por ter exibido essa peça e pelo modo como a exibiu, assegurando que sua ressonância fosse a mais enfática possível. Ele levou a termo, realmente, um feito de grande monta e coragem, se se considerar o alto apreço de que gozam entre nós os lemas alardeados pelo trio de baderneiros raivosos escarnecido por Shaw.[6]

■ ◆ ■

Ziembinski, assim como outro famoso intelectual-emigrante polonês, Witold Gombrowicz, foi surpreendido pela eclosão da guerra fora das fronteiras de seu país. Com uma única diferença: da Iugoslávia era mais fácil retornar à Polônia do que da Argentina. Passando por três escalas, por caminhos tortuosos, Ziembinski conseguiu voltar de avião para Varsóvia nos primeiros dias de setembro. E viu que, a rigor, *Genebra* ainda estava em cena, mas para uma plateia quase vazia. "Na Iugoslávia, eu percebi que as coisas não eram como eu pensava. Apenas depois de cruzar as fronteiras do meu país foi que consegui ver a verdadeira situação internacional" – contou Ziembinski durante uma gravação para o SNT[7], realizada nos anos de 1970 no Rio de Janeiro. Talvez justamente de uma perspectiva distanciada se pudesse sentir o nível da ameaça.

No cargo de diretor do Teatr Polski, Arnold Szyfman escreveu que a tensão na capital crescia a cada hora. Em muitos bairros da cidade eram cavados abrigos que deveriam proteger as pessoas dos bombardeios. Ele mesmo, juntamente com colegas do teatro, cavou alguns na região de Dynasy, e reclama, a propósito, que a imprensa "vermelha" fotografava as atrizes mais belas e jovens trabalhando com uma pá. "Isso não parece sério e não possui o *páthos* de uma guerra que se aproxima. Tudo leva a crer, antes, que essa tempestade terminará nas chancelarias diplomáticas"[8].

Também o repertório dos teatros de Varsóvia, às vésperas da guerra, sugeria que as pessoas acreditavam que a tempestade terminaria rápido. De que outra maneira se poderia explicar a presença de tantos esquetes e farsas, que dominavam os palcos da capital? Fryderyk Jarossy anunciou a abertura do teatro Figaro com Lucyna Messal e Ida Kamińska, e no último dia de agosto declarou que em três de setembro aconteceria a estreia de um espetáculo, sob sua direção, no qual a atração principal seria o esquete *Pan Henryk* (O Senhor Henryk), de Kazimierz Biernacki. Visivelmente, não faltava humor à gente de teatro, ou então era essa a sua estratégia para afugentar os maus pensamentos e previsões.

Em primeiro de setembro ainda foram apresentados muitos espetáculos em vários teatros da capital. Além da já citada *Genebra*, no Teatr Narodowy apresentou-se a farsa *Wesele Fonsia* (As Núpcias de Fonsio), de Ryszard Ruszkowski·, no Teatr Mały, *Ostrożnie! Świeżo malowane!* (Cuidado! Tinta Fresca!), e, no Teatr Reduta, *Haneczka i duch* (Haneczka e o Espírito). O cabaré Ali-Baba apresentava então a revista *Pakty i fakty* (Pactos e Fatos), também com piadas atuais sobre Hitler, como no caso de *Genebra*. Consta até que, por ocasião da estreia, uma das atrizes teve de fazer bis de um poema de Julian Tuwim, no qual determinado fragmento dizia: "Então venceu a vileza. Da cidade das luzes/se acerca a choldra alemã em triunfo e bazófia."[9]

Outros atores preparavam-se para estreias nos ensaios de *Damy i huzary* (Damas e Hussardos), de Aleksander Fredro, no Teatr Narodowy, de *Przemytnicy wolności* (Os Traficantes da Liberdade), de Stefan Flukowski, no Teatr Polski, e *Burmistrz Stylmondu* (O Burgomestre de Stylmonde), de Maurice Maeterlinck, no Teatr Mały. Nos teatros Ateneum, Kameralny e Powszechny, da mesma forma, transcorriam os ensaios para estreias marcadas para breve. Como se a guerra não fosse acontecer, como se o governador-geral dos territórios ocupados Hans Frank não fosse em pouco tempo anotar as instruções de Goebbels: "[os poloneses] decididamente não devem possuir teatros, cinemas e cabarés para que não tenham diante dos olhos aquilo que perderam"[10].

No primeiro dia da guerra, a comoção tomou conta da capital. Stefan Jaracz·, grande ator e diretor do teatro Ateneum, ainda não tinha ideia do que os próximos dias trariam, de quão longa seria a guerra e de que logo seria deportado para Auschwitz:

> No primeiro dia da guerra, encontrei na Nowy Świat·· Stefan Jaracz, que, com grande excitação, exclamava que aquela era uma guerra santa e que ela lançava um grande repto à nação polonesa, pois apenas os poloneses barraram o caminho à agressão alemã. A história não nos perdoaria nunca se agíssemos de outra maneira. Jaracz falava com a expressividade que

lhe era própria, gesticulava vivazmente, deixava-se levar pelo entusiasmo ou indignava-se com paixão. Ao redor dele juntou-se uma multidão que crescia cada vez mais. Escutavam-no como era escutado em cena. Quando acabou, foi ovacionado. Foi a última "performance" de Jaracz em Varsóvia, foram as últimas palmas que recebeu na vida.[11]

Ainda em 2 de setembro aconteceria a última estreia em Varsóvia, no palco do Teatr Letni, no Ogród Saski·. O espetáculo, dirigido por Leon Schiller··, que, juntamente com Stefan Jaracz, também foi deportado para Auschwitz, tinha sido preparado ainda antes da guerra e era intitulado *Serce w rozterce, czyli ślusarz widmo* (Um Coração na Encruzilhada, ou o Ferreiro Fantasma, de autoria de J. N. Nestroy, adaptação de Julian Tuwim···). A plateia já se achava quase deserta, e os poucos que decidiram ir assistir ao *vaudeville* levavam consigo, segundo consta, máscaras de gás. Três dias depois o teatro foi fechado. Uma semana depois, atingido por uma bomba, queimou quase totalmente.

Nos primeiros dias dos bombardeios na capital, reinou o caos. Residências, prédios públicos e teatros aos poucos iam sendo reduzidos a destroços. Nas primeiras semanas da guerra o Teatr Narodowy sofreu um incêndio. A única coisa que se conseguiu salvar dele foi a estrutura de concreto. Todo o resto foi devorado pelo fogo. O teto ruiu, as paredes cederam, e os atores, principalmente os mais idosos e frágeis, tiveram de ser levados para locais seguros. Depois, no intervalo de um mês, outros teatros acabaram em chamas. E assim, sucessivamente, queimaram e viraram cinzas: o Teatr Wielki, o Nowy, o Mały, o Nowości, duas salas na rua Karowa e muitos outros teatrinhos menores, igualmente ativos antes da guerra. Após a ocupação de Varsóvia, os alemães desmontaram e levaram embora o palco giratório do Teatr Narodowy e transformaram o Teatr w Pomarańczarni em um celeiro[12]. Escreveu também sobre esse assunto em suas memórias Arnold Szyfman, que acabou preso pela Gestapo dali a dois meses, quando, junto com uma equipe técnica, havia começado a reconstruir o Teatr Polski:

> De repente, um novo alerta: está em chamas o principal armazém de decorações teatrais, em frente ao Teatr Polski. As chamas imensas atingem as alturas e devoram as decorações do Teatr Polski, acumuladas ao longo de vinte e sete anos, as obras de tantos artistas excepcionais, a labuta e o esforço de tanta gente [...].

4
O TEATRO POLONÊS DURANTE A GUERRA

> Uma de nossas melhores atrizes deixou Varsóvia em 4 de setembro, confidenciando-me que serviria como enfermeira no *front*. Parece que naquele mesmo dia, aliás sem aviso e sem despedida, deixou a cidade de carro um de nossos jovens diretores. Aconselha a mim e a minha esposa um de nossos conhecidos, oficial do exército, que deixemos Varsóvia imediatamente [...]. Minha esposa não quer ouvir em fuga [...]. A mim, contudo, aconselha partir, o que justifica com o argumento de que se tantas pessoas estão partindo, deve haver algum sentido nisso, ainda mais que *Genebra* pode dar ensejo a uma acusação (alguma outra não prevejo) no caso de... E esse terribilíssimo "no caso de", que ainda alguns dias atrás não existia, começa agora a ganhar traços de uma possibilidade, de algo verossímil.[13]

Seria interessante saber se o jovem diretor que deixou o país era Ziembinski. De todo modo, assim foram as primeiras semanas depois do cerco da capital. No começo de setembro deixaram Varsóvia, além de Ziembinski, muitos outros artistas. Irena Eichlerówna partiu para a Romênia, Słonimski e Tuwim, com suas respectivas esposas, seguiram a mesma direção. Passando por Kazimierz, Krasnystaw, Hrubieszów, Sokal, Tarnopol e Krzemieniec, chegaram ao cabo de vinte dias de errância a Zaleszczyki – cidade na região da Podólia, situada em uma profunda ravina nos meandros do Dniestre. No mesmo dia em que os exércitos da União Soviética atravessaram a fronteira oriental da Polônia, os Tuwim e os Słonimski atravessaram a fronteira da Romênia. Ziembinski e Eichlerówna, bem como muitos outros atores, escritores e civis poloneses decerto fizeram uma rota semelhante. Com a diferença de que os Tuwim e os Słonimski já ao final de setembro se encontravam em Paris, que naquela altura lhes pareceu um pouso seguro e aonde, alguns meses depois, chegariam também Ziembinski e seu grupo de atores.

Em 29 de setembro deu-se a capitulação da capital. Mas a situação dramática na qual se achou a nação polonesa não se limitava somente a Varsóvia. Em Cracóvia, no começo de novembro, a Gestapo prendeu todos os professores da Universidade Jagielloński, os quais depois seriam encarcerados no campo de concentração de Sachsenhausen.

Muitos atores ficaram sem trabalho. Como a maioria dos teatros foi destruída e, nos que sobraram, foi-lhes proibido atuar, precisaram dedicar-se a outras atividades. Aleksander Zelwerowicz começou a trabalhar como caixa e intendente na Casa da Cruz Vermelha em Oryszew; Wojciech Brydziński passou a vender cigarros; Jan Kurnakowicz foi contratado como bengaleiro; Henryk Szletyński, como condutor de bondes, Jerzy Jurandot achou trabalho numa plantação de tomates; outra famosa atriz, Stefania Grodzieńska, foi contratada como ajudante de cabeleireiro, Bronisław Dąbrowski – como funcionário da companhia de gás, Mieczysław Szpakiewicz – como atendente numa farmácia; Irena e Tadeusz Byrski vendiam lenha.

DURANTE A GUERRA NÃO HOUVE UM MÊS EM QUE NÃO FUNCIONASSEM TEATROS POLONESES

Ao mesmo tempo que a maioria dos atores poloneses se viu obrigada a mudar às pressas de ofício para garantir a sobrevivência, Ziembinski chegou a Bucareste. E não abandonou sua profissão. Em novembro de 1939, abriu junto com um grupo de atores um teatro na Romênia. Quatorze anos depois, em entrevista dada ao Serviço Nacional de Teatro no Brasil, assim recordou aqueles acontecimentos: "Aí, eu deixei Varsóvia. Atravessei a Polônia toda, pensando que aquilo era temporário, que duraria duas ou três semanas, no máximo. Fomos recuando, recuando, até perto da Rússia. O único ponto de saída era pela Romênia. Fugi para lá, onde passei quatro meses, fazendo teatro para os refugiados poloneses"[14].

E tudo começou com um pequenino anúncio pendurado em outubro na porta de um restaurante, em Bucareste:

> Artistas!
> Atores de drama – comédia
> ópera – opereta – teatro de revista
> (membros do ZASP·)
> estão convidados a se registrar
> junto ao Sr. Budzyński.
> Dom Polski – todos os dias – às 16h.
> BUCARESTE

Foi precisamente em tais circunstâncias que se deu a estreia do espetáculo *Uciekła mi przepióreczka* (Fugiu-me a Codorninha), de Stefan Żeromski·. Ziembinski foi ao mesmo tempo ator e diretor. Acompanhou-o no palco Irena Eichlerówna, que muitas outras vezes no futuro ainda aparecerá ao seu lado em palcos da Romênia, da França e do Brasil. A Companhia de Artistas dos Teatros de Varsóvia[15], conhecida também mais tarde como Teatro Polonês na França ou sob a alcunha popular de "Grupo do Ziembinski", inaugurou suas atividades com a estreia da peça de Żeromski dia 17 de novembro de 1939, enquanto em Varsóvia Szyfman tentava, com um grupo de atores, reconstruir o Teatr Polski. Na apresentação realizada no palco do Teatrul Comoedia atuaram artistas profissionais dos palcos varsovianos.

> Em entrevista para o *Kurier Polski*, de Bucareste, Zbigniew Ziembinski, antes da guerra um destacado diretor da equipe de Szyfman, anunciou "um espetáculo realista como que intensificado, em alguns episódios beirando o impressionismo". A crítica que se seguiu à estreia destacou o papel de Ziembinski, que, diferentemente da interpretação de Osterwa, optou por uma linha da desidealização da personagem de Przełęcki, de desvelamento de sua "natureza de jogador", ora patética, ora caprichosa, quase histérica, ora de novo cruel em seus monólogos de autodesqualificação. Irena Eichlerówna interpretou Dorota de forma distinta da tradicional. [...] As impressões do público foram transmitidas por uma carta bastante característica enviada à redação do *Kurier Polski*: "O inesquecível momento quando dos lábios da Sra. Eichlerówna saíram as palavras: 'quando eu estiver lá, bem no alto, talvez enxergue Varsóvia', causou enorme comoção: o palco e a plateia congelaram por um longo instante. No silêncio que reinou no teatro, os artistas e o público se compreenderam mutuamente e sentiram de súbito os laços a uni-los."[16]

A montagem de *Fugiu-me a Codorninha*, que foi uma das peças mais exibidas no tempo da guerra (ao lado de *Śluby panieńskie* [Votos de Donzela] e *Zemsta* [A Vingança], de Aleksander Fredro··, e farsas de Roman Niewiarowicz···), notabilizou-se também pelo alto nível artístico e foi exatamente isso que determinou os lances seguintes de seu destino. Depois da exitosa estreia e uma reapresentação em Bucareste, o grupo visitou outras cidades romenas: Buzău, Buhuși, Cernăuți e Ploiești, onde, em dezembro, concluiu-se um ciclo de sete apresentações para exilados poloneses naquele país. Posteriormente, o espetáculo granjeou uma distinção do Conselho de Teatro francês e foi apresentado em 10 de fevereiro de 1940 no Théâtre Antoine, no Boulevard de Strasbourg, em Paris. Na França, também encontrou uma recepção positiva, sobre a qual podem testemunhar as críticas elogiosas que apareceram tanto na imprensa francesa quanto na imprensa polonesa da emigração. Certo jornalista polonês escreveu que "o público, com uma concentração quase devota, escutava as palavras que fluíam do palco". Como sempre acontece, entretanto, nas apresentações de *Fugiu-me a Codorninha*, o espetáculo não passou sem "risos em momentos inapropriados"[17].

O "Grupo do Ziembinski" não se limitou a apresentar a peça apenas em Paris. Fugiu-me a codorninha foi exibida também em províncias francesas e em todos os lugares onde houvesse alguma aglomeração de poloneses. A derrota da França, porém, fez com que muitos atores do grupo se espalhassem pelo mundo. Ziembinski e Irena Eichlerówna logo haveriam de dar seus primeiros passos no Rio de Janeiro; Stanisław Sielański imigrou, em 1941, para Nova York, onde veio a se apresentar no Teatro Polonês dos Artistas, bem como em vários cabarés. Os demais artistas também partiram em busca de um lugar mais tranquilo no mundo.

A Companhia de Artistas dos Teatros de Varsóvia não constituiu um fenômeno isolado durante a Segunda Guerra Mundial, pois a Melpômene polonesa foi condenada a um destino errante pelos cinco anos do conflito. Um teatro militar surgiu na Síria, um Teatro de Artistas – nos Estados Unidos (trabalhar nesse teatro foi um sonho de Ziembinski) e, além disso, seis teatros semiprofissionais de fugitivos, dez amadores e outros doze teatros militares chegaram a funcionar[18]. Porém, precisamente aqueles dois teatros, o de Ziembinski e o dos Artistas, distinguiram-se pelo profissionalismo e alto nível artístico no pano de fundo das outras cenas polonesas naquele difícil período para a arte entre os anos de 1939 e 1945.

> A busca de novas soluções cênicas e dramatúrgicas não era seu objetivo, moviam-se no âmbito das formas e recursos de atuação, direção, cenografia e repertório universalmente consolidados durante os vinte anos do entreguerras. Desejavam transportar *inter arma* justamente essa

▷ A atriz polonesa Irena Eichlerówna.

imagem do teatro e por meio dela dar prova de que a vida dos palcos não se interrompera. Entendida assim sua tarefa de representação profissional da nação que resistia, cumpriram-na com dignidade.[19]

Além dos dois grupos acima referidos, caracterizados por seus altos méritos artísticos, não se pode esquecer de outros teatros da emigração, menos conhecidos, mas que também prestaram semelhante serviço cívico e patriótico. Escreve sobre eles o grande historiador do teatro Zbigniew Raszewski:

> Ao longo dos últimos anos, pudemos ler repetidas vezes que o teatro polonês não existiu durante a guerra. [...] É verdade que após a invasão de muitas cidades polonesas os alemães fecharam nossos teatros e se apropriaram de seus bens. [...] Mas também é verdade que durante a guerra não houve um mês em que não funcionassem teatros poloneses, frequentemente muito bons. Não tínhamos ciência disso, pois em condições de guerra sobre muito não se sabia coisa alguma. Uns se ocultaram em pequenas residências e não desejavam que rastreássemos suas atividades. Outros mostraram um instinto nômade que ninguém jamais esperaria de uma nação assentada em seu território. Só o Teatr Miniatury, de Lwów[20], percorreu em suas apresentações na URSS um trajeto de quinze mil quilômetros. O teatro militar de Buzuluk excursionou até a Itália. O Teatro do Exército Polonês foi dar em Łódź vindo do rio Oka. [...] A Unidade dos Cárpatos chegou à sitiada Tobruk em um navio de guerra. O Teatro Artístico Polonês de Bonecos, partindo de Samarcanda, atravessou a Ásia Central a camelo. Graças a essa dinâmica, nosso teatro pôde visitar países que antes ainda não o haviam conhecido: Irã, Iraque, Síria, Palestina (hoje Israel), Líbia, Egito, e ainda por cima vastas regiões da URSS, Romênia, Hungria, França, Suíça, Itália e Inglaterra. Um teatro polonês profissional funcionou nos Estados Unidos. Somente durante a guerra conseguimos estender uma rede de teatros poloneses por todo o Reich Alemão, dos Alpes a Bremen. Não é possível enumerar todos os grupos poloneses sob o domínio alemão. Sete funcionaram nos Oflags•, vários nos Stalags••, além disso, contamos cerca de vinte grupos secretos que funcionaram por

alguns anos em terras polonesas e alemãs. Em 1943 um grupo polonês, torrencialmente aplaudido, apresentou-se em Dachau diante do maior público conhecido na história do nosso teatro: atuou diante de quarenta mil espectadores, despertando reflexos humanos mesmo entre os ss.[21]

Enquanto os teatros poloneses da emigração exibiam peças para revigorar o coração dos conterrâneos fugitivos e exilados, na Polônia, dia a dia, a situação tornava-se mais perigosa. Dois meses após o início da guerra, a Gestapo prendeu e assassinou o crítico teatral Witold Noskowski. Em dezembro, em Cracóvia, o jornal *Goniec Krakowski*, impresso pelos alemães, publica um artigo intitulado "A Melpômene Polonesa nos Braços dos Ídolos Judeus", denunciando atores poloneses de origem judaica. Em Varsóvia, publicou-se uma resolução determinando que os proprietários de cafés estavam obrigados a submeter textos artísticos à aprovação do departamento de propaganda (Propaganda-Abteilung) do Governo-Geral, e logo depois, em Cracóvia, anunciou-se resolução do governador-geral Hans Frank (o mesmo que aprovou os planos de destruição de Varsóvia) estabelecendo normas de controle sobre as atividades culturais polonesas nas áreas sob ocupação alemã.

Já em meados de 1940, os alemães julgavam ter conseguido abolir todos os espaços de vida pública na Polônia ocupada, desde as instituições de caráter esportivo, até as de caráter político. Os espaços artísticos também foram liquidados. Porém, isso não estava totalmente de acordo com a verdade, pois a vida artística na Polônia prosseguia ocupada; com uma diferença, apenas: ela se dava agora na clandestinidade. Durante a ocupação alemã, somente na própria capital funcionaram quatro grupos de estudo, houve mais de uma dezena de estreias teatrais e, em todo o país, existiram mais de vinte teatrinhos de bonecos e três escolas de formação de atores. Os professores do Instituto Estatal de Arte Teatral (Państwowy Instytut Sztuki Teatralnej), tomando conhecimento de que os homens de Hitler haviam proibido a abertura da escola, reuniram-se no apartamento de Jadwiga Turowicz, na rua Wilson, e decidiram dar início ao novo ano acadêmico clandestinamente[22]. Também em Cracóvia foram iniciados cursos clandestinos de teatro, durante os quais se trabalhou, por exemplo, com cenas de *Wesele* (Núpcias), de Wyspiański. Ziembinski já não tomou parte na vida teatral polonesa durante a guerra. Nessa mesma época ele debutou como diretor de teatro no distante Brasil.

EXISTEM MUITAS VERSÕES DESSA HISTÓRIA. EIS O SEU ENCANTO

Existe um imenso número de variantes da história e suas interpretações. Essas são apenas algumas. Tratemos então do relato, cujo herói (ou a rigor anti-herói) é Igo Sym, como uma trama recheada de ação e suspense, abrindo mão de buscar aqui uma tentativa de contar a versão única, verdadeira e oficial dos acontecimentos.

Alguns dizem que na manhã do dia 7 de março de 1941, dois homens, com os pseudônimos de "Cinza" e "Prateado", bateram à porta (ou talvez tenham tocado a campainha) do seu apartamento. Outros, por sua vez, são de opinião de que havia três e seus pseudônimos eram "Entrave", "Cinza" e "Pequeno".

De acordo com uma das versões dos fatos, eles subiram ao quarto andar do prédio na rua Mazowiecka nº 10, onde morava Igo Sym. De fotografias da Varsóvia ocupada, todavia, conclui-se que o edifício localizado naquele endereço contava com apenas três andares. Digamos, então, que foram até o terceiro andar. Não restam dúvidas de que a localização do apartamento era excelente, considerando-se sua proximidade do café Mała Ziemiańska, célebre na Varsóvia pré-guerra, local favorito dos literatos, de algumas galerias de arte, do bar U Wróbla e da editora de Jakub Mortkiewicz. Igo Sym, afinal, era uma pessoa muito culta, só que acabou de um jeito um tanto sórdido. Vale a pena acrescentar que um andar abaixo, segundo consta, morava a própria Hanka Ordonówna·.

Uns dizem que apareceu primeiro à porta a cunhada dele, outros sustentam que foi a empregada, outros ainda – que Sym ele mesmo, em pessoa, foi atender à porta, depois de ouvir a campainha ou o aviso de que o carteiro acabara de trazer um telegrama.

Uns afirmam que o pegaram de pijamas, ainda sonolento. Outros, que já estava preparado para sair. Sim, quinze minutos após a inesperada visita ele estaria de partida para Viena. Nunca conseguiu chegar lá, contudo.

Diz-se, também, que o segundo tenente "Entrave", antes de atirar, ainda disse a Sym:

– Toma, canalha, pela Polônia!

Com certeza também, antes de atirar, ele ainda confirmou a identidade da vítima com a finalidade de não matar por acidente o sujeito errado.

Uns dizem que essa foi a primeira sentença executada pelo Tribunal Militar Especial. Outros, por sua vez, afirmam que "Entrave" já havia puxado o gatilho mais de uma vez. Estima-se que durante a guerra quase quatrocentas sentenças de morte tenham sido decretadas para colaboradores, informantes, espiões e provocadores. Além da luta direta com o ocupante, era disso que se ocupava o Estado Polonês Subterrâneo.

Um rumor especifica que, para cumprir a sentença do Tribunal Militar Especial, a União Para a Luta Armada utilizou uma pistola do modelo vis. Outros dizem que o modelo era outro.

Há apenas um elemento que se repete sem tirar nem pôr em várias fontes: o tiro foi direto no coração. O alcaguete caiu de cara no chão, sem sequer um suspiro.

As consequências desse corpo caído não se refletiram apenas no meio teatral de Varsóvia. Sobre o assassinato de Igo Sym não escreveu apenas a imprensa da Polônia ocupada, mas também jornais na Inglaterra, na Suíça e na Palestina. Já algumas horas depois de os responsáveis desabalarem escada abaixo e saírem à rua desaparecendo do local do ocorrido, os alto-falantes espalhados pela capital repetiam que, em represália, a população de Varsóvia seria punida com uma multa de um milhão de złoty, e que o toque de recolher passaria a vigorar a partir das dezoito horas. O governador do distrito Ludwig Fischer declarou luto – proibiu que funcionassem todos os teatros e cinemas. Se ficasse apenas nisso! A pena pelo assassinato de um Reichdeutscher mostrou-se muito mais severa. Alguns dias após a execução da sentença de Sym, os alemães prenderam mais de cem pessoas, dentre as quais vinte e uma foram fuziladas em Palmiry. Mas isso tampouco foi suficiente para compensar a morte de um de seus homens de confiança. Os alemães fizeram prisioneiros também muitos representantes do meio acadêmico e teatral, e Stefan Jaracz e Leon Schiller foram enviados para um campo de extermínio. A Schiller foi atribuído o número 13579, a Jaracz – o subsequente. O último voltou adoecido do campo, e em 1945 morreu de tuberculose.

A Gestapo não poderia permitir que o Estado Polonês Subterrâneo se livrasse de seu colaborador Igo Sym de um modo tão teatral. Nascido em uma família polono-austríaca em Innsbruck, Sym cursou a escola de atores de cinema mantida pelo roteirista e diretor Wiktor Biegański, após o que estreou no filme *Wampiry z Warszawy* (Vampiros de Varsóvia). Depois de sua promissora estreia, partiu da

Polônia para a Áustria e, posteriormente, para a Alemanha, onde chegou a atuar em um filme ao lado da própria Marlene Dietrich. Não obstante falasse com perfeição o alemão, era traído por sua incapacidade de pronunciar um "r" duro, verdadeiramente à alemã; no cinema falado que então surgia, era preciso mostrar algo mais que a beleza. Nos anos de 1930, voltou para a Polônia, onde ainda atuou em filmes, mas cabiam-lhe em regra papeis secundários. Tinha presença, topete e capacidade de seduzir belas damas. Isso com certeza facilitou-lhe o acesso ao circuito dos recitais e cabarés poloneses. Como espião da Gestapo e declarado Volksdeutscher· começou a galgar posições na administração, até que se tornou conselheiro do Governador-Geral para assuntos artísticos. Foi-lhe confiada a organização da vida teatral "polonesa" na capital consoante as diretrizes da Propaganda-Abteilung do Governo Geral, pelo que foi premiado com o cargo de diretor do Theater der Stadt Warschau, sediado no edifício do Teatr Polski, na rua Karasia, e, além disso, com a concessão do teatro Komedia, na rua Kredytowa. Dirigiria também, depois, um cinema "apenas para alemães", o Helgoland (antes da guerra, Palladium), na rua Złota[23].

Tendo tanto poder no "mundo cultural alemão" de Varsóvia, começou a recrutar atores poloneses para atuar em um filme encomendado por Joseph Goebbels, intitulado *Heimkehr* (O Retorno à Pátria). Nesse filme, os tranquilos e pacíficos alemães, minoria étnica na cidade polonesa de Wołyń, são perseguidos por impiedosos poloneses. Um dos recrutados a quem se designou um papel no filme foi o excepcional ator de cinema e teatro Bogusław Samborski. Atuou como um cruel polonês que maltratava os inocentes alemães.

Quando o meio artístico polonês o chamou de traidor e ameaçou vingar seu ato ignóbil de difamação da nação polonesa naquele filme de propaganda, Samborski dividiu seus temores com Sym, que o teria consolado com as seguintes palavras: "Eu já recebi três sentenças de morte e vou vivendo; se o tempo esquentar para mim, me abanco em Viena e eles que enfiem naquele lugar as sentenças."[24]

A Viena, porém, ele não conseguiu chegar.

ESBOÇO
IMIGRAÇÃO PO

A história da emigração é a história da alienação e seus efeitos.

Paul Scheffer

5
...DE HISTÓRIA DA
...NESA NO BRASIL

O emigrante, ao longo da viagem, muda de etiqueta. De emigrante, para o país que o perde, torna-se migrante, para o país por que passa, e imigrante para o país no qual se estabelece. Como consequência, fica em primeiro plano para alguns países o problema da emigração, para outros, a questão da imigração, e para outros, ainda, o problema da migração, do trânsito. A migração, no sentido amplo da palavra, é o movimento acima referido em todas as etapas, desde o momento da preparação da viagem, o estabelecimento no novo país até o momento da naturalização ou do retorno à pátria.

> A emigração é um fenômeno tão antigo quanto a humanidade. Estudando a história de todas as nações e épocas, encontramos, em quase todos os lugares, numerosas correntes migratórias mantendo a humanidade em um estado mais ou menos fluido. Os motores dessas ondas são variadas causas de natureza econômica e política e, em parte, psicológica.[1]

■ ◆ ■

Para o Brasil!... Depois de longa jornada, de quase um mês, ao longe vai surgindo a costa, coberta por denso e fresco verdor. Logo o navio diminui a velocidade e para em uma das mais belas baías do mundo. Quando, há centenas de anos, os portugueses a descobriram, pensaram ser a foz de um grande rio; e como a descobriram em janeiro, deram-lhe então o nome de Rio de Janeiro. O nome passou depois para a cidade que se esparramou pitorescamente às margens da baía e que hoje é a capital do Brasil:

> Os emigrantes ainda não desembarcam no continente. Grandes barcos recolhem-nos do navio recém-chegado da Europa e levam-nos, baía adentro, até a Ilha das Flores, onde, em meio à pródiga vegetação meridional, em meio a bosques de bananeiras, caramanchões de bambuzais e o multicolorido das flores, localiza-se a hospedaria dos imigrantes mantida pelo governo brasileiro. Os recém-chegados da Europa ficarão aqui até que decidam rumo a qual estado hão de dirigir seus próximos passos.[2]

Em 1909, sem qualquer consciência de seu destino vindouro e sem se inquietar muito especialmente com seu futuro, Zbigniew Ziembinski decerto repousava em um berço na casa de sua família, em Wieliczka, e não fazia ideia de que algum dia haveria de pôr os pés no porto do Rio de Janeiro. E foi em 1909, justamente, que a Sociedade Polonesa de Emigração em Cracóvia publicou a pequena brochura intitulada *Guia Ilustrado do Brasil, Acompanhado de um Pequeno Mapa do Paraná e da América do Sul*. Nesse guia, desaconselhava-se com firmeza a permanência no Rio de Janeiro. Aos potenciais emigrantes da Polônia, que então sequer existia nos mapas, aliás, era sugerido que se estabelecessem nos estados do sul do Brasil:

> Ficar na capital, o Rio de Janeiro, não vale a pena. É fato que a cidade, que conta com aproximadamente um milhão de habitantes, extirpou quase por completo a terrível epidemia de febre amarela que, tempos atrás, levou à morte aqui centenas de pessoas, mas não se trata de uma cidade saudável. O clima quente e úmido faz com que as pessoas rapidamente percam suas forças, além do que não é fácil achar uma ocupação e, muito embora haja trabalho e não seja mal pago, o elevado custo de vida local não permite guardar quase nada na eventualidade de tempos mais difíceis. Aqui não se pode enriquecer. Afinal, os emigrantes

poloneses dirigem-se ao Brasil quase exclusivamente em busca de terra, atraídos pela distribuição de terra, e não para se tornarem trabalhadores braçais ou operários. Por isso, pode-se contar nos dedos as famílias polonesas na capital.[3]

Sabemos por meio de seu prólogo que o guia sobre o Brasil foi escrito, a pedido da Sociedade Polonesa de Emigração, por Ludwik Włodek, e, segundo a intenção da Sociedade, deveria possuir um caráter totalmente isento e oferecer um "conhecimento exato dos assuntos do Brasil, merecendo plena confiança"[4]. Hoje, da perspectiva dos mais de cem anos que se passaram desde a data de sua primeira impressão, podemos tratar essas informações com menos confiança, talvez até com um leve sorriso.

> O Brasil ou, mais precisamente, os Estados Unidos do Brasil, é um país enorme, localizado na América do Sul, com um território que ocupa 8.525.000 km quadrados e população de cerca de vinte milhões de habitantes. Quanto ao tamanho de seu território, é o quarto país do mundo: maiores que ele são apenas a Rússia, a China e os Estados Unidos da América do Norte. Falaremos, portanto, sobre os estados e localidades cujo clima nossos expatriados conseguem suportar, e para onde vários agentes os têm recrutado e chamado.[5]

Naquele mesmo 1909, em Varsóvia, uma editora chamada Staszyc publica livreto de natureza semelhante, que tinha por objetivo oferecer uma imagem mais nítida do Brasil às pessoas que planejavam emigrar para aquele país distante e exótico, acerca do qual ainda se sabia relativamente pouco. Esses livrinhos eram, então, uma fonte preciosíssima de informações para os potenciais emigrantes; ainda hoje, contudo, também se mostram valiosos. Graças a eles podemos ter uma ideia, ainda que vaga, sobre o modo como o país era visto e interpretado por pessoas que, entre os séculos XIX e XX, tinham empreendido a jornada de várias semanas em um navio e puderam dividir suas observações com aqueles que também nutriam a intenção de tentar a sorte para além do oceano. O geógrafo e pedagogo polonês Paweł Sosnowski foi um dos que chegaram ao Brasil; com base em suas observações, escreveu um pequeno guia intitulado *Brasil: Sua Natureza e Seus Habitantes*, no qual, de modo ilustrativo, esforçou-se por apresentar a distância que separava o Brasil do Reino da Polônia:

> Se partíssemos de nosso país em direção ao Ocidente, atravessando toda a Alemanha e a França, então após quatro dias de viagem de trem estaríamos, enfim, às margens das grandes águas chamadas de oceano Atlântico. Esse oceano espalha-se centenas de milhas em várias direções, e, em alguns lugares, tem uma profundidade de algumas verstas. Querendo-se cruzá-lo de lés a lés, é preciso navegar às vezes três, quatro semanas. E eis que, navegadas – mesmo nas rotas mais curtas – setecentas ou oitocentas milhas por esse oceano, veríamos de novo do outro lado a terra. A América é uma das partes do mundo, que são cinco: a Europa, onde moramos, a Ásia, a África, a América e a Austrália.
>
> Pode-se julgar quão grande é o Brasil em vista do fato de que caberiam nele cerca de setenta países como o Reino da Polônia. Nesse imensurável território vivem apenas cerca de vinte milhões de habitantes, ao passo que, num território setenta vezes menor, são onze milhões no Reino da Polônia. Não admira que o governo de lá precise de cada vez mais pessoas: há terras em abundância, é preciso abrir matas impenetráveis, secar enormes charcos, cuidar das plantações já feitas – e há poucas mãos para o trabalho.[6]

Nas publicações relativas ao Brasil, não poderiam faltar tampouco os conselhos e ensinamentos sobre como viver e lidar com o clima diferente e as doenças tropicais. O doutor Odo Bujwid, professor aposentado da Universidade Jagielloński, publicou em 1930, em Varsóvia, informações substanciais, voltadas particularmente para colonos e companhias de emigração, a respeito de doenças subtropicais, meios de evitá-las, combatê-las e preveni-las. Sua publicação recebeu o título *As Condições de Saúde no Brasil*. Ofereceu nela vários conselhos práticos sobre problemas relacionados com a influência do clima no vestuário (observações quanto a roupas e sapatos), questões relativas à alimentação, às bebidas e, de maneira geral, ao comportamento em um clima quente, bem como sobre latrinas e lixeiras, edificações agrícolas e chiqueiros. Escreveu também sobre métodos de combate a mosquitos, doenças causadas por insetos, maleita, malária e outras enfermidades, como impaludismo, febre amarela, lepra, disenteria amebiana, elefantíase, doenças transmissíveis por pulgas, piolhos e percevejos, ancilostomíase, sarna, febre paratifoide, furúnculos e doenças venéreas. Discorreu também sobre problemas como o alcoolismo e as diversões anti-higiênicas. Escreveu sobre cobras e suas picadas, sobre como extrair o veneno e fazer o soro antiofídico, sobre os hábitos das cobras e como capturá-las, a aplicação do soro antiofídico conforme a espécie da cobra que picou, e também crendices relacionadas a picadas e aranhas venenosas.

Além disso, o autor ensinou ao potencial emigrante que no Brasil não se pode andar sem proteção na cabeça, pois com facilidade se pode sofrer uma insolação:

> A espessa carapinha do negro ou o grosso e basto cabelo na cabeça do índio – escreve no guia – protegem muito melhor da insolação e é frequente se ver um habitante acostumado sem qualquer proteção na cabeça. Um europeu, nessas mesmas condições, sofreria dolorosas queimaduras por conta dos raios solares.[7]

O mais incômodo, entretanto, no clima tropical, a que um polonês não estava de forma alguma acostumado, é a intensa transpiração, para a qual o único remédio é a frequente troca de roupas: "no Brasil, deve-se trocar a camisa várias vezes ao dia, se quisermos evitar as desagradáveis irritações da pele causadas pelos sais restantes do suor seco"[8]. Porém, a insolação e o suor excessivo com certeza não chegam a ser tão molestos quanto certo parasita a espreitar os expatriados da Europa nos trópicos: o ancilóstomo. Era dele que os imigrantes deveriam se resguardar mais:

> Outro parasita assaz perigoso, e largamente disseminado no Brasil, é o ancilóstomo (*Ancylostoma duodenale* ou *Necator americanus*), um vermezinho de 10 milímetros de comprimento que vive no duodeno, logo após o estômago do homem. Seus ovinhos são expelidos diariamente com as fezes e se não há um local próprio para a higiene, e as fezes são lançadas de qualquer jeito nos caminhos por onde se passa, então os jovens vermezinhos eclodidos dos ovos rastejam até os pés descalços, dirigem-se ao duodeno, fixam-se ali sugando incessantemente o sangue e causando cada vez maior fraqueza, até a completa incapacidade para o trabalho.[9]

Eis os perigos que esperavam pelos emigrados da Europa. Alguns anos depois, em 1934, impresso pela editora Gebethner e Wolff, em Varsóvia, foi publicado um outro livro tratando dos problemas com os quais os poloneses no Paraná precisaram lidar. A obra foi escrita por Jerzy Ostrowski e tinha o título de *Os Conquistadores Poloneses*. O autor descreveu nela mais perigos à espreita dos emigrantes no Brasil. Deparamos ali, entre outras, com uma curiosa situação na qual o protagonista do livro conversa com o cônsul da Polônia sobre serpentes:

> – Mas e as serpentes? – perguntou Krzych, com oculto temor. – Eu li que aqui existem cobras-covinhas e jararacas muito venenosas.
> – É verdade, elas são um grande perigo, mas existe um antídoto em forma de soro. Também protegem bem contra elas as botas e as perneiras, pois as serpentes atacam principalmente nas pernas. De resto… é preciso tomar cuidado. Na minha opinião, no entanto, existem perigos ainda piores que os bandidos e as serpentes – são os insetos e as doenças. Começando por uma nojenta pulga terrestre que se esconde sob as unhas dos dedos do pé·, até uma doença chamada "ancilostomose" que é causada por parasitas no duodeno – existem aqui muitos perigos assim.[10]··

Eram essas as notícias publicadas sobre o Brasil uma década antes da partida de Ziembinski para o Rio de Janeiro. É duvidoso que ele tenha lido quaisquer dessas publicações. O Brasil nunca esteve nos planos de Ziembinski. Ele ficaria na Polônia e faria carreira no país.

A maioria dos primeiros colonos, que vinham chegando em ondas migratórias ao Brasil desde meados do século XIX, não permanecia no Rio de Janeiro. Continuava sua jornada até o sul da nação, onde esperavam por eles matas virgens às quais nenhuma estrada levava, nas quais era preciso lutar com serpentes em glebas inférteis. A maior parte dos expatriados da Polônia, cerca de noventa por cento deles, ocupava-se da lida da terra.

> Era triste o trabalho de derrubar uma mata secular, onde se aninhavam todos os tipos de inseto e parasita venenoso. Para nós, emigrantes, foi muito difícil no começo. Nós aqui não morávamos em cidades nem

aldeias, mas nos mandavam para as matas e nós é que tínhamos de desbravá-las e fundar pequenas aldeias. Se o emigrante-agricultor chegar hoje [ou seja, em 1936], então já terá boas condições de vida, pois há estradas adequadas para as carroças e um bom mercado para os produtos agrícolas. No começo, porém, quando havia apenas trilhas nas matas [...] e até a cidade era preciso andar quatro dias, não tínhamos nem cavalos, nem carroças, erguíamos tudo com nossos braços e trazíamos tudo em nossas costas.[11]

As pessoas que ainda no século XIX poderiam cogitar em partir para o Brasil eram iludidas por promessas que despertavam nelas a esperança de posse de sua própria terra. Contrariando tais esperanças, no novo continente não lhes esperavam campos prontos para o cultivo e choupanas. Os imigrantes recebiam, é verdade, um lote, mas se tratava de terra coberta de florestas, até a qual era custoso se embrenhar. De início, foi preciso, então, construir barracos primitivos de folhas e galhos. Toda a ajuda recebida na forma de ferramentas para limpar o terreno e sementes precisava ser paga depois mediante trabalho na construção de estradas e vias férreas.

Uma política do governo brasileiro, iniciada nos anos vinte do século XIX, influenciou no desenvolvimento das correntes migratórias para o país. Buscando modernizar o Estado, ela incentivou a vinda de população europeia. Como a principal corrente de emigração da Europa para além-mar fluía espontaneamente para os Estados Unidos da América do Norte, o governo brasileiro, para convencer os emigrantes a escolherem o Brasil para se estabelecerem, cobria os custos da viagem e garantia a distribuição gratuita de terras.

Após a Primeira Guerra Mundial, mudaram as condições de emigração para o Brasil. Antes de tudo passou-se a exigir dos emigrantes o pagamento da viagem e a posse de recursos próprios para que se estabelecessem.[12]

Por um lado, muitos agentes incitavam poloneses a partir rumo ao Brasil na onda da "febre brasileira". Por outro, contudo, na Polônia – cujo território no final do século XIX ainda se encontrava sob as partilhas· –, a imprensa local alertava os potenciais emigrantes antes da viagem: "Não deixa levianamente a terra de teus pais, não sabes, afinal, que sorte te aguarda além-mar. Pensa bem. Se, todavia, fores tomado por uma inexorável vontade de buscar teu pão além-mar, leva contigo os conselhos e orientações que benevolamente te damos."[13]

Ainda muitos anos antes da irrupção da "febre brasileira", durante a qual o fluxo de emigrantes das terras polonesas rumou em massa para o Brasil, nos jornais começaram a aparecer informações com o objetivo de advertir quanto a uma viagem para terras desconhecidas. De acordo com os jornalistas do *Pielgrzym*, a emigração traria a perda nesta vida e na outra, enquanto a *Gazeta Toruńska* denunciava:

> Os ares de lá minam a saúde, a língua, os costumes e as condições são desconhecidas. Os brasileiros precisam de trabalhadores rurais para limpar as matas repletas de cobras e répteis. A terra pode apresentar-se úmida e infértil. A viagem de graça é uma ficção, já que é preciso pagar por ela com o trabalho. Cabe, pois, alertar o povo acerca desse novo tipo de caça, que nada mais é do que tráfico de escravos brancos, no qual os agentes lucram por peça.[14]

A "febre brasileira" começou na última década do século XIX. É provável que já em 1889 tenham se difundido os primeiros rumores de que o governo brasileiro prometera distribuir terras para a colonização em condições excepcionalmente favoráveis para emigrantes da Europa. Era prometido, também, um auxílio inicial por alguns anos desde a chegada. Ninguém dizia, à época, em que medida as terras em questão eram produtivas ou improdutivas. Mas para muitos camponeses do Reino da Polônia aquilo soava, apesar de tudo, promissor. A perspectiva de possuir sua própria terra era a principal motivação para partir e buscar a sorte para além do oceano. As dificuldades, contudo, já começavam muito antes de o navio aportar na costa do continente sul-americano. Elas começavam, com efeito, no instante mesmo em que se decidia empreender a viagem. Nas memórias dos imigrantes é possível encontrar alguns aspectos mais salientes que dão testemunho do medo que os acompanhava nas diversas etapas da migração. A começar pela própria travessia marítima, outros elementos importantes são, sem dúvida, o encontro com um mundo, um clima, um ambiente estranhos, o confronto com a população local e a língua diferente de que se fazia uso, as doenças e os vermes; e a tudo isso ainda é preciso acrescentar a luta com a mata selvagem, como pode ser observado nas citações abaixo:

> [O emigrante] deixava a costa europeia amontoado no porão de um navio, onde dividia com uma multidão de outros viajantes as adversidades da viagem no espaço inacreditavelmente exíguo da coberta inferior da embarcação. Não sem razão se tornou comum a expressão "carga humana", com a qual se enchia o porão do navio, onde uma massa de homens, mulheres e crianças se apinhava [...] ao longo das paredes ou em colchões pelo chão, alimentada miseramente em tinas.[15]

> Uma trouxa com lençóis e roupas, a esposa, os filhos e, no coração de camponês, a fé de que "tudo se arranja de algum jeito". Mas as coisas não se arranjavam "de algum jeito", na verdade elas corriam mal, com grande dificuldade. [...] De fato, o camponês-emigrante ia dar no meio de uma floresta selvagem e já era muito bom se lá esperava por ele um casebre de ripas, pois podia acontecer de não esperar, e cumpria em tal caso começar acampado ao pé das árvores, sobre o chão desnudo.[16]

Tudo isso provoca vertigem como um moinho diabólico, a quebranta a fé em si mesmo e desperta o primeiro reflexo de voltar ao país, a qualquer custo. "Oh, como foi estranho e difícil – confidencia um emigrante – quando vimos a terra. Eu me perguntei – isso é a terra? Pois era tudo floresta, montanha, mato, cipó, precipícios sem fundo, pântanos, samambaias de metros de comprimento. Comecei a chorar como uma criancinha diante do meu amargo destino. Queria voltar para a pátria, mas o dinheiro que me tinha restado era muito pouco, e a família – nove almas.[17]

Os futuros colonos foram instalados em um barracão erguido especialmente para esse fim e em "cabanas". As paredes do tal barracão eram feitas de galhos entrelaçados, aliás, ajuntados, deixando ver o mundo todo do lado de fora. A rigor, trata-se de proteção contra o sol, e ele arde sem misericórdia [...]. Os cães nos países civilizados têm abrigos de longe mais respeitáveis do que as pessoas aqui. A cobertura das tais cabanas é feita de folhas e todo tipo de mato, além disso, são tão baixas que uma pessoa de altura mediana que queira entrar nelas precisa se curvar bastante; mal e mal cinco ou seis pessoas podem dormir no chão em cada uma, apesar disso se espremem em seu interior famílias compostas de até dez pessoas.[18]

Estima-se que até o início da Primeira Guerra Mundial emigraram para o Brasil mais de cem mil poloneses, camponeses em sua maioria. Eles sonhavam em conseguir terra e, realizado esse sonho, a maior parte deles parou de pensar em voltar para o país natal, enraizando-se em definitivo no novo continente. No final dos anos 1930, ou seja, pouco antes da vinda de Ziembinski para o Brasil, o Consulado Geral da Polônia em Curitiba publicou dados sobre o número de poloneses no Brasil:

Paraná – cerca de 100.000
Santa Catarina – 25.000
Rio Grande do Sul – 80.000
Total – 205.000 mil poloneses
Se a isso forem acrescentados os cerca de 14.000 poloneses que vivem em outros estados, alcançaremos o número de 219.000.[19]

Uma década depois, o calendário *Lud* publicou uma classificação mais detalhada dos emigrantes poloneses. Noventa e cinco por cento deles ocupavam-se da lida da terra, três e meio por cento eram operários e artesãos, um por cento, vendedores. A *intelligentsia* compunha apenas meio por cento de todos os poloneses nesse *paraíso* ou *inferno* tropical, conforme ele favorecesse – ou não – a cada uma daquelas almas.

No final dos anos trinta do século XX, todavia, algo estranho começou a ocorrer com a diáspora polonesa nos trópicos. Até há pouco tempo, os poloneses ainda podiam enviar seus filhos a escolas polonesas, publicar jornais locais em língua polonesa, frequentar missas celebradas na língua que trouxeram consigo do outro lado do oceano. Trouxeram-na e mantinham-na zelosamente consigo, para que não perdessem o contato com a terra dos ancestrais, pois mesmo que tudo em volta lhes parecesse tão esquisito, tão distinto do ambiente em que nasceram e cresceram, eles ainda tinham um abrigo na língua na qual se sentiam seguros, em casa. Também mandavam seus filhos já nascidos em terras estrangeiras para escolas nas quais podiam aprender a língua dos avós. Um ano antes da eclosão da Segunda Guerra Mundial, no estado do Paraná contavam-se mais de duzentas e cinquenta associações e organizações de imigrantes poloneses e seus descendentes.

O ano de 1938 constituiu uma drástica cesura. No próprio Paraná, foram fechadas mais de cento e sessenta escolas. Os alemães e italianos também começaram a ser vistos com olhos não muito favoráveis. O governo brasileiro temia que os imigrantes da Europa não quisessem se abrasileirar. E na Europa, então, tudo começava a se revolver, a fervilhar, tudo de algum modo ia se fazendo opressivo e estreito. Assim, no ano de 1938, foram introduzidos os decretos nacionalizantes. Um decreto do governo baixado dia 18 de abril proibia não apenas a educação polonesa no Brasil, como também ordenava a extinção de todas as organizações de imigrantes e a publicação de obras em línguas estrangeiras. Foi um duro golpe para a comunidade polonesa no Brasil, destruindo suas realizações no âmbito educacional, mas a ação governamental visava igualmente a todas as outras comunidades que propagavam a cultura de sua respectiva nacionalidade no Brasil. Foram fechadas associações ucranianas, alemãs e italianas. Todas as organizações de minorias étnicas, que habitavam especialmente os estados do sul do Brasil, foram proibidas. As crianças nas escolas deveriam aprender a língua portuguesa, as missas não poderiam mais ser celebradas na língua de qualquer das minorias. Toda atividade de caráter polonês foi proibida.

Uma semana depois do início da guerra, ou seja, mais ou menos ao mesmo tempo que Ziembinski chegava à Romênia e organizava os ensaios da peça *Fugiu-me a Codorninha*, surgia no Rio de Janeiro o Comitê Brasileiro de Ajuda às Vítimas da Guerra na Polônia. Entre as tarefas do Comitê estava o envio de ajuda à população civil na Polônia, a prisioneiros de guerra, bem como o amparo aos poloneses que, durante a guerra, vieram se achar em terras brasileiras. Garantia-se a estes, então, assistência médica, e se providenciava para que conseguissem trabalho mais facilmente. Ziembinski se enquadrava na última categoria. Se recebeu ajuda do Comitê, hoje é difícil ter certeza.

Entre os cidadãos poloneses que a guerra impeliu até as costas brasileiras, encontrava-se também um considerável grupo de importantes artistas: escultores, pintores, músicos, literatos e artistas cênicos. Em 1940, chegou ao Brasil o escultor August Zamoyski, a quem o Rio de Janeiro deve o monumento de Chopin, e que morou no país por quinze anos. Naquele mesmo ano, chegou às plagas da América do Sul Witold Małcużyński, a quem a deflagração da Segunda Guerra Mundial surpreendeu em Paris, onde acabara de estrear interpretando o *Concerto Para Piano em Fá Menor* de Chopin acompanhado pela Orquestra Pasdeloup. Quando os exércitos alemães invadiram a França, Małcużyński fugiu em um vagão blindado para Lisboa, de onde partiu de navio para Buenos Aires. Por dois anos, realizou concertos em vários países da América do Sul, também no Brasil, no Rio de Janeiro. E foi no Rio de Janeiro que veio se reunir a nata da cultura literária polonesa de então: Julian Tuwim, Jan Lechoń e Kazimierz Wierzyński.

Mas o grupo relativamente pouco numeroso de artistas e intelectuais poloneses que apareceu no Brasil durante a Segunda Guerra Mundial diferenciava-se marcadamente dos poloneses que vinham se estabelecendo como colonos no país desde meados do século XIX. Os poloneses que chegaram nos primeiros anos após o término da Segunda Guerra Mundial eram oriundos, principalmente, das Forças Armadas Polonesas no Ocidente, que foram desmobilizadas. Uma percentagem representativa dessa onda migratória era composta de fugitivos de guerra, pessoas cultas e de posicionamento pró-Londres•, desfavoráveis ao novo governo polonês. Esses exilados com frequência manifestavam reservas em relação à imigração polonesa mais antiga. Muitos deles emigraram nos anos seguintes para os Estados Unidos, Canadá e Argentina. De uma maneira geral, essa nova onda migratória dirigiu-se às cidades; foram poucos os que decidiram se fixar no campo. Os tempos pioneiros da colonização de novas terras no sul do Brasil, infelizmente, já haviam passado e, em todo o continente, já se começava a observar o novo fenômeno migratório da população rural rumando para as cidades.

Ziembinski foi, portanto, um polonês em meio às centenas de milhares de outros que se estabeleceram no Brasil num espaço de várias décadas. Não foi nem o primeiro, nem o último; assim como ele, houve muitos a chegar, mas poucos foram aqueles que, como ele, conseguiram se inscrever nas páginas da história brasileira, da história do teatro brasileiro. Ainda assim, Ziembinski não foi de forma alguma a primeira pessoa a lidar com os palcos e a querer inocular sua experiência cênica polonesa em um país distante. Em Curitiba, muitos anos antes de Ziembinski chegar ao Brasil, surgiu um teatro amador que apresentava peças de Fredro e Wyspiański. Isso foi possível, em grande medida, graças ao fato de que o nível cultural e a necessidade de arte iam crescendo com o desenvolvimento das escolas polonesas. Em São Paulo também existiu um grupo de teatro amador dirigido por Czesław Zieliński, que, a fim de garantir um bom repertório, manteve contato com o Teatr Ludowy em Varsóvia. No repertório do grupo, dominavam os espetáculos de caráter patriótico, mas não se ignoravam também peças de costumes, entre elas as de autoria de Michał Bałucki (cujas peças Ziembinski costumava dirigir de muito bom grado na Polônia pré-guerra). Se Ziembinski sabia de tais iniciativas, é difícil afirmar, mas é duvidoso que um ator e diretor formado nos palcos do Teatr Polski e de outros renomados teatros do período de entreguerras na Polônia se interessasse por empreitadas cênicas de alçada exclusiva de comunidades de imigrantes. Para ele – ao que parece – o teatro existia em uma dimensão muito mais ampla, mais universal. Ziembinski não manteve contato com a imigração polonesa do sul do país. Devia se sentir mais próximo dos atores das ribaltas amadoras do Rio de Janeiro, pois apesar de falarem uma língua diferente da sua, tinham em comum entre si, afinal, a língua do teatro.

Se eu recebesse um visto para a lua, iria para a lua.

Julian Tuwim

Quando chegamos aqui no Rio, vendo as pessoas descerem, só para experimentar alguma sensação de liberdade, desci e subi de novo ao navio. Não aconteceu nada e tinha acontecido tudo. Eu podia descer sossegado em algum lugar. Viver com dignidade em algum lugar. E pensando assim, cheguei ao Rio de Janeiro.

Zbigniew Ziembinski

6
VISTO PARA A LUA

Muitas vezes, nas gravações de Ziembinski, aparece o tema concernente a seu forte desejo de apartar-se da família, de sair da casa em que foi criado, de libertar-se da mentalidade burguesa, de deixar o ninho. O desejo de liberdade, de afirmação do próprio eu para além do meio no qual se criou, talvez tenha se realizado em 1942, quando, acidentalmente, aportou no Brasil. Ali, já não havia ninguém que lhe pudesse impor cativeiro. Ali, poderia ser ele mesmo, desenredado de quaisquer laços familiares. Talvez, como no caso de Witold Gombrowicz, a verdadeira libertação lhe tenha sido trazida pela vida no estrangeiro, uma vida livre e independente de vínculos de sangue, na qual ele pôde realmente passar a existir sem se prender a máscaras.

Gombrowicz chegou à Argentina em circunstâncias um pouco diferentes das de Ziembinski; vale a pena observar, contudo, que seus destinos se cruzaram em alguns momentos. Ambos deixaram a Polônia naquele mesmo 1939, com a diferença de que Gombrowicz partiu na última semana de agosto, no navio de passageiros MS Chrobry, em um cruzeiro para Buenos Aires, enquanto, ao mesmo tempo, Ziembinski estava em viagem de férias na Iugoslávia, o que lhe possibilitou retornar a Varsóvia nos primeiros dias de setembro, mal se demorando ali, onde ficou apenas cerca de uma semana. No dia em que se deflagrou a guerra, nem Gombrowicz nem Ziembinski estavam na Polônia. Ambos haviam conseguido sucesso na Polônia antes da Segunda Guerra Mundial. Ambos moraram em países da América do

Sul, um na Argentina e outro no Brasil, onde não interromperam suas atividades criativas. E, por fim, ambos voltaram para Europa no mesmo período, entre 1963-1964, depois de uma estada de mais de vinte anos no continente sul-americano.

Lendo no Diário de Gombrowicz os trechos em que descreve suas primeiras impressões da estada no novo país, é tentador fazer uma associação com o que Ziembinski terá pensado ao chegar ao Brasil. Gombrowicz descreve como segue seus primeiros dias como imigrante:

> Eu restaurava na memória [...] o momento extraordinário em que eu, um polonês do ano de 1939, achei-me na Argentina, só, só, em uma terra perdida nos oceanos como um rabo de peixe tocando o polo sul, oh, a solidão da Argentina no mapa, seu extravio nas águas, seu impulso para baixo, seu mergulho nas distâncias... Só, perdido, amputado, estrangeiro, desconhecido, afogado. Ainda me fustigavam os tímpanos os alaridos febris dos alto-falantes europeus, me atormentava o rugido bélico dos jornais, e já submergia numa língua incompreensível e numa vida tão distante daquilo. Eis o que se chama de momento extraordinário. Um silêncio como num bosque, no qual se escuta até o zumbido de uma mosca; depois do estrondo dos últimos anos, estranhíssima música – e no silêncio, carregado, transbordante, vêm abrindo caminho até mim duas palavras excepcionais, únicas, singulares: Witold Gombrowicz. Witold Gombrowicz. Eu parti em viagem para a Argentina por acaso, por duas semanas apenas, se por providência do destino a guerra não estourasse ao longo daquelas duas semanas eu voltaria para a Polônia – mas não escondo que quando a porta bateu e se fechou sobre mim a Argentina foi como se eu escutasse a mim mesmo, afinal.
>
> Vinte e quatro anos dessa libertação da história. Buenos Aires – um acampamento de seis milhões de pessoas, um arraial de nômades, imigração de todo o globo terrestre. Italianos, espanhóis, poloneses, alemães, japoneses, húngaros, mistura, coisa temporária, um dia após o outro... E os argentinos natos diziam desenvoltamente *que porqueria de pais* [sic] ("que porcaria de país") e sua desenvoltura soava de modo arrebatador após a onda asfixiante de nacionalismos. Era uma volúpia,

naqueles primeiros anos, não saber nada da Argentina, não conhecer os partidos, programas, líderes, não entender os jornais, viver como um turista. Se esse turismo não me esterilizou foi em razão do fato de que, por um golpe de sorte, como escritor afeito ao trato da forma, pude plasmar minha pessoa a partir dessa nova posição, nessa situação... mas a Argentina acaso já não estava em meu destino quando, criança na Polônia, eu fazia o quanto podia para não marchar ao compasso da marcha em desfile?

Abençoadas sejam as águas gigantescas, eternamente revoltas, que me apartaram da história europeia!
[...] Escrevi certa vez que depois de chegar à Argentina experimentei uma espécie de segunda juventude, pois bem, essa segunda juventude matou em mim de algum jeito aquela outra, a primeira, polonesa... Bodzechów·, Małoszyce··, os anos de escola em Varsóvia, a estreia literária, os cafés, aquilo tudo se encerrou em mim, acabou. Então? E agora?[1]

Quando escutamos Ziembinski, que, nas fitas gravadas no ocaso da vida, nos anos de 1970, dizia quão grande era seu desejo de se libertar – quando, por exemplo, evoca a ocasião em que Aleksander Zelwerowicz o convidou para Vilna – parece ainda mais plausível que a emigração tenha se mostrado para ele uma espécie de liberdade:

> Eu me preparava, eu partia para Wilno, para uma cidade distante, muito distante de Cracóvia e da minha cidade natal, rompendo definitivamente com o meu passado, rompendo definitivamente com esses arredores, com esse teatro, com essa vida, com esse tipo de personalidade, para abrir e ingressar numa vida nova, para pela primeira vez tentar um teatro diferente.[2]

Quiçá, então, essa tenha vindo a ser uma emigração feliz, benfazeja, que trouxe energia e inspiração para o trabalho criativo.

■ ◆ ■

6
UM VISTO PARA A LUA

Cada vez que recordo o que aconteceu comigo durante a guerra, me dá uma tremenda vontade de escrever tudo o que passamos. Porque, realmente, o que eu vi, o mundo que eu vi, a tragédia que eu presenciei, não uma tragédia de carne e sangue, mas uma tragédia que abalava a alma da gente, porque era o ser humano perdido pela guerra, tudo isso, sem dúvida, daria uma história, um romance em vários volumes.

Mas não é a hora para isso e sim hora de dizer como eu parei aqui, foi o seguinte: foi uma maneira bem engraçada. Eu estava na França e quando começou a invasão nazista, fomos para os Pyrénées· [...]. De lá, fomos para Lourdes, tínhamos ido para uma cidade marítima, na esperança de pegarmos algum navio. Fomos para Saint Jean Toulouse. Havia os navios ingleses e outros, mas para chegar ao navio era um inferno. Havia pequenos barquinhos, capazes de levar três ou quatro pessoas cada vez. Mas ali éramos 200 mil pessoas querendo embarcar. Um exército e pessoas civis, todas esperando debaixo da chuva. E eu me lembro, estávamos lá, eu protegendo o violão do Everic Shering, que naquele tempo tinha pouco mais de 20 anos e mais tarde se transformou num violonista mundialmente conhecido. Estava lá também a pianista Irena Stepinska. Todos esperando. De repente, veio a ordem para que os navios deixassem já as águas francesas, porque a invasão prosseguia. E os navios foram embora, nos deixando ali, debaixo da chuva. Tentamos voltar de carro, mas uns gaiatos tinham tirado algumas peças dos automóveis, para vendê-las a peso de ouro, a quem pudesse pagar. Um inferno.

Finalmente, conseguimos, sei lá como, chegar a Lourdes. Ficamos em Lourdes por alguns dias e então a Cruz Vermelha nos transferiu para Grenoble, na região dos Alpes, de onde vim para o Brasil. O que queríamos era sair da Europa, era sair de lá, porque, eu, como outros nas mesmas condições que eu, éramos como bucha para canhão. Éramos elementos indesejáveis. Tidos sempre como espiões, por quaisquer dos lados, não importa.

Lado alemão, lado francês. Todos nós éramos indesejáveis. Tentávamos visto aqui e acolá. Visto para a China, para a Nova Zelândia, sei lá, para qualquer lugar. Eram filas intermináveis defronte das embaixadas,

◁   Ziembinski.

pedindo, esperando vistos. Submetidos aos maiores escárnios, às maiores torturas, aos soldados franceses pegando ratos e enfiando no colo das mulheres, para espantar. Uma coisa horrorosa.

Até quando no meio disso apareceu um Dom Quixote brasileiro que mandou abrir as portas da Embaixada, dando vistos diplomáticos a quase todo mundo. Como eu havia recebido, um ano antes, em Paris, um convite para trabalhar com um grupo de amadores poloneses, em Nova York, pensei: do Rio de Janeiro é um pulo até Nova York. Eu vou para lá e de lá para os Estados Unidos.

Agora, o visto valia por pouco tempo e assim, quando o navio que ia nos levar chegava, o visto já tinha se esgotado. Conseguimos outro visto e o navio já tinha se ido. Ficamos nesse vai e vem por uns dois meses, até que nos primeiros dias de 1941, o navio partiu. Partiu de Marselha, dizendo que passaria seis horas em Oran.

Pois sim! Chegamos em Oran, ficamos doze horas, em Casablanca ficamos dois dias e em Dakar ficamos seis meses. O navio ia para Buenos Aires, buscar carne para os franceses. [...] Pois a Inglaterra não deixou o navio passar. Então começou uma verdadeira guerra.

A Cruz Vermelha, Roosevelt, sei lá mais quem, muita gente pedindo por todo aquele bando de estrangeiros, na sua maioria intelectuais, ali no navio, querendo vir para o Rio e o navio preso, sem destino certo. Finalmente, veio a ordem definitiva. Todo mundo desembarcara em Casablanca. Fomos para um campo de concentração da Legião Estrangeira Espanhola.

De lá, para Cadiz, onde quem pudesse comprar uma passagem, poderia embarcar para o Rio de Janeiro. Aí começou uma verdadeira loucura de especulação. Passagens sendo vendidas a preço de ouro. Mulheres se entregando por uma passagem. Uma coisa inverossímil. Finalmente chegamos em Cadiz, depois de termos que arranjar também mais de quarenta documentos, passes para podermos embarcar, então embarcamos.

Eu peguei a minha mala, entrei e sentei-me no primeiro corredor. Daqui não saio. É a última vez que me movimento, nessa loucura. Passaram-se duas, três, quatro horas, até que o navio desencostou e fomos.

Ziembinski e Nelson Rodrigues na Biblioteca do SNT, no Rio de Janeiro, 1975. Fotografia de Ney Robson.

Aí sim é que eu fui procurar a minha cabine. Quando chegamos aqui no Rio, vendo as pessoas descerem, só para experimentar alguma sensação de liberdade, desci e subi de novo ao navio. Não aconteceu nada e tinha acontecido tudo. Eu podia descer sossegado em algum lugar. Viver com dignidade em algum lugar. E pensando assim, cheguei ao Rio de Janeiro.

NELSON – Quando você chegou ao Brasil, você percebeu instantaneamente ou levou tempo para descobrir que isso aqui era uma beleza? O seu amor pelo Rio foi fulminante ou não?

ZIEMBINSKI – Naquele tempo se dizia que quem chegava no Rio de Janeiro, descia do navio e jogava o passaporte no mar, começando logo vida nova. Eu fiquei, em primeiro lugar, espantado com a beleza da cidade. E com a liberdade que eu dispunha.[3]

▷ Atestado de identidade de Ziembinski apresentado ao Serviço de Registro de Estrangeiros, 1945.

POSELSTWO
RZECZYPOSPOLITEJ POLSKIEJ
W RIO DE JANEIRO

LEGAÇÃO
DA REPUBLICA DA POLONIA
RIO DE JANEIRO

Nr. Z.213/16.

W sprawie

ATESTADO

    Atesto que o snr. Zbigniew-Marian ZIEMBIŃSKI, de nacionalidade polonesa, natural de Wieliczka, nascido a 17 de março de 1908, filho de Marjan Ziembiński e de Marja Ziembinska, - residente nesta Capital, á rua Miguel Lemos, 106 ap. 802, cuja fotografia se vê á margem devidamente autenticada pelo carimbo desta Legação, - é o proprio. -

    Este atestado foi emitido para ser apresentado ao Serviço de Registro de Estrangeiros.

    Rio de Janeiro, em 02 de julho de 1945.

KAZIMIERZ ZANIEWSKI
CHEFE DO DEPARTAMENTO CONSULAR

Drukarnia Państwowa nr 104203.

"NÃO ESTOU ENT
MAS
(

> *A migração é um desafio e um fator de estímulo à configuração identitária. Pode "abrir" o sujeito para novas sensações, inspirá-lo a atividades criativas, mas também pode "fechá-lo" em um espaço imaginado e no passado ("lá" – "naquela época"), impossibilitando o contato com as novas circunstâncias, ou... deixá-lo em um estado de suspensão e indefinição ("entre").*
>
> Hanna Gosk

> *Para mim, o Brasil marca uma espécie de renascimento, foi como se eu tivesse nascido novamente.*
>
> Zbigniew Ziembinski

7
NDENDO NADA, MARAVILHOSO"

(omediantes e "vestido de noiva")

Os primeiros passos de Ziembinski no Brasil já foram descritos e comentados na imprensa brasileira de muitas maneiras diferentes. Em cada versão, todavia, não faltaram informações que se repetem: como ele chegou sem nenhum tostão no bolso, como a única bagagem que trouxe da Europa foi a bagagem de experiências (bastante pesada), como tinha Nova York em seu horizonte, com o Rio de Janeiro devendo ser apenas uma breve parada no caminho para a realização de seus sonhos... Ziembinski também contou várias vezes sobre quando foi à embaixada dos Estados Unidos pedindo um visto e lhe foi dito que voltasse de novo em dois anos. Bastaram, porém, os primeiros meses no Rio para que a ideia de voltar a visitar a embaixada norte-americana o abandonasse completamente.

Muitas vezes também se pediu a ele que contasse sobre as impressões causadas pelo novo país e como aprendeu tão rápido seu idioma. E uma vez que – a despeito de sua própria vontade – nunca chegou a escrever um livro de memórias, as únicas fontes de informação de caráter autobiográfico são as gravações que deixou e as entrevistas que concedeu a jornalistas e artistas brasileiros. Recordemos aqui, portanto, uma versão um pouco mais detalhada dos acontecimentos que culminaram no encontro de Ziembinski e do grupo Os Comediantes e na empreitada revolucionária que marcou o curso da história do teatro brasileiro.

Passaporte de Ziembinski.

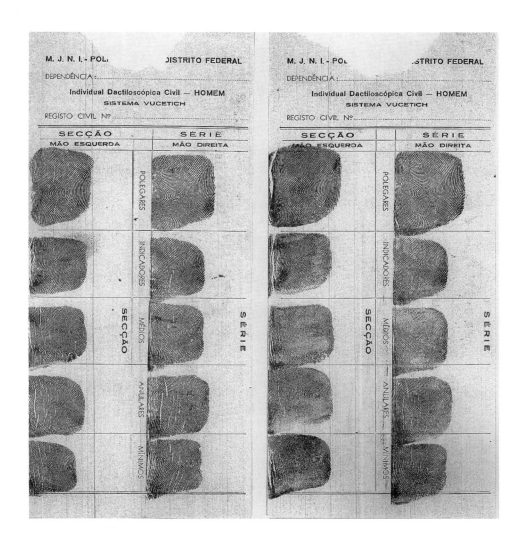

△ Identificação datiloscópica de Ziembinski.

Senhor Chefe de Serviço de Registo de Estrangeiros

1.ª VIA   215145

Zbigniew Marian Ziembinski

.... natural de
Polonia, Wieliczka .... nascido a 17 de março de 1.908
  (pais)   (data)
de nacionalidade Polonêsa .... estado civil casado
filho de Marjan Ziembinski
e de Marja Ziembinska
profissão Diretor Artistico .... empregado na
....
com séde .... tel. ....
        (rua e numero do local onde trabalha)
e residente a rua Miguel Lemos, 106, apt. 802 tel. 27-5146
              (residencia do requerente)
vem requerer a V. S. o seu registo nesse Serviço, de acordo com o
regulamento aprovado pelo decreto n. 3.010, de 20 de agosto de
1938, prestando as declarações que abaixo se lêm, na fórma do
questionario apresentado, absoluta expressão da verdade, e pelas
quais responderá em qualquer tempo:

(1) Chegou ao Brasil, pela primeira vez, antes ou depois de 1.º de
    Janeiro de 1935? **depois**
(2) Pode precisar o ano? **1.941** (3) O mês? **julho** (4) O dia? **17**
(5) O nome da embarcação? vapor "Cabo de Hornos", lista 1, nº 1-
(6) O porto de desembarque? Rio de Janeiro, Distrito Federal
(7) Retirou-se do país, depois da sua primeira entrada? **não**
                                                    (« sim ou não »)
(8) Em caso afirmativo, indicar as datas de saida e regresso e o
    porto de desembarque no Brasil : **prejudicado**
(9) Tem provas dessas alegações? **sim** Em caso afirmativo, junte-as.
(10) Esta no país incluido em alguma das seguintes categorias:
     turista, visitante, em transito, representante de firma comer-
     cial, viagem de negocios, artista, conferencista, despor-
     tista ou congênere?

        Cumpridas, assim, as exigências, pede deferimento.

                Rio de Janeiro,

"NÃO ESTOU ENTENDENDO NADA, MAS É MARAVILHOSO"
(OS COMEDIANTES E "VESTIDO DE NOIVA")

ZIEMBINSKI: Havia um ar macio, uma opulência de cores e todo um povo alegre, acolhendo muito bem a gente. Naquele tempo, eu não falava uma palavra de português e me espantou muito, vendo os cartazes dos cinemas, que em todos eles se passava o mesmo filme: HOJE. Depois é que eu fui saber que HOJE é hoje mesmo. Cheguei aqui completamente desnorteado, meio tonto da guerra. Fui morar, então, na praça José de Alencar, no Hotel dos Estrangeiros, que tinha defronte duas árvores centenárias, lindas, que depois, infelizmente, cortaram.

YAN MICHALSKI: Você conhecia alguém ou tinha algum amigo, por aqui?
ZIEMBINSKI: Ninguém. Não tinha nada. Tinha saído da Polônia com algum dinheiro. Pela Europa, evidentemente, nós, os refugiados, nos ajudávamos uns aos outros. Tínhamos também ajuda da Cruz Vermelha, de algumas embaixadas. De aqui, de acolá. Como podíamos. Assim, quando cheguei aqui, fui direto à embaixada, onde me ajudaram um pouco. Havia também me esperando um cheque dos Estados Unidos, enviado por artistas de lá, coleta feita pelo Richard Torbinski, que era um diretor polonês. Ele fez a coleta que deu 400 dólares, o que me permitiu alugar um apartamento e fazer alguma coisa. Viver por algum tempo. Depois do hotel, aluguei logo um quarto na Avenida Atlântica, no Leme. Era uma pensão de um ex-capitão do exército polonês. Por lá morei alguns meses. Até que aluguei um outro quarto na Gustavo Sampaio. Depois, veio meu primo, veio a Stepinska e outros amigos, e então resolvi alugar um apartamento. A vida começava a tomar rumo. Como me liguei ao movimento teatral daqui? Conhecia o pessoal da embaixada, inclusive o embaixador. Pois bem, um dia veio para tocar no Municipal um grande amigo meu, o Witold Małcużiński, famoso pianista, hoje. Sabendo que eu estava no Rio, pediu que eu fosse vê-lo. Fui ao coquetel da imprensa, no Hotel Central, lá na Praia do Flamengo. Nos encontramos, conversamos, aquele negócio todo, tudo em francês, porque alemão se falava muito pouco, naquele tempo. Depois, veio a entrevista coletiva, quando então sentei-me ao lado de um senhor muito simpático que começou a falar comigo, perguntando de onde eu vinha, o que eu fazia, e tudo isso.

◁ Solicitação de registro no Serviço de Registro de Estrangeiros.

> Contou-me então que aqui havia um grupo de intelectuais interessados em renovar o teatro. Era o Agostinho Olavo...[1]

O grupo de teatro amador Os Comediantes foi fundado no Rio de Janeiro em 1938, três anos antes da chegada de Ziembinski. Seus principais fundadores foram o artista plástico e cenógrafo Tomás Santa Rosa, considerado o primeiro cenógrafo brasileiro moderno, a atriz Luíza Barreto Leite e o diretor Jorge de Castro. De início, o lugar onde se encontravam era o apartamento de Mário da Silva, amigo e consultor, que possuía uma enorme biblioteca com obras da literatura dramática mundial no respectivo original. Lá, sobretudo, reuniam-se os membros do grupo, cujo objetivo era a criação de um novo e ambicioso teatro. Suas premissas contrariavam o teatro dominante no Rio de Janeiro nos anos de 1930. Este último era um teatro apoiado em um conjunto fixo de estrelas que não precisavam nem mesmo decorar o texto, pois o ponto o soprava. Novos espetáculos entravam em cartaz a cada semana e baseavam-se em esquetes clássicos. O período de ensaios era limitado ao mínimo. Nos teatros de Procópio Ferreira, Jayme Costa e de Dulcina de Moraes e Odilon Azevedo prevalecia um repertório popular, no qual dominavam as comédias de costumes. E foi exatamente contra essa situação que se rebelaram Os Comediantes. Ainda que já no final dos anos de 1920, bem antes da fundação do grupo, houvesse surgido outro grupo amador de índole renovadora, o Teatro de Brinquedo – sem mencionar tampouco o Teatro do Estudante do Brasil[2], fundado por Paschoal Carlos Magno –, é a Os Comediantes, de fato, que se atribui uma verdadeira revolução no teatro brasileiro. "Nós tínhamos uma ideia de criar um teatro brasileiro em novos moldes. Que não fosse o teatro de *boulevard* que estava em moda – dizia Luíza Barreto Leite. – Era alguma coisa realmente diferente, que nós próprios não sabíamos o que era. Mas era um teatro brasileiro, com raízes brasileiras."[3]

Santa Rosa insistia para que o programa do grupo fosse uma reinterpretação brasileira das propostas de Jacques Copeau, na França, e para que fossem organizados cursos de atores, durante os quais os adeptos poderiam aprender o ofício:

> Em primeiro lugar, temos uma preocupação dominante: a escola de teatro que corresponde a uma necessidade fundamental. Sem ela, tudo será precário, instável, negativo. É preciso aprender, antes de mais nada;

7
"NÃO ESTOU ENTENDENDO NADA, MAS É MARAVILHOSO"
(OS COMEDIANTES E "VESTIDO DE NOIVA")

aprender com humildade, na certeza de que sabemos pouco ou mesmo nada. Não é possível um renascimento, quero dizer, um nascimento do teatro brasileiro, se todo mundo se baseia na intuição.[4]

O próprio Ziembinski, na edição da revista *Dionysos* dedicada à história do grupo de atores amadores, contou sobre como se aproximou desse movimento teatral desejoso de mudança:

> Agostinho sentou-se ao meu lado, interessado em saber o que estava fazendo, já que fora informado de que na Polônia eu era um ator muito famoso. Contou-me que fazia parte de um movimento teatral muito interessante: Os Comediantes. Eram amadores, pessoas de diferentes profissões – médicos, oficiais da Aeronáutica, enfim, de toda e qualquer profissão, que se uniram para dar um novo impulso ao panorama do teatro brasileiro, naquela época bastante apagado. No meio da conversa, Agostinho disse-me: "Amanhã, no Grande Hotel, vai ser exposta uma maquete de Bellá Paes Leme. E vão estar presentes vários elementos de "Os Comediantes": Santa Rosa, Graça Mello. Não quer ir?" Este foi meu primeiro contato verdadeiro com Os Comediantes. Logicamente, no dia seguinte fui ao Grande Hotel, vi a maquete e conheci Santa Rosa, Graça Mello, Auristela Araújo, Bellá Paes Leme, Stella Perry, Carlos Perry e vários outros que são meus amigos até hoje. Vi a maquete e achei interessante. Falei sobre o que tinha feito no teatro polonês e procurei saber o que eles queriam em relação ao teatro. O que me impressionou é que eram muitos cultos, todos muito bem informados, embora com uma certa ferocidade em relação ao que se fazia no teatro brasileiro daquela época – realmente em nível muito baixo. Com muito fervor, falavam na necessidade de fazer um outro tipo de teatro – um teatro intelectualizado, um teatro civilizado, um teatro artisticamente puro. Depois de um certo tempo de contato, eles me convidaram para fazer a iluminação de *A Verdade de Cada Um*, de Pirandello. Foi o meu primeiro contato de trabalho com Os Comediantes. Procuramos juntos os refletores, o que naquela época foi muito difícil, já que só iluminavam a ribalta e as

gambiarras. Os meus novos amigos de Os Comediantes ficaram fascinados com a iluminação que eu utilizava. E quiseram que eu ficasse permanentemente com eles. Mas os integrantes de Os Comediantes tinham recursos próprios para viver. Eu não. Eu tinha que tentar começar a minha vida profissional. Durante um certo tempo perdi meu contato com eles. Dirigi então para o Teatro Acadêmico *À Beira da Estrada*, e houve a primeira onda em torno de mim, como um novo diretor que aparecia no Brasil.[5]

■ ◆ ■

Estreamos no dia 28 de dezembro de 1941, no Teatro Ginástico. Este foi o meu primeiro espetáculo no Brasil [...]. E teve relativo sucesso, mas naquele tempo quem tinha sucesso mesmo era só teatro de vaudeville, teatro de nomes como Dulcina, Procópio, Aimée; e nós que tentávamos fazer alguma coisa diferente só podíamos contar com o público da família, com pessoas que se interessavam, alguns intelectuais que acediam ao nosso convite. Mas como atividade comercial não tinha possibilidade. Inclusive, me lembro de uma conversa minha, não sei com quem foi, que me disse:

– O que é que você pretende fazer?

– Pretendo fazer teatro.

– Mas você quer fazer teatro como?

– Teatro, teatro que eu costumava fazer.

– Mas você quer fazer teatro por dinheiro?

– Não sei, estou acostumado a fazer teatro, e onde se abre o pano se vende entradas.

– Ah, não, isto aqui só duas ou três pessoas fazem; já que você vai ficar aqui, saiba que isso é difícil.

Realmente, eu estava numa realidade bastante estranha, bastante nova para mim, porque os propósitos que eu trazia eram talvez diferentes dos que naquele momento reinavam.[6]

■ ◆ ■

7
"NÃO ESTOU ENTENDENDO NADA, MAS É MARAVILHOSO"
(OS COMEDIANTES E "VESTIDO DE NOIVA")

Fiz outro espetáculo em 1942: *Orfeu*, de Cocteau, e *As Preciosas Ridículas*, de Molière. Alguns elementos de Os Comediantes participaram desse espetáculo. Como o elenco não era fixo, participava de outros espetáculos.

Assim, Graça Mello, Agostinho Olavo, Gustavo Doria ligaram-se a outros grupos até a grande temporada de Os Comediantes no Teatro Municipal do Rio de Janeiro que lhes abriu as portas por interferência do então Ministro da Educação, Gustavo Capanema. Resolvemos fazer uma temporada gratuita para mostrar ao público brasileiro pela primeira vez o conceito teatral que se trazia de fora, que se tentava implantar no teatro brasileiro. Adacto Filho se encarregaria de *O Leque*, de Goldoni, *Um Capricho*, de Musset, *Escola de Maridos*, de Molière, e *O Escravo*, de Lúcio Cardoso. Eu me encarregaria de três outros espetáculos: *Pelleas e Melisanda*, de Maeterlinck, *Fim de Jornada*, de Sherriff, onde eu faria minha primeira aparição no Brasil como ator, e a terceira peça ainda não estava escolhida. Qual seria? Não sabíamos. Começamos a ensaiar os outros dois espetáculos, de noite ou de tarde, de acordo com as conveniências de horário dos integrantes de Os Comediantes. Foi quando Brutus Pedreira chegou uma tarde e disse: "Aqui está uma peça de um jovem autor brasileiro que eu queria que você lesse." Tratava-se de *Vestido de Noiva*, de Nelson Rodrigues. Li a peça e achei extremamente interessante. [...] Li e reli a peça. Fiquei fascinado. [...] Brutus quis que Os Comediantes montassem a peça do Nelson. Eu disse: "Excelente! Vamos fazer!"[7]

O grupo ainda mantinha caráter amador e a maioria de seus membros não recebia nenhum pagamento. Ziembinski, como diretor contratado, recebia um salário mensal que era pago do bolso de João Angelo Labanca, um dos membros do grupo. Labanca admite que, naquele tempo, ganhava bastante dinheiro trabalhando como advogado, o que lhe permitiu pagar os salários dos diretores Ziembinski, Zygmunt Turkow (também polonês) e Adacto Filho. Eis aí, com efeito, o caráter amador daquele grupo do Rio de Janeiro.

No final de 1943, deram-se as estreias longamente aguardadas de três espetáculos cujos ensaios duraram vários meses. A primeira peça encenada pelo diretor polonês

"NÃO ESTOU ENTENDENDO NADA, MAS É MARAVILHOSO"
(OS COMEDIANTES E "VESTIDO DE NOIVA")

foi *Fim de Jornada*, cuja estreia se deu dia 4 de dezembro no Teatro Ginástico; a seguinte – *Pelleas e Melisanda*, que foi exibida pela primeira vez pouco mais de duas semanas depois, no Teatro Municipal. É interessante que, em ambas as peças, Ziembinski atuou também como ator, o que, dadas suas dificuldades iniciais com a língua, deve ser considerado um feito notável. A estreia de *Vestido de Noiva*, por seu turno, foi prevista para o dia 28 de dezembro. E esse dia inscreveu-se de maneira especial nas páginas da história do teatro brasileiro.

O grupo teatral Os Comediantes brilhou justamente graças a essa montagem, tida por um momento de inflexão na história do teatro brasileiro. *Vestido de Noiva* decerto não alcançaria tão grande sucesso se não fosse a maravilhosa combinação de três elementos e três pessoas: o texto, a cenografia e a direção; o autor, o cenógrafo e o diretor. O encontro daquelas três admiráveis personagens – Nelson Rodrigues, Tomás Santa Rosa e Zbigniew Ziembinski –, foi crucial. A eles deveu-se a realização desse espetáculo histórico. A cenografia tornou-se uma dimensão chave da concepção da peça, o diretor impôs aos atores meses de um trabalho fatigante, ensaios durante os quais, um após o outro, eles desfaleciam de exaustão. A atriz brasileira Nydia Licia afirmou que era normal que desfalecessem, pois afinal de contas eram apenas amadores, desacostumados com um trabalho pesado no palco. E é preciso admitir que ela estava com razão: os membros de Os Comediantes eram advogados, médicos, engenheiros, literatos, funcionários do ministério do trabalho e pessoas que exerciam outras profissões remuneradas. Todos eram jovens, instruídos e talentosos. Ziembinski, dirigindo amadores, somou a seu trabalho de direção um trabalho didático. Treinou-os, explicou-lhes em que consiste o ofício de ator, não raro ele mesmo demonstrava como se deveria atuar em determinada cena, pois as deficiências de seu português dificultavam-lhe, no começo, transmitir todo o seu saber. Mostrando aos atores como deveriam interpretar determinado papel, aliás, Ziembinski caiu em uma armadilha montada por ele mesmo, e por muito tempo foi acusado de ter treinado atores que conseguiam apenas copiá-lo cegamente.

Luíza Barreto Leite recorda-se de como Ziembinski trabalhava como louco:

> Nunca vi ninguém trabalhar tanto, ele trabalhava de enlouquecer, de emendar dia e noite; de a gente ficar que não aguentava mais. Mais tarde, Maria Della Costa entrou pro grupo, e ela dizia:

◁ Cena de *Pelleas e Melisanda*, no Teatro Municipal do Rio de Janeiro, 1944. Fotografia de Carlos Moskovics.

— Ziembinski, eu vou desmaiar!

E ele dizia:

— Desmaie, depois que você desmaiar eu paro o ensaio. Antes disso não paro.[8]

A primeira coisa feita por Ziembinski foi eliminar o ponto e obrigar os atores a decorar o texto. Os ensaios aconteciam diariamente e duravam até oito horas. Os gritos e descomposturas, repletos de xingamentos com forte sotaque polonês, levavam os atores à loucura.

> Levamos nove meses para realizar a peça — disse Ziembinski em entrevista dada ao jornal *O Globo*, em 1976 —. Nove meses de intenso trabalho. Alguém poderia se espantar e pensar que foi um perfeccionismo, uma dessas divagações teatrais que às vezes se aplicam. Não era. Trabalhávamos em bases totalmente amadorísticas, e eu tinha um conceito do espetáculo totalmente profissional, um espetáculo acabado, projetado, realizado. Entendi que essa produção só tinha razão artística de ser se fosse levada às últimas consequências. Então foram nove meses de trabalho árduo.[9]

Ao cabo dos ensaios, chegou o dia da estreia de *Vestido de Noiva*:

> A última estreia foi *Vestido de Noiva* (dezembro de 1943). Era um espetáculo louco para o público. Com 174 mudanças de luz, com o palco dividido em três planos, o da realidade, o do delírio e o da lembrança de Alaíde, que, atropelada no Largo da Glória, sofria durante quarenta minutos, os últimos de sua vida, o seu delírio que era *Vestido de Noiva*. Esses refletores que se apagavam e acendiam estonteavam o público. No final do terceiro ato, foi a consagração. Nós não sabíamos o que fazer com esse acontecimento que tínhamos elaborado, pois sentíamos que talvez fosse o nascimento do moderno teatro brasileiro. Então a nossa ideia foi essa: já que fazíamos teatro de graça, já que distribuíamos convites para as pessoas, por que, agora, não fazermos uma nova

experiência: cobrar ingressos para que as pessoas assistissem *Vestido de Noiva*? O público veio. Durante sete dias lotou o Municipal. Um novo estilo foi então implantado. Digo isto sem nenhuma modéstia, e sem vontade de jogar confete em cima de nós. Mas conosco nasceu uma nova técnica que durante anos iria lutar com aquilo que já estava composto. Nós não queríamos guerra. Queríamos chamar as pessoas para um trabalho junto.

Mas a guerra foi declarada por parte daqueles que estavam acomodados a um certo tipo de espetáculo. Fomos chamados de aventureiros, de gente sem ética que queria derrubar aquilo que já existia, propondo de uma maneira quase quixotesca as coisas que nunca seriam aceitas pelo público. Graças a Deus foram aceitas. E até hoje estão presentes no moderno teatro brasileiro.[10]

Alfredo Mesquita (1907-1986), fundador da Escola de Arte Dramática, em São Paulo, definiu univocamente o momento crucial, a virada da renovação na história do teatro brasileiro. Para ele, como também para outros dos mais importantes críticos teatrais do país, essa data decisiva foi a da estreia de *Vestido de Noiva*:

> *Vestido de Noiva* é o marco-zero da dramaturgia moderna brasileira. É de uma importância capital. Houve uma espécie de milagre, porque eles não tinham diretor e um deles, por acaso, encontrou Ziembinski na rua e ninguém sabe direito o que aconteceu porque Ziembinski não falava direito português, enfim, ficou um mistério em torno disso, que Ziembinski fez questão de manter. [...] A meu ver, *Vestido de Noiva* é uma peça expressionista, mas Nelson Rodrigues jurava "de pés juntos" que nunca havia lido sobre o expressionismo. E uma peça expressionista descobriu um diretor tipicamente expressionista, pois Ziembinski já era expressionista desde os tempos da Polônia. O defeito dele, se é que ele tinha defeito, é que não conseguia dirigir uma peça sem sair do expressionismo. [...] Ziembinski foi o único homem completo de teatro que existia no Brasil. Era *une bête de théâtre*. Ele entendia de tudo: era ótimo diretor.[11]

▷▷ Cena de *Vestido de Noiva*, no Teatro Municipal do Rio de Janeiro, 1943.

O mais detalhado testemunho concernente a esse momento nos foi deixado pelo próprio autor da peça, o jornalista e um dos mais importantes dramaturgos brasileiros do século XX, Nelson Rodrigues (1912-1980). Mais de trinta anos após a estreia que passou a figurar em definitivo nos compêndios de história do teatro brasileiro sob a rubrica de "um marco", assim ele descreveu as experiências que precederam aquele dia:

> Esse 1943 parece outra realidade, outro Brasil, outro mundo. Eu acabava de escrever a minha tragédia carioca, *Vestido de noiva*. Esta peça, coitada, pagou todos os seus pecados. Eu saí, de porta em porta, oferecendo a minha peça. [...] Alguém cochicha:
> – Rapaz, mostra *Vestido de Noiva* ao Ziembinski.
> Virei-me:
> – Ziembinski, que Ziembinski?
> O outro fez um resumo biográfico. Quis saber: "Onde se encontra o Ziembinski?" O outro explicou que o mestre polonês estava nos Comediantes. Ora, Os Comediantes eram um grupo amador que só fazia teatro sério. Por um momento sonhei: "Será que o Ziembinski vai gostar de *Vestido de Noiva*?" Tudo, porém aconteceu de uma progressão fulminante.
> Primeiro Brutus Pedreira apareceu. Leu *Vestido de Noiva* e ficou muito impressionado. Brutus marcou meu encontro com Ziembinski no Amarelinho, ali, na Cinelândia. [...] No dia seguinte, lá aparece Ziembinski. [...] Tinha um sotaque bárbaro, o polonês. Mas dava para entender. Disse o que ia fazer: ler um ato num dia, outro ato no dia seguinte, outro ato no terceiro dia. Não podia brincar com uma língua nova. Ziembinski achou *Vestido de Noiva* uma "Grande peça". Começou então a batalha de *Vestido de Noiva*. Durante sete meses, um elenco bateu no texto de *Vestido de Noiva*. Cada fala era repisada de uma maneira obsessiva e insuportável [...]. Eram inesquecíveis os papos de Ziembinski nos intervalos do ensaio. O curioso é que, no trabalho, não comia. Ou por outra: dois ovos quentes. E voltava depois como um bárbaro. [...] De vez em quando eu dizia a Ziembinski:
> – E vamos fazer sucesso?

7
"NÃO ESTOU ENTENDENDO NADA, MAS É MARAVILHOSO"
(OS COMEDIANTES E "VESTIDO DE NOIVA")

Dizia e repetia varado de certeza:
– Sucesso formidável!

Assim era o grande artista: fazia afirmações como um fanático. [...] Quando faltavam vinte dias para a estreia, começou o que eu chamaria de *tensão dionisíaca*. O ensaio já não era mais esportivo. As pessoas se irritavam. Havia uma surda competição, só a inveja explicava certas atitudes. [...] O ensaio geral de *Vestido de Noiva* foi o próprio inferno. Com seus 35, Ziembinski tinha uma resistência brutal. Os intérpretes sabiam o texto, as inflexões, sabiam tudo. Durante sete meses, à tarde e à noite, a peça fora repetida até o limite extremo da saturação. Ainda faltava, porém a luz. E Ziembinski exigia mais do elenco, cada vez mais. Não posso falar da luz sem lhe acrescentar um ponto de exclamação. Em 1943 o nosso teatro não era iluminado artisticamente. Pendurava-se, no palco, uma lâmpada de sala, de visita ou de jantar. E a luz, fixa – imutável – e burríssima – nada tinha a ver com o texto e os sonhos da carne e da alma. Ziembinski era o primeiro, entre nós, a iluminar poética e dramaticamente uma peça [...].

Ziembinski exigira uns dez ensaios gerais de luz. Era pedir demais ao nosso Municipal. Os dez ficaram reduzidos a três. Por três dias e três noites, o selvagem polonês esganiçou-se no palco. [...] Na véspera da estreia, atrizes e atores tinham em cada olho, um halo negro. Alguém que, de repente, entrasse ali, havia de pensar que o elenco estava com olheiras de rolha queimada. Ziembinski tinha a obsessão da luz exata. Meia noite e todos representando. De repente, alguém começa a chorar. Perguntaram:

– Mas o que é isso? Não faça isso!

E ele, num gemido maior:

– Eu não aguento mais! Não aguento mais.

Delirava de cansaço. Com efeito, a exaustão enfurecia e desumanizava as pessoas. Ninguém tinha mais a noção da própria identidade. Os artistas passaram a se detestar uns aos outros. E, por fim, às cinco da manhã, houve entre Ziembinski e Carlos Perry um bate-boca quase homicida. Não sei qual foi o motivo e ainda hoje me pergunto: "Houve tal motivo?"

[...] Vejo Ziembinski saindo do teatro e jurando que não voltaria para o espetáculo. Olho a cena ainda iluminada. [...] Dentro da luz, cadeiras, sofás e pessoas pareciam boiar. As caras eram azuladas, lunares. A caminho de casa uma súbita certeza instalou-se em mim: *Vestido de Noiva* ia ser vaiada. O cenário estava dividido em três planos: em cima realidade, embaixo memória e alucinação. Ao despertar às onze da manhã, eu imaginava que o meu processo de ações simultâneas, em tempos diferentes, não tinha função no Brasil. [...] Depois do almoço corri para a cidade. [...] Entro no teatro, Ziembinski e Carlos Perry estavam juntos, mais solidários e mais irmãos do que nunca. Dez para as oito da noite. Estou andando pelos corredores vazios, mas iluminados. O teatro ia abrir os seus portões. Vi os porteiros, ainda com os uniformes azuis e dourados da *Belle Époque*. Por fim, um deles, de bigodões espectrais, abria o primeiro portão. Ninguém para entrar. Minto, alguém vinha subindo, lentamente, a escadaria. Crispei-me ao reconhecê-lo e numa emoção tão doce e tão funda, vim para Manuel Bandeira transido de felicidade: "Grande figura, grande figura." No *hall*, conversando com o poeta, eu tiritava. Um súbito otimismo dava-me febre como a malária. [...] O público começa a entrar, despedi-me de Manuel Bandeira. Ele ainda me perguntou:

– Animado?

Rangi os dentes de pavor:

– Mais ou menos.

E o poeta saiu para sentar-se na segunda fila (enxergava bem, mas ouvia mal). Naquele momento, senti necessidade de ver Ziembinski. Passei na caixa. Pânico geral. Ziembinski fazia sua última revisão. Dizia para o elenco:

– Calma, calma.

Ele próprio, porém, ventava por todas as narinas. Seu olhar vazava luz. Volto. Vou ficar num camarote da minha mulher e das minhas irmãs. Numa pusilanimidade total, fico no fundo do camarote, arriado. Plateia, frisas, camarotes e balcões lotados. [...] Eu não via, nem queria ver nada. Muitas vezes, tapava os ouvidos, doente de medo. E o pior

"NÃO ESTOU ENTENDENDO NADA, MAS É MARAVILHOSO"
(OS COMEDIANTES E "VESTIDO DE NOIVA")

foi o silêncio do público, silêncio ensurdecedor, como se não existisse um gato pingado no Municipal. Ninguém ria, ninguém tossia. E havia qualquer coisa de apavorante naquela presença numerosa e muda. Termina o primeiro ato. Três palmas se tanto, ou quatro, cinco no máximo. Imaginei que seriam palmas da minha mulher, das minhas irmãs, dos meus irmãos. [...] Termina o segundo ato. Pongetti tinha razão: *Vestido de Noiva* era o caos. Até que baixa o pano sobre o final do terceiro e último ato. Estou ouvindo. Silêncio. Nenhuma palma. E, então, começam aplausos. E tudo foi progressão fulminante. Era a apoteose. E, de repente, vem Ziembinski das entranhas do teatro, vem de mangas de camisa, arrastado pelos artistas. Estava atônito diante da apoteose. Ninguém podia imaginar que estava ali um grande homem brasileiro, ou melhor dizendo, um maravilhoso homem carioca. E, enquanto ele agradecia mais uma vez, do alto, o lustre pingou diamantes.[12]

Quais foram as reações? Escutou-se em meio à plateia um suspiro de enlevo: "não estou entendendo nada, mas é maravilhoso". Tanto o texto quanto a cenografia, a atuação dos atores, o gênero inédito de encenação e também a iluminação eram novas conquistas do teatro brasileiro, abriam um novo capítulo, encerrando a época do teatro de entretenimento, e conduzindo o teatro brasileiro a um nível superior ao de até então. Era preciso ainda acostumar o público a um novo repertório, já não de *vaudeville*, mas que exigia do espectador um maior engajamento intelectual. Era preciso também ir preparando aos poucos o terreno para poder levar ao palco peças de autores brasileiros. Ainda faltavam dramaturgos assim, e eles eram necessários para abordar as questões que poderiam interessar mais diretamente ao espectador brasileiro.

E o que escreveram sobre *Vestido de Noiva* os críticos de teatro? Décio de Almeida Prado (1917-2000), professor universitário e um dos mais importantes críticos teatrais de então, não escondeu as palavras de admiração:

> *Vestido de Noiva* é desses encontros felizes de um autor e um diretor, que se compreendem e valorizam mutuamente, ambos no ápice de suas

▷▷ Cena de *Vestido de Noiva*, no Teatro Municipal do Rio de Janeiro, 1943. Fotografia de Carlos Moskovics.

carreiras. É provável mesmo que em nenhuma outra peça tenha Ziembinski sido tão feliz na *mise-en-scène*, como nesta. Em *Desejo*, por exemplo, ainda poderíamos indicar – como o fizemos – alguns pontos em que o encenador se distanciou das intenções do autor, não se subordinando estritamente ao texto. Aqui nada disto acontece; Ziembinski, com intuição admirável, adivinhou e valorizou tudo o que o autor quis dizer, dando à peça uma interpretação das mais lúcidas.[13]

Alfredo Mesquita também publicou uma entusiasmada crítica em *O Jornal*:

A direção foi, aliás, estupenda, como todas de Ziembinski. A realização de Santa Rosa engenhosíssima. O problema das mudanças rápidas e contínuas das cenas otimamente resolvido. [...] A interpretação esteve ótima, ensaiadíssima, firmíssima nos mínimos detalhes.

Cada gesto, cada atitude, cada sentimento dos atores, tudo foi estudado e executado com a máxima precisão. É sabido que nessa perfeição de detalhes, formando um conjunto harmonioso, é que está, muitas vezes, o segredo do êxito de uma representação. E nisso Ziembinski é mestre. Seus espetáculos atingem a perfeição no gênero, sobretudo se nos lembramos que lida com amadores. [...] Conclusão: a meu ver *Vestido de Noiva* marcará, de fato, uma data no teatro nacional. Por mim, não conheço, entre nós, peça que de longe se lhe possa comparar. Talvez venha a ser o marco inicial do nosso teatro.[14]

Mesquita não se equivocou. O ano de 1943 tornou-se o começo de uma nova era no teatro brasileiro. E tomou parte nisso um polonês de Wieliczka.

◁◁ Carlos Perry, Stella Perry e Lina Grey em cena de *Vestido de Noiva*, no Teatro Municipal do Rio de Janeiro, 1943. Fotografia de Carlos Moskovics.

PA

A chegada dos artistas poloneses refugiados de guerra como que valeu por um balão de oxigênio.

Graça Melo

8
POLONESES NOS [PAL]COS BRASILEIROS

Vestido de Noiva foi montada uma segunda vez em novembro de 1945. E uma das maiores atrações do novo espetáculo foi outra contribuição polonesa, que brilhou especialmente nessa oportunidade.

Labanca declarou que, a certa altura, aconteceu de Auristela Araújo, a quem cabia o papel da senhora Clessy, ter de cuidar de outras obrigações, o que a impediu de atuar. Começou então a busca por outra atriz para o seu papel, ao que Zygmunt Turkow sugeriu:

– Eichlerówna está no Brasil, ela é uma grande atriz polonesa e tem uma voz inacreditável.

Depois Ziembinski se juntou à conversa e disse:
– Stypińska está no Brasil, ela é fantástica.
No fim, organizou-se uma reunião e decidiu-se:
– Então que venham as duas.

E elas vieram. Ou melhor, ela veio, pois Stypińska e Eichlerówna eram a mesma pessoa. Stypińska era seu sobrenome de casada. "A grande atração do espetáculo era, sem dúvida, a presença da excelente atriz polonesa, absolutamente desconhecida e que repentinamente se tornava uma revelação das maiores. Stipinska [sic] conseguia dar um novo relevo à personagem da Clessy."[1]

Graças a Stypińska, Labanca aprendeu a disciplina do teatro. Dia após dia, ela chegava ao teatro duas horas antes do espetáculo. Lia o texto, depois exercitava a modulação da voz. Conversava com os demais, brincava, até que chegava um momento em que emudecia e se isolava em algum canto. Alguns instantes depois voltava, concentrada, preparada, como se já fosse uma outra pessoa.

É com o sobrenome de "Stypińska" que encontramos mais informações sobre ela nos arquivos brasileiros. Em entrevista ao jornal *Folha Carioca*, a atriz caracterizou a personagem interpretada por ela: "Para mim, a descoberta mais inquietante em *Vestido de Noiva* é que, no fundo de cada mulher, repousa alguma madame Clessy, da qual geralmente a mulher não se dá conta, ou, no máximo, da qual pressente a existência. Só no momento de uma grande tensão ou de uma lancinante crise na alma ela surge como uma flor oculta."[2]

Stypińska atuou apenas nesse espetáculo e esse único papel entrou para a história do teatro brasileiro. Mesmo depois de muitos anos, os atores do país lembravam-se dela. Quão grande devia ser seu talento, se um único papel garantiu-lhe tal fama? E ela não atuou em sua própria língua, o que decerto lhe terá dificultado o trabalho no palco. Miroel Silveira menciona que conheceu Irena Stypińska durante os preparativos da segunda versão de *Vestido de Noiva*:

> Tive a surpresa de encontrar-me defronte da maior atriz que vi na minha vida. Isso aumentou a minha confiança no "polonismo" para o teatro. Stypińska não aprendeu facilmente o português. Também, era uma guerra psicológica muito grande, ela estava muito traumatizada, ia entrar, aqui, por baixo do pano, e ela se achava humilhada por isso. Afinal, ela era a primeira atriz do teatro polonês, mas sabia que, por sua condição idiomática, não tinha condição para isso aqui e, de repente, surgiu um papel onde ela podia aparecer num elenco respeitável e com Ziembinski como fiador e caucionário.[3]

Vinte anos depois de Irena Eichlerówna ter-se apresentado nos palcos do Rio de Janeiro, Luíza Barreto Leite recordava-se com simpatia da atriz polonesa em seu livro *A Mulher no Teatro Brasileiro*. Sobre Eichlerówna, escreveu:

Quem não se recorda da belíssima polonesa, de voz envolvente e grandes gestos lânguidos, que, em sua estranha noite de sonho, subiu ao palco do velho Fênix ara reviver a figura de Mme. Clessy [...]. Nessa noite muita gente murmurou na plateia esta frase atroz: "a guerra, enquanto destrói alguns povos, eleva outros". [...] Agora sinto-me feliz ao saber que, apesar de todo o seu sucesso, a grande atriz e admirável mulher que não conseguimos esquecer, pois é impossível esquecer a passagem de um cometa, ainda lembra o Brasil e tem prazer em falar nossa língua, que faz questão de não esquecer.[4]

Irena Eichlerówna, porém, não quis se demorar por mais tempo no Brasil. Como Ziembinski, ela já havia conquistado grande sucesso nos palcos da Polônia pré-guerra e, pelo visto, não estava disposta a abandonar o passado e arriscar-se em uma nova, incerta carreira num país distante. Ziembinski ainda tinha no bolso um outro ofício, o de diretor. Se não conseguisse vencer o obstáculo de um sotaque estrangeiro no palco, o que nem todos aceitavam, poderia sempre se garantir com suas outras capacidades, seja como diretor, iluminador ou pedagogo. No caso da artista polonesa comparada a Eleonora Duse, o campo de ação se restringia ao trabalho como atriz. Não obstante tenha dominado suficientemente bem a língua portuguesa[5], ela decerto via seu futuro profissional nos palcos poloneses. No Brasil, não fez grande dispêndio de energia, não tentou procurar papéis, estudou a língua e até chegou a traduzir algumas peças do português para o polonês. Mas quando surgiu a primeira oportunidade de retornar à Polônia, não pensou muito. Em seu país natal, muitos diretores a aguardavam. Alguns deles insistiam para que voltasse o mais rapidamente possível. Uma correspondência com Arnold Szyfman precede a decisão sobre seu regresso definitivo: "Cara senhora Irena, finalmente, finalmente, finalmente! Eu soube que a senhora estava viva, que estava no Brasil, mas fiquei magoado por não ter recebido nenhuma palavra da senhora, e pensei muito na senhora durante e depois da guerra, e senti sua falta em nossos palcos. Peço, então, que volte o mais rápido possível!"[6]

Aguardando seu retorno, Szyfman até mesmo já prepararia o repertório em que via Eichlerówna atuando: a *Oresteia*, *Macbeth* e *Warszawianka*· (A Varsoviana). Ela respondeu a ele com as seguintes palavras: "Estou indo carregada (de assuntos teatrais) como um torpedo e loguinho cairei entre vocês."[7]

No dia em que desembarcou no aeroporto Okęcie, em Varsóvia, esperavam por ela Arnold Szyfman, tentando convencê-la a trabalhar no Teatr Polski, Jerzy Macierakowski, amigo da atriz desde os tempos de antes da guerra e recém-nomeado diretor do Teatr Nowy, colegas e numerosos admiradores[8]. Seu período na emigração durou apenas uns poucos anos, e os sucessos posteriores confirmaram que, voltando à Polônia, tomara a decisão certa. Enquanto isso, no Brasil, Ziembinski ia acumulando mais críticas, tanto positivas quanto negativas.

PALAVRAS DA CRÍTICA

Por volta da mesma época, Os Comediantes preparavam pela terceira vez *Vestido de Noiva*, que foi reapresentada com um novo elenco. Dessa vez atuaram na peça atrizes renomadas e estrelas nascentes do teatro: Cacilda Becker, Maria Della Costa e a célebre Olga Navarro, que iniciara sua carreira nos palcos brasileiros já nos anos de 1920 e acabara de voltar de uma estada de alguns anos na Itália, em cujos palcos também trabalhou como atriz. Após a terceira reprise de *Vestido de Noiva* e uma tentativa malograda de profissionalização, o grupo Os Comediantes deixou de existir em 1947.

Nesse ínterim, contudo, deram-se várias estreias muito importantes. Nenhum desses espetáculos, é verdade, pôde-se comparar a *Vestido de Noiva*, mas *Desejo*, do dramaturgo americano Eugene O'Neill, também foi um acontecimento teatral importante no Rio de Janeiro dos anos de 1940. Na peça dirigida por Ziembinski, que se incumbiu também de um dos papéis (o de Ephraim Cabot), compartilhava o palco com ele uma esplêndida Olga Navarro (no papel de Abbie). A estreia de *Desejo* deu-se em 17 de junho de 1946, no Teatro Ginástico, e o espetáculo não saiu de cartaz por quatro meses inteiros desde a estreia, permitindo, enfim, que o grupo amador ganhasse algum dinheiro. "Fizemos 247 apresentações que me renderam dois mil contos"[9] – contou Ziembinski, anos depois.

"Aí entrou o lado pessoal do nosso amigo Ziembinski – recorda-se Miroel Silveira – que é uma pessoa com quem é muito difícil de se trabalhar"[10].

▷ Ziembinski em foto de 1947. Propriedade: Bob Steward.
▷▷ Cacilda Becker e Maria Della Costa em *Vestido de Noiva*, no Teatro Municipal de São Paulo, 1947.

Contra a opinião dos outros membros de Os Comediantes, que consideravam a peça demasiadamente literária, repleta de longos monólogos e difícil de encenar, Ziembinski teimou em apresentar, após *Desejo*, a peça *A Rainha Morta*, de Montherlant. Para Ziembinski, era muito importante a realização dessa obra. E assim todo o dinheiro que haviam conseguido graças ao sucesso de *Desejo* se consumiu na confecção da belíssima cenografia de *A Rainha Morta*, que foi apresentada umas poucas vezes. Sua estreia deu-se em 23 de novembro de 1946 e já no dia 11 de dezembro havia saído de cartaz.

A maior fraqueza da encenação era seu ritmo lento: "Frequentemente a plateia fica aflita porque o Sr. Ziembinski, ao invés de falar, para em cena alguns minutos como se estivesse à procura das palavras."[11] "Se Ziembinski quer impor aos brasileiros seu estilo, queira Deus que não imponha seu ritmo lento" – criticaram outros. Era difícil suportar um espetáculo que era obra de Os Comediantes, ou seja, de Ziembinski rodeado por uma multidão de Ziembinskinhos[12]. No texto, Ziembinski colocou vírgulas onde não havia, separou com longas pausas o sujeito do objeto, o que fez com que toda a magia do espetáculo desaparecesse, e o público não entendia aquelas falas interpretadas de forma tão estranha: "Que o Sr. Ziembinski fale assim, todas as desculpas poderão ser-lhe dadas. Mas que queira impor sua maneira de falar, que não é a nossa, a artistas jovens, aos nossos artistas de amanhã, seus discípulos, pervertendo os essenciais da nossa língua, é preciso urgentemente gritar o nosso contra."[13]

Semelhantes reparos a propósito de Ziembinski foram feitos por Chianca de Garcia, crítico, homem de teatro, português que morava no Rio. Em comentário após assistir a outro espetáculo (*Era uma Vez um Preso*, de Jean Anouilh), ele escreveu:

> Nos intervalos da peça, eu me pus a pensar no Brasil. E então rezei uma oração. Não era bem uma oração, era um hino. Um hino a este país de braços abertos, de infinita paciência cristã, de generosidade sem limites, e que nos permite a todos nós que viemos de terras longínquas, instalarmo-nos, nos seus laboratórios, nas suas oficinas, na sua paisagem, nas suas redações e nos seus palcos, tudo transformado em campo de experiências e de tentativas mais ou menos felizes. [...] No entanto eu tenho a consoladora convicção de que o Sr. Zibinski [sic] faz tudo aquilo a sério, pensando que nunca ninguém viu no Brasil um ator tão grande, e tão maravilhoso![14]

▷ *Era uma Vez um Prisioneiro*, no Teatro Fênix do Rio de Janeiro, 1946.

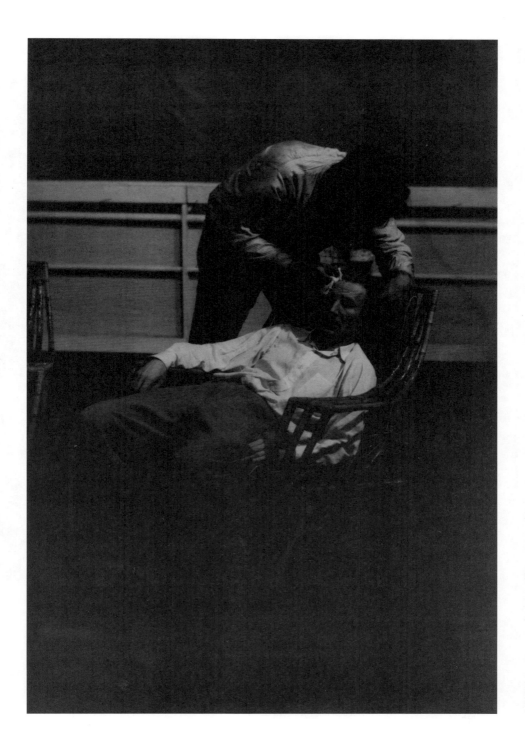

Da esquerda para a direita: (em pé) Ruggero Jacobbi, Abílio Pereira de Almeida, Ziembinski, [?]; (sentados) Henriette Morineau, [?] e Cacilda Becker, em foto sem data.

Saiu em defesa de Ziembinski, depois de assistir àquele mesmo espetáculo, Décio de Almeida Prado:

> Não é fácil emitir um juízo crítico sobre Ziembinski, porque a sua individualidade complexa não é dessas que se definem com três ou quatro palavras apenas, de louvor ou censura. De início, temos todos, admiradores ou adversários, que concordar em lhe atribuir certo número de qualidades inegáveis, como inteligência, sensibilidade e profundo conhecimento técnico da profissão, predicados que lhe asseguram uma posição excepcional no nosso teatro e tornam interessantes todas as suas experiências, inclusive as menos felizes. Mas isso não basta para definir Ziembinski. É necessário mencionar ainda a sua concepção de teatro [...] e do papel do *metteur-en-scène*, tópicos já referidos em crônicas anteriores, e, por fim, o seu temperamento, afirmativo, generoso, transbordante, exuberante, excessivo – poderíamos dizer.[15]

Desde o começo de suas atividades, que principiaram com o grande sucesso de *Vestido de Noiva*, Ziembinski provocou muitas controvérsias no meio teatral. Com o passar do tempo, elas não diminuíram, antes o contrário. Polemizaram com ele alguns dos maiores críticos e personalidades do teatro do Brasil.

OBSERVAÇÕES SOBRE DIREÇÃO DE LUZ (ANEDOTAS, OPINIÕES, CRÍTICAS)

A iluminação dele tinha corpo, tinha vida.

Ademar Guerra

Um dos muitos atributos de Ziembinski era seu profundo conhecimento no campo da direção de luz. Os brasileiros perceberam isso com mais clareza na estreia de *Vestido de Noiva*, embora também nos espetáculos anteriores, realizados logo após a chegada ao país, justamente os aspectos ligados ao profissionalismo da iluminação já fossem comentados com mais vagar.

Jacó Guinsburg, professor universitário, crítico e tradutor, assistiu a alguns dos primeiros espetáculos dirigidos por Ziembinski no Brasil e o que se imprimiu com mais nitidez em sua memória foi exatamente o uso dos recursos de luz:

> Dizem que na peça *Rainha Morta*, de Henry de Montherlant, o trabalho que foi feito com a iluminação era fora de série. Ziembinski tinha um conhecimento da luz, das possibilidades cênicas da luz – extraordinário. Isso foi um dos elementos da direção dele. Ele era aberto à inovação. Tinha um domínio, sabia manipular as dosagens luminosas. Saber falar verbalmente – é uma coisa. Trabalhar com a linguagem da luz na cena – é outra. E onde entra todo o jogo da subjetividade, o jogo da sugestão, da poesia... O diretor que domina isto, domina uma parte importantíssima da direção. E ele tinha um absoluto domínio disto.[16]

Luíza Barreto Leite (1909-1996), por sua vez, traçou um retrato mais amplo daquilo a que se restringia o emprego da luz nos teatros brasileiros nas três primeiras décadas do século XX. Ela conta que o Teatro Municipal do Rio de Janeiro era sim um teatro bem servido de refletores; no entanto, ninguém os usava, pois não havia, a rigor, direção de luz. Utilizavam-se apenas luzes oxídricas, ou seja, um tipo de iluminação artificial usada na Europa no século XIX. Também por isso, quando Ziembinski apareceu e propôs tantas soluções técnicas inovadoras, era inevitável que causasse grande alvoroço e admiração nos meios teatrais.

> O essencial na obra de Ziembinski foi a luz. Ele era um mago da luz. Transformava tudo, o que, aliás, e uma coisa muito polonesa. Grotowski não tem cenário, é uma sala e luz apenas. Naquele tempo somente quem havia usado refletores foram Jouvet e Barrault [...]. Ziembinski modificou tudo isso, inclusive ensinando os nossos iluminadores a fazer o refletor.[17]

Décio de Almeida Prado também menciona um dos espetáculos que ficaram guardados em sua memória graças aos efeitos de luz introduzidos por Ziembinski:

> Em *Pelleas e Melisanda*, em São Paulo, Ziembinski fez o cenário sintético, que praticamente não se usava. Hoje em dia se aboliu até o cenário sintético, já quase nem se usa cenário. Mas aquele cenário era apenas de alguns elementos sugerindo o todo e, em certo momento, desaparecia pelo uso da luz. Na cena do subterrâneo do castelo, ele usava uma escuridão completa no palco, apenas com uma lanterna que iluminava seu rosto e o do Pelleas, e todo o cenário naquele momento era feito apenas pela palavra; era uma impressão fortíssima, tudo feito pelo poder da palavra. Para nós, isso era uma coisa totalmente nova, esse uso não só da luz, mas sobretudo da escuridão, que ele usava muito, inclusive para cortar um quadro do outro. Quer dizer, mesmo em relação aos espetáculos que eu tinha visto nos Estados Unidos e França, os espetáculos de Ziembinski impressionavam porque tinham, ao meu ver, elementos expressionistas que não existiam no teatro americano nem no francês, que eram teatros mais dentro de uma tradição realista.[18]

É preciso destacar igualmente que, não raro, Ziembinski tinha ele mesmo de construir refletores, pois, com exceção do Teatro Municipal do Rio de Janeiro, eles eram um equipamento pouco encontrado e de difícil obtenção no Brasil. O conhecimento teórico que possuía sobre o uso da iluminação precisava fazer frente, portanto, às restrições da realidade, problema com o qual repetidas vezes o artista se debateu:

> Todas as críticas da época dão a perceber que a luz que Ziembinski fez para *Vestido de Noiva* e para vários outros espetáculos era uma coisa que as pessoas nem sequer imaginavam que existisse em teatro, e muito menos sabiam fazer ou tinham equipamento para isso. Fabricava artesanalmente ele mesmo o equipamento, em certos casos.[19]

Ou:

> A principal vocação de Ziembinski era a arte da iluminação. Ziembinski queria a chance de fazer grandes quadros iluminados. Usar luz e sombra,

cores; ou seja, pictoricamente fazer uma galeria de quadros, bem iluminados como *Vestido de Noiva*.[20]

Ele era um grande iluminador. Os outros diretores sempre pediam que ele iluminasse seus espetáculos.[21]

Um dos mais importantes diretores do teatro brasileiro moderno, Antunes Filho, em plena atividade até hoje, sobretudo em São Paulo, onde dirige o Centro de Pesquisa Teatral no SESC Consolação, quando perguntado sobre o papel da iluminação nos espetáculos dirigidos por Ziembinski, respondeu:

> Ele fazia tudo maravilhoso! De certa forma foi ele que deu a primeira iluminação. Quem começou a iluminar neste país foi ele. Tinha uma coisa cinematográfica dentro dele. Adoração pela luz. Ele tinha um enorme prazer de fazer a luz. O romantismo dele, os sonhos dele! Ele estava sempre divagando, ele sempre divagava, caprichava na luz, e a luz pra ele era mais caprichada ainda. Ele foi inovador da luz. Ele vivia teatro.[22]

Sábato Magaldi (1927-2016), grande crítico teatral e literário, membro da Academia Brasileira de Letras (ABL), enfatizou também que Ziembinski, graças aos méritos não apenas no campo da direção e da iluminação, mas também da cenografia, do figurino e do ensino, tornou-se parte do teatro brasileiro "como qualquer um de nós"[23].

Essas opiniões tão positivas e a adoração acrítica diante da figura do inovador estrangeiro talvez tenham contribuído de certo modo para suscitar em alguns artistas brasileiros um sentimento de ameaça, o que os levou a uma série de ataques contra o novo ídolo do meio teatral do Rio de Janeiro.

△   Tônia Carrero, Renato Consorte, [?] e Ziembinski.

GOT

9
O MISTERIOSO IEB VON SAMBOR

Luíza Barreto Leite, que escreveu tão belamente sobre o talento de Irena Eichlerówna, não tinha uma opinião tão boa sobre Ziembinski. O principal motivo de seus desentendimentos foi explicado em pormenor por ela em um artigo com o título "Svengali[1] e Suas 'Marionnettes' Humanas", que veio a lume no *Correio da Manhã* causando grande escândalo. Três anos após a estreia de *Vestido de Noiva*, Luiza foi a primeira a ousar criticar, acidamente, a intocável autoridade de Ziembinski:

> Deem-me um boneco de pau e saberei colocá-lo em um cenário de sonho, iluminá-lo com tonalidades quase irreais, envolvê-lo em um ambiente tão belo e tão fantástico que ele parecerá humano; deem-me um boneco de carne e osso e transformá-lo-ei no mais adestrado marionete de que jamais se haja tido memória; mas, por favor, não me ofereçam um ser humano dotado de inteligência e personalidade porque, francamente, não saberei o que fazer com ele.
>
> Essas seriam as palavras desse moderno Svengali, que nos chegou, envolto nas brumas da guerra, como um "presente polonês", caso ele quisesse abandonar, por um momento sequer, a sua máscara de gênio para tornar-se sincero ao menos uma vez. Mas, pedir-lhe isso seria exigir demasiado e, nós brasileiros, somos tão conscientes de nossa própria

incapacidade que nada exigimos; aceitamos tudo, amedrontados, embasbacados, deslumbrados, como os índios aceitaram a primeira missa e, com ela, tudo o que a Europa nos tem impingido nesses quatro séculos e pouco. Era natural que nossos ancestrais se deslumbrassem com os espetáculos fantásticos, com as palavras estudadas e com o poder de sugestão de seus civilizadores, mas parece-me que 446 anos é idade suficiente para um país tornar-se adulto e para que seu povo aprenda a separar o joio do trigo. Por que então continuarmos abrindo os braços a "civilizadores" que empregam conosco, que nos julgam alfabetizados, os mesmos métodos que os Jesuítas usaram para converter os índios, métodos esses que se resumem em um apenas: poder de sugestão?

[...] Analfabetos ou não, somos seres humanos e como tais devemos ser tratados, mesmo por aqueles que nos possam trazer alguma contribuição verdadeiramente útil. Penso que transformar um ser humano em marionete não é auxiliá-lo, ao contrário, é prejudicá-lo fundamentalmente, privando-o da própria personalidade. Daí partiu a minha primeira divergência séria com Os Comediantes, esse grupo que fundei e alimentei com a dedicação desinteressada com que as mães costumam alimentar os filhos, e ao qual me refiro hoje com a mesma amargura que empregam as mães para se referir às filhas que se prostituíram ou aos filhos que degeneraram.

A história começou com a vinda do famoso polonês. Antes já existia o grupo e havia apresentado um espetáculo – dirigido por um brasileiro que não é "genial", mas é humano – [...] que causou espanto geral: "nunca no Brasil se havia visto tamanho respeito pela arte dramática, respeito esse observado em seus menores detalhes!" Foi a exclamação entusiástica da imprensa.

Aquele espetáculo e mais dois haviam sido montados com dez mil cruzeiros apenas. Dez mil cruzeiros em dinheiro e vários milhares em dedicação e sacrifício de um grupo de abnegados que dedicaram suas horas vagas, aquelas que deviam ser de repouso e de divertimento ao prazer de realizar alguma coisa em nome da Arte. Muitos sacrificaram também seus empregos e seus estudos, mas ninguém se lamentava, todos confiavam no futuro. E o grupo progredia. [...]

Foi então que veio a primeira grande subvenção: 160 mil cruzeiros, e com ela o gênio polonês. Havia chegado recentemente e trazia grandes ideias, entre elas uma importantíssima, logo posta em prática: "Um grupo não vale pelo seu conjunto e sim apenas pelo seu diretor, que deve possuir poderes de vida e morte sobre seus súditos". O senhor feudal, nesse caso o diretor, vinha da Polônia, mas os escravos eram brasileiros e em sua maioria intelectuais. Que fazer com eles, então, já que eram "insubmissos"? Matá-los artisticamente, é claro. E a obra começou a ser realizada. Svengali entrou em ação. Hipnotizou primeiro os diretores, obra relativamente fácil. [...] Depois vieram os atores mais dóceis de manejar; não eram muitos, mas o serviço foi eficiente. Restava o último plano: jogar fora aqueles que não acreditavam em hipnotismo ou que reagiam subconscientemente. Para que não houvesse reação capaz de despertar a consciência dos poucos diretores que ainda eram capazes de ressuscitá-la, foram empregados todos os métodos [...].

E Svengali tornou-se absoluto. De diretor passou a "estrelo" de todas as peças. E agora o público tem o prazer de assisti-lo ao lado de suas marionetes humanas, manejando-as ali mesmo em cena, não com cordéis, mas com olhares e com gestos. É um espetáculo inédito, sem dúvida, e estupendo, observar como um só homem pode estar em cena, representando todos os papéis ao mesmo tempo, com as mesmas inflexões, os mesmos gestos e até a mesma pronúncia estrangeira. O espetáculo é tão empolgante que a gente até se sente chocada quando alguém se atreve a quebrá-lo, representando por conta própria, como acontece às vezes.

Mas tudo isso poderia ser muito engraçado [...], se o nosso Svengali não procurasse levar os seus poderes hipnóticos mais longe, como acaba de acontecer, encomendando diretamente da Europa liberta, um ator condenado pelos colegas de sua pátria, pelo crime de havê-los traído vergonhosamente, vendendo-se aos alemães e colaborando com eles nas mais sórdidas funções.

Creio que já é tempo de acordar [...]. Hipnotizar coletivamente é obra bem difícil, mestre Ziembinski.[2]

■ ◆ ■

Quem a irritada autora tinha em mente? Quem, de acordo com as palavras de Luíza Barreto Leite, Ziembinski teria trazido da Europa para o Brasil?

Agora, entra em cena uma nova personagem dessa história. Uma personagem algo nebulosa, na qual não é fácil depositar confiança. Como não se haveria de desconfiar de um indivíduo que faz uso de um estranho pseudônimo, de quem a data, o local e as circunstâncias da morte são cobertas de mistério mesmo nas páginas dos dicionários biográficos de teatro? Fantástico como ator, suspeito como pessoa. Antes da guerra, atuou em filmes ao lado de astros como Aleksander Zelwerowicz, Kazimierz Junosza-Stępkowski, Stefan Jaracz ou Mieczysława Ćwiklińska. Já no começo de sua carreira cinematográfica percebeu-se nele um talento excepcional. Os papéis em que se saía melhor eram os de caráter obscuro (em que medida, aqui, arte e vida se misturam?). Desde o começo dos anos de 1920, passou a ser escolhido para interpretar tipos sombrios, de má índole. Na adaptação cinematográfica de *Przedwiośnie*˙ (Antes da Primavera), encarnou uma personagem tremendamente negativa: Barwicki; um ano depois, coube-lhe o papel do atroz Tagiejew no filme *Policmajster Tagiejew* (O Chefe de Polícia Tagiejew). Os filmes seguintes trouxeram-lhe papeis parecidos: Bogusław Samborski interpretou neles um misterioso gângster (*Kobiety nad przepaścią*/Mulheres à Beira do Abismo), o sinistro e vingativo Hieronim Śpiewankiewicz (*Niebezpieczny romans*/Romance Perigoso), um maldoso coronel de gendarmaria (*Na Sybir* /Para a Sibéria), o implacável professor Brunicki (*Prokurator Alicja Horn*/A Procuradora Alicja Horn). Seria possível listar ainda muitos outros filmes. Na maioria deles, encarnou sujeitos maus, mas em atuações excelentes: "O senhor Samborski […], entre todos os atores jovens, é decididamente o que tem mais caráter"[3] – escreveu sobre ele, ainda muito tempo antes da guerra, o poeta e crítico Jan Lechoń.

Samborski teve contato com Zbigniew Ziembinski em três filmagens e em alguns espetáculos teatrais nos quais tiveram oportunidade de dividir um mesmo palco. Ambos atuaram nos filmes *Róża* (A Rosa, 1936), *Granica* (A Fronteira, 1938) e *Kościuszko pod Racławicami* (Kościuszko em Racławice, 1938). Na ribalta do Teatr Polski, atuaram juntos por ocasião da montagem de *Genebra*, na qual Samborski encarnou o papel de Bombardone, ou seja, de Benito Mussolini. A peça foi dirigida por

Ziembinski e sua estreia – como já dissemos – ocorreu um mês antes da Segunda Guerra Mundial.

Porém, Bogusław Samborski caiu no esquecimento. Talvez até um esquecimento útil, pois, no caso de uma biografia como a sua, talvez seja melhor ser esquecido do que mal lembrado. Triste é o destino de um homem que, após anos de sucesso, naufraga na desmemória. Morreu provavelmente no começo dos anos de 1970, na Argentina. No Brasil também permaneceu por pouco tempo, pois pelo visto a história se pôs de tal modo em seu encalço que já nem na Polônia, nem na Europa e nem mesmo em solo brasileiro podia se sentir em paz. Mas aquele que é perseguido pelo próprio passado dificilmente encontrará sossego: sua própria consciência, não um lugar no mapa, não lhe permitirá dormir tranquilo. E talvez tenha sido esse o seu pior castigo.

Sua carreira teatral foi interrompida e virada de pernas para o ar naquele mesmo momento histórico em que Ziembinski se viu obrigado a abandonar a Polônia. A Segunda Guerra Mundial exigia uma resoluta tomada de posição. Naquelas circunstâncias, quem quer que tenha manchado sua biografia terá dificuldade no futuro de limpar tais manchas. Samborski não apenas obteve cidadania alemã durante a ocupação hitlerista, mas também aceitou uma proposta de seu antigo colega Igo Sym, com o qual atuara no filme *Szpieg w masce* (O Espião Mascarado), de 1933. Nesse filme – por ironia do destino – Sym interpretou o papel do título. A proposta de Igo Sym era que Samborski tomasse parte no já aludido filme antipolonês de Gustav Ucicky, filho do pintor Gustav Klimt, *Heimkehr* (O Retorno à Pátria). Nesse filme, como se observou anteriormente, os poloneses são mostrados como impiedosos opressores de indefesos alemães que cultivam a paz, e Samborski desempenhou o papel de um prefeito polonês que tratava de maneira desumana os representantes da minoria étnica alemã na Polônia. A obra, que deveria justificar a bárbara agressão hitlerista à Polônia, foi premiada em Veneza durante a Semana da Arte Cinematográfica pelo Ministério da Cultura italiano.

Era Igo Sym, exatamente, o responsável por convencer atores poloneses a trabalhar naquela produção propagandística de que participaram, entre outros, o próprio Heinrich Himmler, e que Goebbels, em seu diário, não titubeou em chamar de melhor filme da cinematografia alemã. Samborski recebeu vinte mil *złoty* pelo seu papel e, após concluído seu trabalho na filmagem, teve ainda garantida uma pensão mensal no valor de setecentos marcos alemães. E o próprio Igo Sym, é claro, também obteve sua recompensa por conseguir convencer atores poloneses a atuarem na obra. Muitos atores de Varsóvia recusaram-se a tomar parte naquela iniciativa antipolonesa. Entre eles encontrava-se um dos melhores artistas do cinema nacional do pré-guerra, Junosza-Stępowski, que estava consciente tanto do alto honorário que haveria de receber por um papel, quanto do fato de que a União dos Artistas Cênicos Poloneses havia proibido categoricamente qualquer cooperação com os alemães. Cinco atores, contudo, concordaram em participar do filme, entre eles Samborski, que explicou sua decisão argumentando que precisava proteger sua esposa de origem judaica. Em fevereiro de 1943, a Diretoria da Luta Civil anunciou uma lista de atores, ex-integrantes do Teatr Polski de Varsóvia, que haviam sido condenados à infâmia por "realização de propaganda antipolonesa ligada ao aviltamento da nação e do Estado polonês"[4]. Alguns artistas tentaram explicar-se afirmando que seus papéis eram apenas secundários; outros afirmaram que não conheciam tão bem a língua alemã a ponto de entender os papéis que lhes haviam sido atribuídos; outros, ainda, que desconheciam as diretrizes emitidas pela União dos Artistas Cênicos Poloneses na clandestinidade, vedando qualquer colaboração com o ocupante. Nenhum deles negou, todavia, que houvesse tomado sua decisão por livre e espontânea vontade. Tiveram, portanto, de ser punidos. No dia do julgamento, 18 de novembro de 1948, achavam-se quatro acusados diante do Tribunal de Justiça de Varsóvia. Faltava Samborski, que ainda durante a guerra passou a residir na Áustria, onde, com o nome de Gottlieb von Sambor, atuou em uma série de produções austríacas e que no dia do julgamento já estava em outro continente. A ele, no entanto, foi reservada a sentença mais dura: foi condenado, à revelia, à pena de prisão perpétua. Enquanto isso, interpretava no palco o Capitão, um dos papéis principais da peça *Woyzeck*, de Georg Büchner, cuja estreia se deu em agosto de 1948 no Teatro Fênix do Rio de Janeiro. O diretor do espetáculo era Zbigniew Ziembinski.

■ ◆ ■

O meio teatral carioca não era totalmente alheio ao passado de Samborski. Quase chegou a atuar em algumas peças encenadas pelo grupo Os Comediantes, porém apareceu, enfim, em apenas um espetáculo. Luíza Barreto Leite afirma que Ziembinski "não sabia o que estava fazendo" ao convidar para o palco um traidor da nação polonesa. Talvez fosse mais importante para ele a amizade que fizera ainda nos palcos poloneses do pré-guerra? Talvez fosse mais importante para Ziembinski o ator de talento que era Samborski, antes do que sua participação em uma história complicada e desonrosa? Quem sabe estivesse tentando ajudá-lo a encontrar uma nova vida em outro continente? Hoje é difícil entender os motivos pelos quais Ziembinski o convidou para atuar.

Da perspectiva de algumas décadas após o acontecido, Luíza Barreto Leite recorda-se do episódio com Samborski da seguinte maneira:

> Minha relação com Ziembinski era muito conflitante e ao mesmo tempo muito carinhosa. Parecia até relação de marido e mulher. A gente se queria muito, mas estava sempre em conflito, porque minhas ideias eram diferentes das dele. Quer dizer, eu fui fundadora dos Comediantes, quando Ziembinski chegou e encontrou o grupo pronto. Uma vez quase que rompi definitivamente com ele. Foi através da Irena Stypińska que coloquei Ziembinski "a perigo": ele não tinha ideologia política nenhuma. Durante a guerra, havia ficado na Polônia um judeu que foi quem entregou todo o pessoal de teatro e que depois veio para o Brasil. Ziembinski o abrigou, ele estava sendo procurado pelo Tribunal de Libertação da Polônia, condenado à morte. Então a Stypińska (também polonesa) me pediu para escrever um artigo, já que eu trabalhava no *Correio da Manhã*, que era um jornal de muita repercussão. Então escrevi um artigo que chamei "Svengali e Suas Marionetes Humanas". Comecei com a história dos Comediantes que, realmente, haviam se transformado em marionetes e disse que ele, Ziembinski, representava por vinte atores e tinha tirado totalmente a personalidade do teatro brasileiro, fazendo um teatro deslumbrante, maravilhoso, mas um teatro ruim. Nós estávamos à procura de nossa identidade e no momento que a gente dá uma virada para encontrar nossa identidade, ele tinha nos transportado quarenta anos atrás para o expressionismo polonês, que é o que se fazia na Polônia quarenta anos antes. No fim do artigo eu dizia que a alienação dele

era tanta que tinha trazido para nossa convivência um nazista perigosíssimo, porque além de nazista era um traidor da raça dele – tinha dado os nomes e endereços de todos os atores judeus aos nazistas, muitos dos quais morreram em fornos crematórios, devido a esse sujeito. Ziembinski fez com esse ator *Woyzeck*, ele era realmente um grande ator. E quando *Woyzeck* estoura com grande sucesso eu solto esse artigo. O homem sumiu de um dia para o outro. O artigo foi um estouro. Aí fiquei anos brigada com Ziembinski.[5]

Woyzeck foi dirigido por Ziembinski para o Teatro Popular de Arte, de Sandro Polloni. Em 1948 o texto era inédito não apenas no Brasil, mas em toda a América Latina. Sua estrutura fragmentada e ação aparentemente ilógica decerto eram elementos da peça que iam muito além do nível dos espetáculos apresentados no Brasil de então, mesmo levando-se em conta a "missão Ziembinski", que já durava alguns anos e que em tese deveria preparar o público para a recepção de peças vanguardistas. Além da direção, Ziembinski foi responsável também pela cenografia da peça e apresentou-se nela ainda como ator. Sandro Polloni lembra o momento em que decidiu levar à cena uma peça tão difícil:

> Eu era jovem, cheio de ímpeto, na linha de Ziembinski, e ele botava lenha na fogueira:
> – Vamos fazer *Woyzeck*, vamos embora...
> E fizemos [...].
> Ele trazia um outro ator que chegou da Polônia, Samborski, belíssimo ator, que fez um dos personagens importantes de *Woyzeck*. Ele teve algum problema no pós-guerra, de colaboração, então o Ziembinski segurou a barra dele aqui. [...] Foi um espetáculo muito avançado, demais para a sua época, talvez hoje... seria um espetáculo para os dias de hoje, mesmo. Foi um avanço tão grande que deixou todo mundo perplexo. A crítica ficou assim... não sabia como pegar, como analisar *Woyzeck* de Büchner em 1948. Aquela produção, aquele simbolismo que Ziembinski botou, uma coisa astral. Você precisava ver a *mise-en-scène* [...]. O público ficou assim... não entendia. Não estava preparado. Foi um troço.[6]

Em uma crítica de autoria de Paschoal Carlos Magno, datada de 28 de agosto de 1948, encontramos uma observação sobre a atuação de Samborski: no tocante "à atuação, em primeiro plano destaca-se o senhor Samborski, que criou uma personagem digna de admiração"[7]. Era dessa mesma opinião outro crítico de teatro, Roberto Brandão: "O senhor Samborski, não importando se traiu a Polônia ou não, se colaborador ou não, sem dúvida é um excelente ator."[8]

Apesar da excepcional atuação de Samborski (a de Ziembinski, menos), o espetáculo acabou sendo um grande fiasco e saiu de cena onze dias após a estreia. Mas o insucesso não afetou pessoalmente o diretor, que anos mais tarde ainda considerava aquele espetáculo um de seus melhores. Ele só não fora compreendido.

Também João Ângelo Labanca, um dos membros de Os Comediantes, lembrou-se de Samborski como um dos poloneses que brilharam no meio teatral carioca.

> Os artistas poloneses que estiveram entre nós, a "turma" da Polônia, foram o Ziembinski, o Turkow, a mulher dele, a Rosa, e a Stypińska. Houve um, o Samborski, que também colaborou aqui. O Samborski foi trazido por nós a pedido de Ziembinski. Era um grande ator na Polônia, casado com uma judia. Quando houve a invasão, foi preso e a família levada para o campo de concentração. Uma das cláusulas que impuseram para que soltassem sua mulher e o filho foi que colaborasse com os alemães fazendo um filme de publicidade alemã. E, entre a cruz e a caldeirinha, ele ficou com a cruz: fez o filme. Depois de terminada a guerra respondeu ao tribunal e foi absolvido. Havia fugido para Portugal, foi quando, aqui no Brasil, tivemos notícia dele e, contrariando a maioria absoluta de pessoas que achava que ele era colaboracionista e não deveria vir para o Brasil, Ziembinski pediu muito e ele veio para o Brasil.
>
> Ele esteve muitas vezes para fazer peças com Os Comediantes, mas não fez. Depois [...] apareceu *Woyzeck*, a produção com o teatro do Sandro Polloni e Maria Della Costa.
>
> A campanha contra ele era muito grande e foi trabalhar na Mesbla e depois não sei mais da vida dele, como acabou. Chegou aqui no Brasil praticamente sem roupa. As roupas que ele usava foram de meu pai e as que Graça Mello deu a ele. Sua passagem foi meteórica por nosso teatro.[9]

Também o mencionam o ator e diretor Sérgio Britto (1923-2011) e o diretor e crítico de teatro Miroel Silveira (1914-1988). Não se pode esconder que o passado não cessou de assombrar Samborski. Mesmo aqueles que não o viram nos palcos e apenas o conheceram de passagem, não esconderam quão triste era a impressão que ele causava:

> Vi também o espetáculo em que trabalhava Samborski, o ator polonês, ao lado de Ziembinski, em *Woyzeck*. Tinha um sotaque muito carregado e fazia um general com fala arrastada, era curioso – uma representação realista como não estávamos habituados a ver, porque Stanislávski não tinha chegado ao Brasil, só chegou depois, com Kusnet, por mais absurdo que isso possa parecer. Naturalmente, Ziembinski e Samborski pareciam para nós, jovens dos anos 1940/1950, umas figuras de outro planeta. Eles compunham a personagem com minúcias, com acabamento realístico, eles faziam também Stanislávski. Ziembinski fazia Stanislávski e também o expressionismo. Expressionismo era uma coisa que nem sabíamos o que era.[10]

> Samborski, nunca vi no palco [admite Miroel Silveira]. Conheci-o apenas pessoalmente, e vi alguns filmes seus – eram realmente interpretações fantásticas, impressionantes: era um ator da linha do Peter Lorre para melhor, não sei. Como pessoa era muito melancólico, muito decadente, muito deprimido, uma pessoa depauperada, muito "pra baixo", de um astral muito cansado, desanimado, preocupado; enfim, muito triste.[11]

Graça Mello, em seus comentários sobre Samborski, vai mais longe. Prefere nem mesmo pronunciar seu nome. Em seu curto depoimento para a revista *Dionysos* a respeito do grupo polonês no Brasil, ele descreve aquela trágica personagem com as seguintes palavras:

> A "turma" da Polônia se chamava: Ziembinski, Ziegmunt Turkow, Irene Stipinska [sic] e um ator (excelente ator) cujo nome prefiro omitir (era uma pessoa sofrida, a sombra de um homem, traumatizado por passagem

em campo de concentração, onde assistiu a torturas de sua família. Participou como ator em apenas uma peça. Cedendo a insistentes pedidos seus, consegui para ele um emprego de trabalhador braçal, único modo – dizia-me ele – de evitar seu suicídio. Perdi-o de vista).[12]

É o que sabemos sobre os caminhos de Bogusław Samborski, também conhecido como Gottlieb von Sambor, no Brasil. Talvez não seja preciso associar sua pessoa, e sobretudo suas atitudes, com a figura de Ziembinski. Seria impossível, todavia, ignorar esse enlace das duas biografias.

RIO DE JANEIRO

(zimba e cacilda be[

10
A MUDANÇA DO [RIO] PARA SÃO PAULO
(no teatro brasileiro de comédia)

Das ponderações do crítico teatral Décio de Almeida Prado sobre Ziembinski:

> A ação de Ziembinski não se limita, aliás, aos atores. É ele também quem inspira e guia o cenógrafo e quem ordena as luzes. Dele nasce todo o espetáculo, desde os pormenores de ordem técnica, desde o jogo de cena mais insignificante, até o plano geral da interpretação, essa atmosfera particular e especial que banha cada obra, diferenciando-a das outras.
> Foi outro dia mesmo que Ziembinski chegou ao Rio de Janeiro – de passagem para os Estados Unidos – trazendo como únicas armas, ao lado da sua carteira de emigrante, uma língua arrevesada que ninguém entendia (e que até hoje constitui uma das diversões prediletas dos colegas quando ele enumera nomes de artistas ilustres da sua terra natal) e uma tradição de teatro estranha a nossa.
> Ainda nos lembramos das primeiras notícias, circulando incredulamente entre os entendidos, sobre a chegada de um polonês fabuloso, que tinha todo um espetáculo dentro da cabeça antes que se fizesse o menor ensaio ou se batesse o primeiro prego do cenário, e que até se dera ao luxo, jamais conhecido, de promover 134 mutações de luz – ou eram 268? – dentro de uma única representação – *Vestido de Noiva*, de Nelson Rodrigues.

Lembramo-nos também da emoção com que acorremos ao Municipal, uma tarde, para nos certificarmos de que o fenômeno existia mesmo: lá estava um homem de óculos, diante de um microfone, a dar ordens aos eletricistas com a paciência, o método e a precisão de um grande general diante de um pobre batalhão de recrutas. Em quatro horas, as famosas mutações de luz estavam prontas e o espetáculo ia começar. Zbigniew Ziembinski não só existia como até funcionava![1]

■ ◆ ■

Durante os primeiros seis anos de estada no Brasil, Ziembinski dirigiu dez espetáculos. Em seis deles apareceu também no papel de ator, o que se deve tratar como um ato de considerável coragem e autoconfiança. Além disso, atuou como ator em uma peça dirigida por outro diretor polonês, Zygmunt Turkow, intitulada *Terras do Sem Fim*, baseada na obra de Jorge Amado. É importante, todavia, chamar a atenção para o ano de 1948 na carreira de Ziembinski. Naquela altura foi dissolvido o grupo Os Comediantes, e Ziembinski começou a trabalhar como ator e diretor *freelancer*. Ao longo de um ano, dirigiu seis peças que foram apresentadas e outras três que não chegaram a subir ao palco. Atuou como ator em seis peças, e em algumas delas também lhe coube, além disso, o papel de cenógrafo e figurinista. A lista de obrigações cresceu significativamente. O ano de 1948 foi o mais produtivo na carreira do artista polonês.

Gustavo Dória, um dos membros de Os Comediantes, descreveu com minúcia como eram os ensaios dirigidos por Ziembinski. Nunca antes os atores haviam tido oportunidade de conhecer alguém que analisasse o texto de modo tão preciso, que conseguisse explicar e justificar o sentido da menor das falas, ainda que se tratasse das palavras de um mordomo a surgir por apenas alguns minutos durante todo o espetáculo. Em cada frase, Ziembinski encontrava uma intenção e suas consequências nas próximas cenas. Se os atores tivessem quaisquer lacunas em seus conhecimentos teatrais, elas eram preenchidas com as verdadeiras aulas que Ziembinski lhes dava, de bom grado, ao longo dos ensaios. Ensaios que duravam, no mínimo, cinco ou seis horas – e que às vezes se estendiam por até doze horas. A tal nível de disciplina, e a um volume tão exaustivo de trabalho, os amadores não estavam nem

△ Debate sobre a peça *Anjo Negro*. Arquivo Brício de Abreu.

de longe acostumados. Mas esses ensaios em que cada personagem era analisada em profundidade, cada mínimo gesto trabalhado nos mínimos detalhes, cada frase precedida por sua exata explicação e motivação, foram nada menos que ideais para uma atriz que então ia conquistando seu lugar no mundo do teatro: Cacilda Becker (1921-1969). Ela atuara com Ziembinski pela primeira vez em 1947, em *Vestido de Noiva*. Descobriu então "seu mestre" – como se acostumou a chamá-lo. Ziembinski tornou-se para ela o melhor professor, ainda que seja amplamente conhecida a anedota segundo a qual, em um dos primeiros encontros entre os dois, ele teria dito a Cacilda: "A senhora nunca será uma atriz." Talvez o tenha dito apenas para contrariá-la e motivá-la ainda mais ao trabalho. E a obstinada Cacilda decidiu provar que ele não tinha razão, tornando-se a mais eminente atriz dos palcos brasileiros. Desde o primeiro encontro até a prematura morte de Cacilda, houve entre eles uma forte ligação emocional, baseada no amor que ambos nutriam pelo teatro. Com o passar do tempo, sua amizade deixou de ser baseada apenas na relação entre aluna e mestre. Tornaram-se parceiros na paixão em comum pelo teatro.

Alguns anos após a morte de Cacilda, Ziembinski declarou:

> Eu sou seu grande admirador. Não, não posso dizer que sou admirador. Eu sou uma alma companheira dela, até hoje... eu sinto uma enorme falta dela, e eu não posso perdoar ao destino, ou a quem quer que seja, que o teatro brasileiro foi privado dela. [...] Ela não tinha resistência física, uma mulher que comia um ovo cru, à noite, coisa assim, metade de um bife. Mas cuja força era a vontade de fazer teatro, a única coisa que a interessava fazer na vida era a vontade de fazer teatro, ao lado de alguém. Nós tivemos várias brigas, brigamos várias vezes. Nós nos separamos várias vezes. Não brigamos no sentido físico, mas brigamos espiritualmente, brigamos, mas sempre nos encontramos no mesmo propósito do teatro. Ela sempre me chamava porque ela sabia que tinha um companheiro. Seu companheiro de inúmeras peças em que nos sustentamos um a outro. Nós fizemos um ao outro. [...] Acho que ainda hoje poderiam muitas gerações alimentar-se dela. Encontrar, dentro dela, o gigante de atriz. [...] Portanto, eu sou realmente muito vinculado a ela. Sempre fui. Fazíamos teatro juntos há

anos, representamos juntos, e tenho a impressão que compreendíamos o que era teatro, juntos.[2]

Cacilda dizia que Ziembinski fizera dela uma atriz. Em Os Comediantes, tinha oportunidade de trabalhar com todo o texto da peça à sua disposição (e não apenas um fragmento com as falas de sua personagem), ela entrou em contato rotineiro com a análise psicológica das personagens[3]. Quando começou a trabalhar no Teatro Brasileiro de Comédia, estava mais ou menos a meio do caminho rumo à profissionalização como atriz, pois já havia passado pela escola de Ziembinski em Os Comediantes.

Após os primeiros espetáculos nos quais tiveram oportunidade de trabalhar juntos, ainda nos tempos d'Os Comediantes (*Vestido de Noiva, Era uma Vez um Preso, Desejo, Terras do Sem Fim, Não Sou Eu...*), seguiu-se um período de grandes montagens, aclamadas não apenas no Brasil, mas também no exterior. Entre os melhores frutos de sua parceria estão, sobretudo: *Pega-Fogo* (1951), *Paiol Velho* (1953), *Divórcio Para Três* (1955), *Maria Stuart* (1957) e *Adorável Julia* (1958). Todas essas peças foram encenadas no período em que ambos trabalharam para o Teatro Brasileiro de Comédia, conhecido pela sigla TBC.

O Teatro Brasileiro de Comédia surgiu em 1948 por iniciativa do empresário e engenheiro italiano Franco Zampari (1898-1966). Ele transformou um velho edifício na rua Major Diogo nº 315, em São Paulo, em um teatro bem equipado, com uma plateia para trezentas e sessenta e cinco pessoas. No começo, o teatro não possuía elenco fixo e funcionava como uma sala de aluguel, da qual podiam fazer uso os melhores teatros amadores de São Paulo que não dispunham de espaço próprio. Um ano após a fundação do TBC Zampari contratou, como primeiro diretor fixo, seu jovem compatriota Adolfo Celi (1922-1986), formado pela Accademia Nazionale d'Arte Drammatica, em Roma. Naquele momento, começou o período profissional do TBC, que passou a contar com vários diretores e um grupo fixo de atores. Ao contrário de Os Comediantes, portanto, o TBC foi muito além da órbita do amadorismo. Atores, diretores e técnicos eram contratados permanentemente e não precisavam buscar outras fontes de renda. Já em 1950, o TBC tinha um repertório fixo, que respondia às necessidades das classes altas de São Paulo. A cidade experimentava na época um *boom* econômico e industrial. Representantes das elites intelectual, política

e financeira viajavam para a Europa e para os Estados Unidos, tinham familiaridade com o teatro que lá se fazia e viam no TBC uma empreitada cênica que poderia atender a suas expectativas e preferências. Zampari conseguiu entender o gosto das elites paulistanas e definiu o repertório por esse prisma. Além de Adolfo Celi, outro diretor contratado por ele foi Ruggero Jacobbi (1920-1981) – excepcional artista italiano considerado, ao lado de Ziembinski, uma das figuras mais importantes do teatro brasileiro. Entre os atores contratados pelo TBC encontraram-se, entre outros: Cacilda Becker, sua irmã Cleide Yáconis, Paulo Autran, Sérgio Cardoso e Nydia Licia (um casal de excelentes atores), Jardel Filho, Sérgio Britto, Maria Della Costa, Maurício Barroso, Célia Biar, Ruy Affonso, Fredi Kleeman, Waldemar Wey e Walmor Chagas. Em 1953, o TBC já empregava quase cinquenta pessoas. Durante seus mais de quinze anos de funcionamento, passaram pelo TBC oito diretores vindos da Europa – seis italianos, um belga (Maurice Vaneau) e um polonês. Analisando as peças apresentadas pelo TBC em sua fase inicial, pode-se perceber que Zampari, selecionando o repertório do seu teatro, não tinha a intenção de favorecer a dramaturgia brasileira, ao contrário de alguns grupos amadores brasileiros (como por exemplo o Grupo Universitário de Teatro, em São Paulo, ou o Teatro do Estudante de Pernambuco) que, já nos anos de 1940, tinham exatamente essa proposta[4]. No TBC eram encenadas tanto peças clássicas quanto obras de autoria de dramaturgos europeus e americanos contemporâneos. No repertório constavam títulos de autores como Sófocles, Noël Coward, Arthur Miller, Oscar Wilde, Friedrich Schiller, Maksim Górki, Luigi Pirandello, Carlo Goldoni, August Strindberg, Ben Jonson ou Jean Anouilh. O teatro tinha em vista o valor artístico das peças apresentadas, a qualidade estética e – como já dissemos – o gosto das elites paulistanas. Não se desprezava, tampouco, um repertório mais leve que garantisse lucros maiores, graças ao que o teatro podia bancar projetos menos populares, experimentais, ambiciosos, e que traziam consigo maior risco financeiro. Sábato Magaldi chamou o TBC de "flor cosmopolita artificialmente plantada no solo paulistano", e outro grande crítico e criador teatral, Paschoal Carlos Magno, manifestou a opinião de que o TBC decerto sofria de uma doença típica entre os brasileiros mais velhos, que fazia com que se visse o melhor exclusivamente em produtos importados[5].

Sobre os inícios do TBC, em entrevista concedida a Fernando Peixoto e publicada na revista *Dionysos*, Franco Zampari conta: "O TBC nasceu em São Paulo numa

◁   Ziembinski em *Pega Fogo*, 1950.

noite de euforia na qual muitos brasileiros sustentavam que só era possível existir teatro na França, nos Estados Unidos, Inglaterra e Itália. E que, no Brasil, durante muitos decênios ainda, teríamos que nos contentar com as companhias que nos visitavam, para ver bons espetáculos."[6]

E o próprio Ziembinski recorda seus primeiros passos no TBC:

> Em 1949, o Franco Zampari tinha mandado me chamar, dizendo que um grupo de pessoas queria fazer um bom teatro em São Paulo. Queria saber se eu estava disposto a uma proposta. Mas eu gostava do Rio. Depois, São Paulo era para mim uma parada dura. [...] Então eu disse:
> – Não. Vocês fazem o movimento de vocês, que eu fico aqui fazendo umas coisas.
> Fui para Recife. Voltei. De novo, o Franco Zampari me rodeando. Eu tinha feito minha companhia. Estava difícil. O Zampari mandou um recado:
> – Eu quero que você venha aqui para o TBC com a sua companhia. Venha se apresentar às segundas-feiras.
> Aí, ele deu a cartada com aquele ar charmoso, de *grand seigneur*, que só ele tinha:
> – Vou te dar três mil cruzeiros por cada espetáculo que sua companhia apresentar às segundas-feiras, no TBC.
> Pois é, naquele tempo isso era uma fortuna. Ele pagava tudo. Pagava hotel. Ah! Então nós fomos.[7]

O famoso ator Paulo Autran (1922-2007), que era muito grato ao Ziembinski-pedagogo, lembra-se dos primeiros tempos do mestre em São Paulo:

> Ziembinski, que a essa altura já estava desempregado no Rio com pouquíssimos convites para trabalhar, encontrou no TBC um campo totalmente fértil para sua atividade: ele tinha aqui um elenco enorme à escolha, podia fazer o cenário que sonhasse, tinha uma oficina de cenografia, uma oficina de roupas, uma oficina de objetos de cena, enfim, todos os recursos. Ziembinski conseguiu então fazer grandes espetáculos. Alguns com sucesso,

▷ Ziembinski como Martin Vanderhof em *Do Mundo Nada se Leva*, no TBC em São Paulo, 1950.

outros, evidentemente, sem. E foi no TBC que ele pôde trabalhar como ator como ele nunca havia trabalhado, antes, no Rio. As interpretações de Ziembinski no TBC foram primorosas: ele fez os papéis que podia e os que não podia fazer, mas seu talento de ator disfarçava tudo. Como diretor, montou as peças que devia e as que não devia montar. Ziembinski foi responsável por grandes sucessos e pelos maiores fracassos do TBC. Já Ziembinski era um homem de teatro. A sua paixão mesmo, era fazer teatro como ator, como diretor, como conselheiro de autores. A influência decisiva de Ziembinski na feitura de peças nacionais é conhecida, ele conversava com o autor, convencia o ator a melhorar a técnica de certas cenas, dava noções de técnicas dramatúrgicas aos autores, que eram todos aprendizes à própria custa do Brasil. A importância de Ziembinski foi muito grande nesse sentido.[8]

E Ziembinski continua a contar a história de seus começos no TBC:

Fizemos um contrato e eu fui ficando. Fiz *Paiol Velho*, que considero um dos meus melhores espetáculos. Depois, fui fazer *Pega-Fogo* que saiu da série de segunda-feira, indo para uma temporada normal e ficando cinco anos, entrando e saindo no repertório. Nem me lembro quantas vezes representei o *Pega-Fogo* com a Cacilda! Nem sei! Realmente, a gente trabalhava no TBC. A gente não descansava, não tinha férias. E o pior é o seguinte: ninguém se queixava, porque o objeto de todo mundo era o espetáculo. Noite de estreia, no TBC, parava a cidade. Era um acontecimento. Uma expectativa. Expectativa entre os atores, plateia. Em todos. Uma loucura. Houve época que no TBC [...] apresentavam num só espetáculo, como em *Ralé*, de Górki, um Paulo Autran, Sérgio Cardoso, eu, Maria Della Costa, Marina Freire. Um elenco que era uma turma da pesada. O palco cheio de atores. Profissionais de primeira qualidade![9]

No TBC também se trabalhava às segundas-feiras. Eram dias dedicados à criação de um programa especial, dirigido por Ziembinski, que tinha por objetivo a montagem de textos de caráter experimental. Os idealizadores da iniciativa foram o ator

Fredi Kleemann e Ziembinski. Arquivo Brício de Abreu.

e diretor italiano Luciano Salce e Guilherme de Almeida, conselheiro literário do teatro. Os dois queriam criar, assim, um espaço alternativo para peças mais curtas, de menor apelo comercial, e para novos textos brasileiros. Ziembinski haveria de se ocupar da realização do projeto. Os primeiros textos que escolheu foram três peças em um ato: *O Homem de Flor na Boca*, de Pirandello, *Lembranças de Berta*, de Tennessee Williams, e *O Banquete*, de Lúcia Benedetti. O programa começou a funcionar com o nome de "Teatro da Segunda-Feira". Uma vez que a segunda era dia livre para atores e diretores, os artistas contratados pelo TBC pensaram: "por que não podemos trabalhar também na segunda-feira?" Talvez ninguém fizesse questão de descanso. Todos queriam trabalhar o mais que pudessem.

> O fato de os ensaios para essas apresentações especiais [conta Nydia Licia] serem realizados de manhã cedo, ou depois das apresentações até a madrugada ou – pior ainda – entre as várias sessões, não nos desanimava. [...] Nós todos fazíamos muitas piadas a respeito do velho Zimba, mas tínhamos por ele uma grande admiração. Era um homem de teatro completo, o palco não tinha segredos para ele. Além disso, adorava ensinar e não se impacientava com as mil perguntas que lhe dirigíamos.[10]

Com o tempo, surgira um conflito interno no TBC. Zampari queria que Ziembinski substituísse Ruggero Jacobbi, que havia deixado o TBC porque a direção do teatro tirara de cartaz seu espetáculo *A Ronda dos Malandros*. Jacobbi teve seu orgulho ferido e reagiu à decisão de Zampari pedindo demissão. Zampari propôs então a Ziembinski que ocupasse o posto deixado por Jacobbi. Ziembinski aceitou a ideia, mas negociou com o diretor para que suas peças fossem apresentadas também nos outros dias da semana. Desse modo, tornou-se ele um dos principais diretores do TBC, ao lado do já citado Adolfo Celi, de Luciano Salce e Flaminio Bollini.

Depois do primeiro mês no TBC, Ziembinski recebeu o primeiro papel como ator em um espetáculo que ele não dirigiria. A comédia americana *You Can't Take it With You* (Do Mundo Nada se Leva), de George Kaufman e Moss Hart, foi dirigida por Luciano Salce, e Ziembinski atuou nela no papel de Martin Vanderhof. Com esse papel, afirmou-se como grande ator e conseguiu muitas críticas elogiosas, entre outras de um grande conhecedor de teatro como Décio de Almeida Prado.

Ziembinski se destacou entre os colegas de trabalho menos experientes, porém sua autoridade não impedia que aprendesse muito com os demais diretores do TBC, mais jovens do que ele.

O próximo sucesso ziembińskiano, não apenas como ator, mas também como diretor, foi uma peça que não saiu do palco por muitos anos e gozou de sucesso mesmo depois de passado o período de grandeza do TBC. Essa peça era *Pega-Fogo*, de Jules Renard, cuja estreia se deu aos 27 de dezembro de 1950. A montagem foi preparada justamente no laboratório cênico das segundas, do qual, após as três primeiras exibições, acabou transferida para o repertório principal. Esse espetáculo garantiu fama imorredoura a Cacilda Becker. A cada noite de apresentação, por muitos anos, a atriz de pequena estatura era amarrada na altura dos seios com tiras largas de esparadrapos, para que sua compleição corporal se assemelhasse à de um rapazote. Depois de um sem número de apresentações da peça, submetendo-se ao mesmo processo de bandagem, seu corpo sangrava ao cabo do espetáculo. Ziembinski conservará na memória o sofrimento de Cacilda, que, pesando pouco mais de quarenta quilos, impunha-se um esforço sobre-humano no palco, e essa caracterização específica, à custa de feridas que não cicatrizavam. Entretanto, a despeito de se atribuir o sucesso da encenação a Cacilda, acima de tudo, também o papel do pai daquele rapazote, o senhor Lepic (desempenhado por Ziembinski), foi digno de nota.

Décio de Almeida Prado, em crítica publicada no jornal *O Estado de S. Paulo*, escreveu: "*Pega-Fogo* pertence a esta categoria rara de espetáculos, a que poderíamos num certo sentido chamar clássicos – a encenação exemplar de uma obra igualmente perfeita."

O sucesso seguinte a ser dirigido pelo artista polonês foi a encenação de uma peça do autor brasileiro Abílio Pereira de Almeida, *Paiol Velho*. Nesse espetáculo, que não se realizou no âmbito do Teatro da Segunda-Feira, mas sim no repertório principal do TBC, Ziembinski não atuou como ator. Dirigiu mais uma vez a maravilhosa Cacilda Becker e outros atores, tais como Fredi Kleeman e Eugênio Kusnet. A estreia do espetáculo ocorreu no dia 10 de janeiro de 1951.

Décio de Almeida Prado observou sobre a peça:

> O que caracteriza o novo espetáculo do Teatro Brasileiro de Comédia, colocando-o em nível altíssimo entre tudo o que tem feito entre nós

nesses últimos anos, não é esta ou aquela qualidade em particular, mas uma soma de qualidades, o equilíbrio perfeito de todos os fatores que compõem a representação: uma peça que tem a inestimável qualidade de ser profundamente, autenticamente, brasileira; uma direção comparável às três ou quatro maiores que vimos em nossos palcos; e uma interpretação trabalhada e cuidada ao extremo, em que quase todos os artistas superam largamente as suas atuações anteriores. [...] Ziembinski trouxe, não há dúvida, muita coisa ao teatro brasileiro, e inclusive uma consciência profissional – um amor ao trabalho integralmente realizado – como não existe outra em nosso teatro. Mas já começa também, por sua vez, a receber. Nesse sentido, *Paiol Velho* constitui uma renovação e um índice de que Ziembinski tende a progressivamente eliminar os defeitos, conservando intactas as suas qualidades.[11]

RITMO

Aos retumbantes sucessos que Ziembinski conquistou graças a *Pega-Fogo* e *Paiol Velho*, sucedeu-se um período ruim, em que seus espetáculos não conseguiram repetir o mesmo êxito. O diretor foi acusado de um ritmo muito lento no espetáculo *O Grilo da Lareira*, cuja realização fora um sonho seu, baseado em *Contos de Natal*, de Charles Dickens. Ziembinski adaptou o texto, uma adaptação nada custosa, segundo afirmou, pois Dickens escrevia como se ele mesmo fosse dramaturgo. Por esse motivo, também, e por conta da grande admiração que nutria pelo autor, deixou o texto quase intocado e não levou a cabo as alterações que seriam necessárias para convertê-lo em uma obra dramática. E justamente essa excessiva fidelidade à literatura impediu que o texto se defendesse no teatro.

> Por natureza e cultura, Ziembinski sempre gostou de obras densas, pesadas e longas, por isso não cortou o texto suficientemente [conta Nydia Licia]. Durante as leituras, Ziembinski havia conseguido nos transmitir o seu sonho e a maioria de nós se apaixonou por seu papel e tentou

desesperadamente salvá-lo do dilúvio. A peça durava mais de três horas, fora os intervalos. O cenário de Vaccarini era magnífico, assim como as roupas que ele desenhou. No fim do espetáculo de estreia, por volta de meia-noite e meia, Zampari desceu até os camarins e mandou que Ziembinski cortasse mais de 40 minutos de texto, caso contrário as três sessões de sábado terminariam de madrugada. Foi um sofrimento terrível para Zimba. A verdade é que no século XX não existiam muitas pessoas dispostas a ouvir os conselhos de um grilo de lareira.[12]

Paulo Autran, ator que muitas vezes atuou com Ziembinski no palco, também teve impressões semelhantes:

> Ziembinski era uma pessoa de sensibilidade lenta. O ritmo dele era um ritmo lento, o ritmo de teatro dele era lento. Quando a peça aguentava esse ritmo era fantástico, mas quando não funcionava tão bem, como por exemplo no próprio *Grilo da Lareira* que, devendo ser uma coisa romântica e leve, ficou um espetáculo pesadíssimo que a plateia não aguentava.[13]

O ritmo lento das peças dirigidas por Ziembinski tornou-se, pouco a pouco, sua falha característica, que contribuiu para uma série de insucessos, mas seria um erro acreditar que essa falha tenha surgido apenas no Brasil.

Ziembinski rebatia as críticas que acusavam um ritmo lento em seus espetáculos. Defendeu-se, por exemplo, em entrevista publicada em 1956 na *Revista Teatro Brasileiro*: "Quanto à lentidão dos meus espetáculos, era não só proveniente do meu temperamento eslavo como da inexperiência dos jovens atores, que, para arrancarem algo de si, precisavam de tempo na transmissão da personagem ao público."[14]

Sua linha de defesa não parece de todo convincente se levarmos em conta que também na Polônia, onde trabalhou com atores experientes, algumas vezes até mais experientes do que ele, foram feitas críticas semelhantes a peças que dirigiu. A primeira delas foi dada à estampa ainda em 1935. Com trinta anos incompletos, Ziembinski dirigiu *Miss Ba*, de Rudolf Besier, que foi apresentada pela primeira vez no dia 6 de fevereiro de 1935 no Teatr Nowy, em Varsóvia. Tadeusz Boy-Żeleński considerou que a peça, acima de tudo, foi arrastada em vez de se adensar. O jovem e talentoso diretor, o Sr. Ziembinski, tem uma fraqueza: ainda se deleita na "arte pela arte" da direção, compraz-se em pequenos exercícios técnicos, acarinha os detalhezinhos. O diretor deve planejar as coisas, separar o que é importante do que é desimportante – o que é preciso ressaltar e o que é preciso resolver rápido[15].

Observações semelhantes foram feitas ainda naquele ano. Na peça *A Volta da Mamãe*[16], Ziembinski pôde apresentar-se tanto como diretor quanto como ator. Desempenhando esses dois papéis, contudo, não parece ter se saído bastante bem; Boy-Żeleński foi sucinto: "O senhor Ziembinski, que como diretor freou em demasia o ritmo, entrou com excessivo entusiasmo na pele do enervante jovem Adriaś."[17] Esse ritmo vagaroso, demasiadamente freado, pelo visto também incomodou outros críticos teatrais. Bohdan Korzeniowski, em sua crítica da peça *Dom otwarty* (A Casa Aberta), de Michał Bałucki[18], assinalou que "os noivos ao piano trocaram afagos a quatro mãos com tamanho desdém pelo tempo do espectador, que foi como se a apresentação fosse durar no mínimo tanto quanto fazer a corte"[19]. Ziembinski provavelmente angariou o rótulo de "lento", pois mais um grande intelectual da Polônia do entreguerras, Słonimski, começou sua crítica sobre outro espetáculo[20] sob a direção ziembińskiana com as seguintes palavras: "Já estamos cansados de saber de tudo isso. […] A apresentação piorou com a falta de ritmo e leveza, e o diretor deleitou-se desnecessariamente com cada motivo e cada situação."[21]

■ ◆ ■

A crítica ao ritmo lento das peças dirigidas por Ziembinski não surgiu pela primeira vez, então, no Brasil. Não necessariamente, portanto, essa "fraqueza" era consequência de uma diferença de temperamentos – o eslavo e o sul-americano. O diretor Antunes Filho tentou, todavia, defender Ziembinski, argumentando que ele havia trazido esse estilo da Europa:

> Nosso ritmo é diferente, nosso ritmo é tropical, ele veio de um país das sombras, de um país das guerras. Realmente era um ritmo diferente,

mas não me incomodava. Eu na época já estava acostumado ao ritmo do teatro japonês, às pausas, à lentidão. Mas nem todos estavam acostumados a isto. Então para alguns era chato. Para mim não. Eu adorava. Adoro o que acontece neste silêncio. Trabalhar em cima do silêncio.[22]

Antunes Filho conseguiu ser bem compreensivo em 2014[23]. Contudo, as críticas produzidas no calor da hora após as estreias dirigidas por Ziembinski em seus primeiros anos no Brasil apontam para uma recepção negativa de muitas delas, em especial das peças *Fim de Jornada*, de Robert Sherriff (1943), *A Rainha Morta*, de Henry de Montherlant (1946), e *Desejo*, de Eugene O'Neill (1946). Teria Ziembinski antecipado tendências futuras e por isso os críticos brasileiros não conseguiram medir o valor artístico das peças que dirigiu? A falta de consciência teatral não lhes teria permitido apreciar as qualidades do teatro moderno proposto por Ziembinski? Ou quiçá ele não tenha conseguido livrar-se de certas fraquezas que, de resto, já eram tão frequentemente criticadas na Polônia? É difícil hoje dar uma resposta a essas perguntas. Os críticos de teatro do Rio de Janeiro pareciam, no entanto, irritados com o ritmo vagaroso e com as apresentações a se arrastar por uma eternidade, a ponto de o público não ter paciência de ficar até o final. A exagerada lentidão dos espetáculos de Ziembinski tornou-se lendária e circulavam muitas anedotas sobre ela no meio teatral. Sobre o espetáculo *As Três Irmãs*, o escritor e crítico teatral Paulo Francis escreveu que as pausas na encenação eram tão longas que o espectador poderia tranquilamente levantar-se da poltrona, sair do teatro, ir tomar um café em algum bar próximo e ficar tranquilo, pois quando voltasse, a pausa da peça estaria chegando ao fim[24]. Talvez, porém, essa lendária lentidão tenha se tornado, com o passar do tempo, um dos muitos mitos que Ziembinski criou ao redor de si. Yan Michalski tentou explicar esse traço negativo do estilo de direção ziembinskiano afirmando que o legado cultural dos países eslavos exercia influência no resultado final das suas montagens. No teatro europeu existia há séculos uma tradição literária que fazia com que o espectador tivesse maior apreço pelo contato com o texto, pela simples escuta dos textos, que, realçados pela inteligência interpretativa e pelos bem treinados recursos vocais[25] dos atores, ganhavam assim valor em si mesmos, ainda que sua realização cênica parecesse monótona e estática.

A justificativa do ritmo arrastado mediante teorias de que tal peculiaridade seria proveniente da tradição europeia ou – segundo outros – eslava não parece, entretanto, se sustentar, sobretudo se levado em consideração que os críticos teatrais poloneses já demonstravam dificuldade para tolerar essa característica do diretor.

O ator João Angelo Labanca, que atuou ao lado de Ziembinski em *Desejo* e sob a direção do polonês em *A Rainha Morta*, comentou a encenação ziembińskiana da peça *Fim de Jornada*:

> *Fim de Jornada* a gente chamava de *Jornada Sem Fim*, porque era uma peça para durar duas horas e durava quatro, porque Ziembinski fazia pausas quilométricas e sem razão lógica [...]. Eram pausas de dar medo, às quais não estávamos acostumados. O primeiro trabalho de Ziembinski como ator e diretor foi *Fim de Jornada*, de Scherriff. Ele, desde o primeiro momento, teve a vaidade de aparecer como ator. A Stypińska dizia que Ziembinski não gostava de representar, gostava de falar. Então, quanto maior o texto melhor. Havia o problema da língua mas, desde o começo, dois professores o corrigiram: Brutus Pedreira e depois eu.[26]

Também Décio de Almeida Prado observou que "algumas vezes Ziembinski fazia espetáculos arrastados demais. Montou no Rio uma peça inglesa, *Fim de Jornada*, sobre a guerra, e parece que no dia da estreia ninguém aguentou. Durava aproximadamente cinco horas, havia silêncios de três, quatro minutos para se dizer uma frase. O ritmo dele, às vezes, não era o ritmo do Brasil. Depois foi se adaptando"[27].

Houve, porém, um crítico de parecer favorável, que considerou que a lentidão era indispensável para a transmissão do conteúdo da obra, justificando assim o que a maioria de seus colegas considerava um defeito do diretor polonês: "*Fim de Jornada*, porém, foi a peça que me comoveu mais profundamente. Pareceu a muitos que a sua ação se desenrola com excessiva lentidão. Creio, porém, que o seu ritmo lento era uma condição para que ao espectador se transmitisse toda a realidade daquelas existências na trincheira."[28]

Uma leva semelhante de comentários negativos seguiu-se a espetáculos posteriores de Ziembinski, ainda que isso não devesse influenciar negativamente em sua posição no teatro brasileiro: desde 1943, graças à encenação de *Vestido de Noiva*, ele já era considerado o diretor mais significativo na história do teatro do país. Esse sucesso talvez tenha amortecido a onda de críticas aos espetáculos que montou mais tarde. Ninguém mais tinha chance de abalar seu prestígio e renome:

> Pode-se discordar do tempo errado da interpretação, que é, na sua lentidão, despropositado, do mau uso que certos de seus intérpretes fazem das suas vozes, não conhecendo o valor de gradação em cada réplica. Pode-se discordar da presença de um diretor-intérprete como o Sr. Ziembinski, que ao representar não se pode ver e por esse motivo comete erros graves de longas pausas e de frases com cada palavra martelada, o que causa uma certa irritação na plateia.[29]

E menos de dois meses depois, após o espetáculo *A Rainha Morta*, Paschoal Carlos Magno insistia:

> Frequentemente a plateia fica aflita porque o Sr. Ziembinski, ao invés de falar, para em cena alguns minutos como se estivesse à procura das palavras [...]. Ao contrário de tantos que o negam completamente, o acham nefasto ao nosso teatro, encontro no Sr. Ziembinski um diretor de qualidades raras, de uma grande força poética, um ator consciencioso. Se não quisesse ouvir somente seus amigos mais íntimos, devia quanto antes aproximar-se da realidade da plateia onde conquistou tantas admirações e compreender que o "tempo" das peças que encena é falso, errado. Gostaria também de saber em que país do mundo viu atores representar com essa lentidão que é o seu maior apanágio? Se quer impor aos brasileiros um "estilo" seu de representação, o que só pode merecer de mim elogios, não o baseie no tempo, que como apresenta é contra os hábitos do povo que o admira e o adotou, nem da língua que embora a maneje admiravelmente, dela ainda não aprendeu a total sensibilidade.[30]

UM ESTILO ESPECÍFICO DE ILUMINAÇÃO...

Também no TBC, Ziembinski continuou a cultivar sua paixão pela direção de luz. Nydia Licia comenta que era notório no meio teatral que ninguém era melhor diretor de luz que Ziembinski. Por isso, nas noites em que ele preparava a iluminação, toda a gente de teatro sentava-se em silêncio na plateia e tentava aprender com ele o máximo que pudesse, esforçava-se para absorver sua técnica. Sérgio Cardoso, marido de Nydia Licia, era um dos que assistiam a Ziembinski em cada encenação e que aprenderam muito graças àquelas noites insones que passavam em companhia do artista polonês.

> No meio teatral, todos lembram o seu gosto pela iluminação. A coisa mais engraçada, que ficou a marca dele, quando entrava no palco tinha refletores só para ele. Cor de rosa. Os outros tinham refletores de cor branca. Mas ele – rosa. Porque rosa ameniza imagem. O branco chapa as pessoas. Anos depois, encontrei outros assistentes que trabalhavam com ele no Rio de Janeiro e todo o mundo falava a mesma coisa. Ziembinski se defende. Não que ele prejudicasse os outros, mas beneficiava a si mesmo. A iluminação era maravilhosa, mas sabia muito bem marcar os lugares importantes, para ele, onde ia aparecer, e os iluminava melhor.[31]

Maria Thereza Vargas, amiga de muitos anos de Cacilda Becker, tem recordações parecidas no tocante ao gosto que Ziembinski tinha na escolha da cor da luz, prerrogativa que reservava apenas para si: "Ziembinski era meio vaidoso. Queria sempre uma luz em cima dele. Ele iluminava muito bem, foi o primeiro iluminador no teatro brasileiro. Ensinou a Sandro Polloni e Walmor Chagas e eles aprenderam muito. Walmor tinha muita admiração pelo Ziembinski, se achava o discípulo dele."[32]

Após a morte de Ziembinski, aliás, foi justamente por iniciativa de Walmor Chagas que surgiu, no Rio de Janeiro, um teatro com o nome do artista polonês.

Ziembinski acreditava com obstinação no valor de seus espetáculos. Nem um esmagador insucesso de público, nem juízos críticos negativos veiculados na imprensa eram capazes de fazer com que mudasse de opinião sobre o próprio trabalho. Quando algum espetáculo era retirado de cartaz, Ziembinski ainda perseverava na convicção de que o espetáculo era perfeito, só não havia sido devidamente compreendido. A opinião dos outros não lhe interessava. Caso acreditasse no que havia transmitido em determinada encenação, essa crença não esmoreceria mesmo a despeito dos críticos de teatro. Todos se surpreenderam quando, por ocasião da comemoração dos vinte e cinco anos de carreira teatral e dez anos de trabalho profissional no Brasil, Ziembinski decidiu apresentar a peça *Harvey*, de Mary Chase, contando a história da amizade entre Elwood P. Dowd, que foi interpretado pelo aniversariante, e um grande coelho invisível. O público achou estranha a escolha feita por Ziembinski com o objetivo de comemorar seu jubileu. O próprio interessado, contudo, acreditou teimosamente no sucesso de uma peça na qual passeava tranquilo pelo palco, de braço dado com um coelho invisível. O espetáculo saiu de cartaz após um mês.

Ao longo dos primeiros dez meses de trabalho no TBC, Ziembinski dirigiu oito peças, em oito também atuou como ator. O primeiro ano foi o mais frutífero. Os anos seguintes trouxeram uma quantidade menor de trabalhos e o derradeiro rompimento com um TBC cada vez mais endividado, o que aconteceu em 1957. Antes de isso acontecer, contudo, Ziembinski deu início também à sua aventura com a televisão e o cinema brasileiros. Nos anos de 1951 a 1953, atuou em quatro filmes produzidos pela Companhia Cinematográfica Vera Cruz: *Tico-Tico no Fubá*, *Veneno*, *É Proibido Beijar* e *Apassionata*.

Por conta da piora da situação financeira do TBC, Ziembinski, assim como muitos outros artistas do Teatro Brasileiro de Comédia, decidiu deixar aquele porto seguro e tornar-se integrante do recém-criado teatro Cacilda Becker (junto com Cacilda e Walmor Chagas), no qual trabalhou entre 1958 e 1959. Sua última peça dirigida no TBC, na qual atuou ao lado de Cacilda Becker, foi *Adorável Júlia*. Com essa peça despediu-se do teatro para o qual dirigiu vinte peças (entre elas sete peças em um ato) e atuou em vinte e seis espetáculos. Também para outros atores e diretores não restou outra saída além de fundar seus próprios teatros. Adolfo Celi, Tônia Carrero e Paulo Autran criaram, no Rio de Janeiro, a Companhia Tônia-Celi-Autran; Sérgio Cardoso e Nydia Licia, o Teatro Bela Vista; Maria Della Costa, seu próprio teatro, com seu próprio nome. E assim se acabaram os dezesseis anos de história do mítico Teatro Brasileiro de Comédia.

DA HEGEMONIA A HEGEMONIA

Para mim existe o teatro brasileiro antes e depois de Ziembinski.

Osmar Rodrigues Cruz

Tinha nascido o teatro brasileiro renovado. Tinha terminado a hegemonia do ator. Iniciava-se o período da hegemonia do diretor.
A profissão do ponto teatral estava condenada. Nascia a do iluminador, crescia a do cenógrafo, surgia a do sonoplasta teatral, a do assistente de direção. O diretor teatral era o novo monarca.

Fausto Fuser

11
A DO ATOR PARA
NIA DO DIRETOR

Até sua fase de modernização nos anos de 1940, o teatro no Brasil fora, especialmente, um teatro do ator, do ator-estrela. Existiam grupos teatrais fixos, cujo eixo era constituído por estrelas que gozavam de grande popularidade. O público ia aos espetáculos principalmente por conta da presença de atores como Procópio Ferreira, Eva Tudor e Alda Garrido, não em função do texto dramático ou do diretor, o qual, estritamente falando, sequer existia. Nesse sentido, o teatro existente antes da "revolução" promovida por Ziembinski era um teatro do ator. Apenas nos anos de 1940, com a estreia – entre outras – de *Vestido de Noiva*, o quesito da popularidade do ator passou para segundo plano, o que coincidiu no tempo com a vinda de diretores estrangeiros que, passando a atuar no Brasil, introduziram no teatro do país o espírito de equipe, e aos quais importava, acima de tudo, o efeito final do espetáculo como um todo e não apenas o brilho individual do ator principal.

Décio de Almeida Prado, em conversa com Fausto Fuser, contou que possuía um dos programas teatrais que Procópio Ferreira realizou em 1928, em Curitiba. Ao longo de trinta dias, ele atuou em vinte e oito peças diferentes – uma a cada noite. Essa era a realidade do teatro comercial alguns anos antes da chegada de Ziembinski ao Brasil. Também é conhecida uma anedota que revela quantas peças costumavam ser apresentadas e como essa quantidade não se refletia nem um pouco na qualidade. Os atores não precisavam aprender de cor os textos, podendo sempre contar com a ajuda do ponto. Os ensaios eram muito curtos e a preparação para os papéis era reduzida ao mínimo. Conta-se, então, nessa famosa anedota que, lá pelo fim de um de seus espetáculos, a atriz principal murmurou para seu parceiro de cena: "Que peça estamos fazendo, afinal?"

O diretor e ator Oswaldo Mendes é ainda mais crítico em relação à situação na qual se encontrava o teatro brasileiro: "Havia uma evidente pobreza nos nossos palcos. O caráter mambembe e a precariedade de recursos das companhias até então refletiam talvez mais rigorosamente a pobreza do país."[1]

Na Europa, por sua vez, desde a segunda metade do século XIX foram surgindo os primeiros sinais da necessidade de uma reforma teatral. Os primeiros passos nessa direção foram dados pelo teatro dos Meiningen, cujas apresentações em vários países da Europa (a Polônia entre eles, em 1885) contribuíram para a difusão de novas correntes no teatro. Suas prioridades eram:

> o maior cuidado possível com a obra do autor dramático como objetivo central do trabalho cênico; a renúncia aos exibicionismos das estrelas e a busca de uma atuação de conjunto em sua forma mais eloquente, ou seja, aquela que expõe a alma do espetáculo; evitar a ajuda de figurantes e confiar os papeis mais diminutos a atores, inclusive os melhores; enfim – combinar a verdade poética e emocional do espetáculo com a verdade cenográfica[2].

Na Europa, portanto, a importância das estrelas começou a diminuir muitas décadas antes do que no Brasil. Em fins do século XIX o teatro europeu estava em ebulição. Pouco depois dos Meiningen, André Antoine (1858-1943) fundou em Paris o Théâtre Libre. Uns bons milhares de quilômetros a leste, em Moscou, Constantin Stanislávski (1863-1938) trabalhava por meses em um único espetáculo com seus atores do Teatro Artístico. O naturalismo de Stanislávski foi combatido, em seguida, por seu compatriota Vsévolod Meierhold (1874-1940), que buscava a todo custo uma teatralização consciente do mundo representado em cena e recorria aos meios de expressão cênica mais poderosos. As transformações iam-se dando em ritmo acelerado e, em meio a elas, mostravam-se cada vez mais relevantes as ideias revolucionárias de Gordon Craig (1872-1966), para o qual era exatamente o diretor a figura central na criação do espetáculo. Assim concebido, o diretor "concentra em sua vontade todos os elementos: a ideia da obra, do ator, do encenador e do cenógrafo"³. Foi Craig, com efeito, quem introduziu no palco cortinas simples em lugar de cenários pintados, quem estruturou a cena de modo arquitetônico, quem difundiu a noção de um teatro monumental. E tudo isso concorreu para o estabelecimento de um novo tipo de diretor – um artista total.

Antes da eclosão da guerra, como já foi visto, Ziembinski montou várias peças no Teatr Polski, cuja direção artística no período entreguerras estava a cargo de Arnold Szyfman, excelente conhecedor das correntes reformistas nos palcos da Europa. Trabalhando para Szyfman, justamente, Ziembinski teve oportunidade de dirigir ao mesmo tempo que também dirigiram peças no Teatr Polski artistas como Juliusz Osterwa, Leon Schiller e Aleksander Zelwerowicz. Comparado a eles, Ziembinski era apenas um diretor iniciante, mas ia se saindo muito bem:

> Deve-se afirmar, enfim, que os dois diretores mais jovens do Teatr Polski aplicam-se com plena consciência às suas tarefas. Ainda contam poucas realizações dirigindo, mas que já constituem um bom prenúncio de futuro. Zbigniew Ziembinski observa que na direção, para além das diversas facetas de um tema que se poderia dominar por alguma forma cênica determinada própria do criador-diretor, está em jogo antes de mais nada a forma do criador primário, o autor, e a totalidade do material de que se plasmou a obra, material tão cambiante que não raro varia nas peças de um mesmo autor, e o que dizer então das peças de outros escritores.⁴

Quando se tem em vista a atuação artística de Ziembinski na Polônia pré-guerra, portanto, e também sua atuação didática e pedagógica, é mais fácil entender de onde se originou a paixão pelo ensino que ele veio a dividir mais tarde com os atores amadores no Brasil. Formado entre as figuras mais notáveis do teatro polonês que precedeu a Segunda Guerra, decerto ele teria de tratar com grande seriedade os postulados relativos à formação do ator e do diretor.

Em 1932 foi fundado, em Varsóvia, o Instituto Nacional de Arte Teatral. Seu idealizador e diretor nos anos de 1933 a 1939 foi Leon Schiller, o maior encenador do teatro polonês da primeira metade do século XX. Essa escola formava atores e diretores e punha grande ênfase em uma preparação multifacetada dos artistas – como profissionais do mais alto nível, conscientes do ofício que exerciam. Ziembinski deu aulas de atuação na Faculdade de Arte da Direção do Instituto por um ano acadêmico (1935-1936). Sua atividade didática foi conduzida em paralelo com a de outros professores: Bohdan Korzeniewski, por exemplo, que ensinava história do teatro; e com os mais renomados diretores poloneses de então: Aleksander Węgierko, Aleksander Zelwerowicz e Edmund Wierciński, que ministravam cursos de direção. Tinha primazia nesses cursos o sistema de Stanislávski, com o qual certamente Ziembinski estava bem familiarizado. Leon Schiller, por sua vez, ensinava teoria da direção, encenação de espetáculos musicais e novas formas de realismo. A Faculdade de Arte da Direção foi um dos primeiros cursos, não apenas no território da Polônia, mas em todo o mundo, a formar de maneira sistemática futuros diretores. A lista de disciplinas que os alunos da Faculdade de Direção precisavam frequentar era longa e não se restringia apenas a atividades de caráter prático, como, por exemplo, técnica vocal, exercícios de movimento, musicalização ou os exercícios de atuação conduzidos pelo próprio Ziembinski. Muito pelo contrário. Consultando-se a lista de disciplinas obrigatórias, a impressão é de que o principal pressuposto de Schiller era garantir aos estudantes conhecimento teórico amplo no âmbito da cultura e da arte. Eles precisavam adquirir conhecimentos das seguintes disciplinas: história do teatro, história do drama, história da cultura, estética e *background* filosófico das grandes épocas do teatro, introdução à sociologia e sociologia do teatro, história da ópera, história da dança, psicologia, teoria do drama, teoria do figurino, teoria do verso, análise de personagens literárias no romance e no drama. Schiller justificava um leque tão amplo de saberes no currículo com sua convicção de que "até mesmo o mais mediano dos diretores realiza um trabalho de muita responsabilidade e, na organização do teatro atual, possui privilégios muito maiores do que os outros profissionais do teatro, tanto que quase sempre acaba assumindo a direção geral das companhias, e sempre lhes imprime o caráter"[5].

Afirmava, além disso, que o diretor devia ser uma pessoa de formação multifacetada, não apenas na área do teatro, mas também na literatura, na música, na filosofia, nas artes plásticas ou na psicologia. Em discurso proferido no I Encontro dos Diretores Poloneses, em 1919, declarou que "não é permitido ao artista de teatro contemporâneo dar de ombros às feitiçarias dos negros, à pintura da China ou da região de Podhale·, à pintura em vidro, às composições de Rousseau, de Matisse ou de Picasso", e também que "é terminantemente necessário conhecer os métodos da moderna harmonia, do contraponto, da composição musical"[6]. Só uma pessoa com tal largueza de horizontes tem chance de se tornar o artista de teatro segundo Craig, ou seja, o principal criador da obra teatral.

É possível também remeter a visão que Ziembinski tinha do teatro aos princípios que vigoravam no Instituto Nacional de Arte Teatral. Se Ziembinski tratou os ensinamentos de Aleksander Zelwerowicz, cocriador do ensino teatral polonês, como um lema de vida, então não parece custoso compreender sua atitude perante a ribalta: "Amai o teatro, servi-o fielmente e sereis felizes"; "O palco não deveria ser uma fonte de renda, mas o sentido profundo da vida" – Zelwerowicz costumava dizer.

Assim, o que nos permite entender a versatilidade de Ziembinski é o meio teatral da Polônia pré-guerra, do qual lhe foi dado fazer parte, e o perfil do Instituto Nacional de Arte Teatral, de cuja atmosfera se imbuiu trabalhando como professor da instituição. Se considerarmos, além disso, a grande influência que Leon Schiller exerceu sobre a formação do jovem diretor, então será fácil compreender a relação de Ziembinski com o teatro.

■ ♦ ■

> Acho fundamental a importância dos encenadores estrangeiros na formação dos diretores brasileiros. Nós nem sabíamos o que era ser diretor. [...] Com os italianos e com Ziembinski vimos que o teatro diz coisas através da encenação. O *metteur-en-scène* dá uma nova dimensão ao teatro, ele não fica mera comédia de costumes. Só aí chega-se em águas mais profundas. Ziembinski foi fundamental. [...] Ele, ainda hoje, é padrão de interpretação. Um dos maiores atores que tivemos. Ele e os italianos, do ponto de vista de encenação, de interpretação e do teórico, já falavam coisas que nem na Europa se falava ainda.[7]

No pano de fundo das demais pessoas ligadas ao teatro no Brasil em meados dos anos de 1950, Ziembinski também se diferenciou por força de sua específica atitude diante do ofício – uma atitude de veneração. Yan Michalski atribui-lhe o

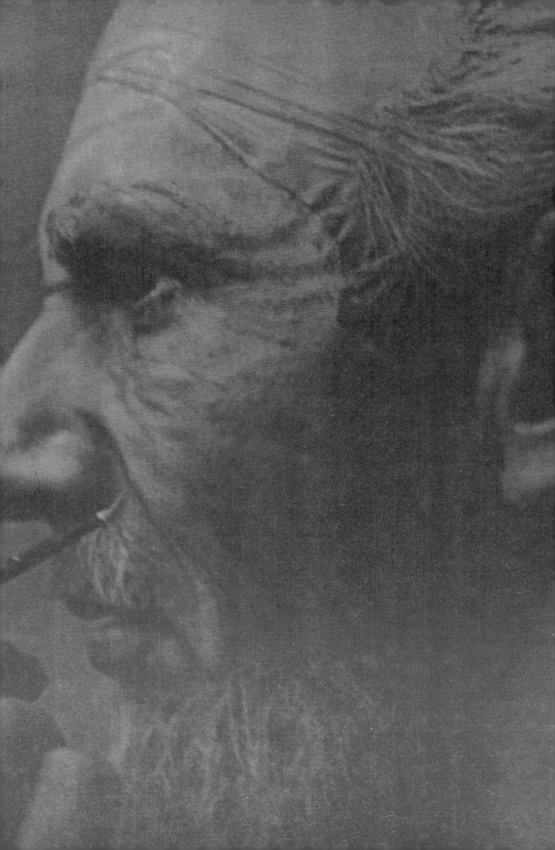

papel não apenas de um militante do teatro, mas de um catequizador. O que foi confirmado pelo próprio Ziembinski com as seguintes palavras: "para mim, ser ator é uma ordenação, uma vocação, uma chance de influenciar na existência alheia"[8].

> Fica difícil resumir a importância de sua contribuição naquele momento, mas me parece que era realmente um trabalho muito de catequese [...]. Ziembinski vinha com uma soma de conhecimentos, de cultura teatral e de técnica teatral que ninguém no Brasil tinha naquele momento. Ele já havia tido uma trajetória de aprendizagem teórica e prática em cima de estilos, em cima de escolas teatrais, em cima de várias vertentes de tendências modernistas que outras pessoas no Brasil conheciam, no máximo, no papel de leitura. E também ele vinha com uma experiência de ator e diretor adquirida num centro teatral bastante forte, como era a Polônia. Na sua qualidade de diretor e ator, tinha passado por uma boa escola lá e depois de formado já havia dirigido vários espetáculos de tendências as mais variadas e tinha atuado em alguns deles e outros tantos. Essa solidez e complexidade de conhecimento que ele trazia foi uma novidade total para o meio que ignorava tudo isso e onde a própria noção de encenação não se tinha imposto até aquele momento.[9]

Ziembinski falava belamente sobre a dimensão quase profética que o teatro tinha para ele. Dispunha do dom do discurso e da persuasão, expressava-se com entusiasmo e tudo que dizia era baseado em profundo conhecimento. E ao mesmo tempo conseguia pôr tudo isso em prática.

> Lendo as críticas da época, percebo que ele era uma bomba atômica caída sobre o teatro brasileiro. A influência se desdobrou por todos os setores da vida teatral porque também ele trazia conhecimento do acervo dramatúrgico, que era absolutamente desconhecido aqui. Várias das peças que ele montou certamente nunca teriam sido montadas se ele não as tivesse trazido.[10]

◁◁ Maquiagem de Ziembinski. Fotografia de José Medeiros.
▷ Ziembinski, 1957. Fotografia de Fredi Kleemann.

Ziembinski deslumbrou o Brasil – afirmou Luíza Barreto Leite[II] – pois propôs soluções de encenação e métodos de direção que não eram conhecidos antes no país. "Observando suas direções de atores – diz Ademar Guerra – todos nós aprendemos muito. Ele sabia desenvolver um ator, o lado psicológico, não o rançoso, o lado prático, orgânico, de uma forma deslumbrante."[12]

ZIEMBINSKI E OS ITALIANOS

Mais ou menos na mesma época em que Ziembinski, num intervalo de alguns anos após sua chegada, vieram para o Brasil os diversos diretores italianos que trabalharam no TBC. Como seu colega polonês, eles também entraram para a história do teatro brasileiro. É um fenômeno interessante: estrangeiros estão à frente no movimento nacional de renovação do teatro. O dramaturgo Chico de Assis (1933-2015) explica:

> É com Ziembinski, Bollini, Ratto, Ruggero Jacobbi e Celi que os brasileiros vão aprender a fazer direção e, se não vão aprender, vão, fundamentalmente, ter oportunidades, porque sendo assistentes de direção deles e participando das montagens, eles vão vendo como é que se fazia a coisa. Naquele tempo era difícil achar diretor. Ninguém acreditava que um brasileiro pudesse dirigir Shakespeare, por exemplo. Como dirigir Shakespeare com essa cultura analfabeta? Foi esse o papel dos estrangeiros. Trouxeram uma série de técnicas – da França, Bélgica, Itália e Polônia – para nos ensinar como e o que se tinha que dizer em cena.[13]

Nos anos de 1950, portanto, o bom teatro que havia no Rio de Janeiro e em São Paulo estava nas mãos de diretores estrangeiros, diz Yan Michalski:

> Na minha lembrança naquele momento, não havia ninguém que lhe fizesse sombra. Muito poucos anos depois já tínhamos um número razoável de jovens diretores brasileiros capazes de substituí-los, tanto assim que, tirando Ziembinski e Gianni Ratto todos eles foram embora e não

aconteceu nenhum trauma. Já havia gente capaz de preencher a lacuna aberta pela sua volta à Europa.[14]

Sobre a maneira como trabalhavam, sobre a participação que tiveram na formação de gerações de atores e diretores brasileiros escreveu o crítico de teatro Décio de Almeida Prado, que exerceu ele mesmo por certo período a direção. Suas observações, por conseguinte, tornam-se ainda mais valiosas, pois são formuladas não apenas por um teórico, mas por alguém que se engajou diretamente na prática do palco:

> Os primeiros encenadores não eram só encenadores, eles eram professores. Pegavam um elenco, ensaiavam durante meses e ensinavam as pessoas a representar. [...] Tanto Celi como Ziembinski tinham essa coisa de não ter cansaço. Sempre acreditei que esses diretores estrangeiros tiveram uma importância capital porque, como eu trabalhava como diretor, pude avaliar bem o que eles fizeram. Eles trouxeram um novo profissionalismo. Ensaiavam meses e meses, isso os amadores não faziam, mas porque era uma coisa amadorística. No meu grupo mesmo, ensaiávamos uma vez por semana, ou o quanto se podia, e sempre faltava um, faltava outro. O Ziembinski não, ele tinha aquela disciplina férrea e quando ensaiava meses, era todo dia, e o Celi a mesma coisa, eles criaram uma nova consciência profissional, diferente da consciência profissional, por exemplo, do Procópio, que também tinha sua consciência profissional: não faltava ao espetáculo. Havia as diretoras: Madame Morineau e Dulcina, mas cujo trabalho, ao meu ver, não se comparava ao de Ziembinski. Ele tinha mais criatividade, originalidade, penetrava mais a fundo; marcava com sua presença as peças. Elas eram atrizes e também dirigiam. Ziembinski era ator, mas era, sobretudo, encenador. Tinha a visão do espetáculo, aquela que o pessoal dizia que era do Stanislávski – o ator não trabalhava com o texto, ele era obrigado a desenvolver a imaginação.[15]

Em uma de suas críticas, Décio de Almeida Prado comparou Ziembinski a artistas de teatro de primeira plana como Max Reinhardt e Meierhold. De acordo com ele, Zimba partira de mestres como Gordon Craig e Stanislávski e herdou deles, certamente, a paixão mística com que tratava seu ofício. É bastante conhecida uma anedota sobre certa vez em que Ziembinski estava preparando o espetáculo de um autor russo, porém, após vários meses de trabalho, interrompeu os ensaios, pois ninguém era capaz de satisfazê-lo ao dizer o "boa tarde" que dava início à peça. Assim era sua obstinada relação com o teatro: exigências elevadas, rigor e falta de tolerância.

Além disso, o que distinguia Ziembinski dos diretores italianos, e o punha algo acima deles, era sua maior experiência teatral. Miroel Silveira afirma que tanto Adolfo Celi quanto Luciano Salce (ambos catorze anos mais jovens que Zimba) vieram para o Brasil para fazer carreira, ganhar dinheiro, "descobrir a América":

> Ocasionalmente, se davam ao luxo de fazer algumas coisas para seu prazer pessoal. Mas, na verdade, eles queriam tudo, queriam sucesso e dinheiro principalmente. Ziembinski também queria muito dinheiro, mas ele tinha uma estética muito ampla, então as coisas que ele fez, como estética, são muito diferentes. Ele fez, por exemplo, aquele espetáculo maravilhoso que é *Pelleas e Melisanda*, rigorosamente dentro da estética simbolista. Fez, com a estética expressionista, *Desejo*, de O'Neill, mas fez outras coisas dentro do realismo muito boas, muito interessantes, fez comédias elegantérrimas francesas e inglesas. Fez teatro brasileiro bom fora do expressionismo. Então, Ziembinski, eu acho, tinha uma gama de atuação muito mais ampla que os outros diretores, inclusive, mais do que os italianos. [...] Como artista, realmente, acho que ele foi o maior diretor que nós tivemos aqui e, até agora, não apareceu outro com a extensão de jogo-de-cintura que ele teve para fazer as coisas que ele fez.[16]

Em 1964, quando o duro tropel de coturnos militares da ditadura se espraiou pelo Brasil, a sorte do teatro mudou subitamente. Os profissionais da cena (e não só) precisaram enfrentar a repressão e a censura. Durante esses vinte anos difíceis para quaisquer formas de criação artística e para a liberdade de expressão, coube a dois teatros de São Paulo o papel peculiar de principais contestadores do regime: o Teatro de Arena e o Teatro Oficina. Os diretores estrangeiros, por sua vez, pouco a pouco foram deixando o Brasil, onde, com o golpe de 1964, havia principiado a era de um novo teatro. Luciano Salce e Ruggero Jacobbi voltaram para a Itália, Adolfo Celi tornou-se ator

▷ Cena de *Pelleas e Melisanda*, no Teatro Municipal do Rio de Janeiro, 1944. Fotografia de Carlos Moskovics.

do cinema internacional. Todos aqueles que tiveram papel tão importante, sobretudo no período de desenvolvimento do TBC, começaram a partir. Afirma Sérgio Britto: "O teatro brasileiro ficou vazio das influências desses diretores estrangeiros. Isso foi bom? Acho que não. Porque essa geração nova de diretores não tem cultura suficiente, me parece, para segurar a barra de sustentar o teatro brasileiro totalmente."[17]

O OUTRO LADO DA MOEDA

Ao lado dos inegáveis benefícios que se ligam ao aparecimento de Ziembinski na cena do Rio de Janeiro, lentamente se foi mostrando também a face menos lustrosa, o outro lado da moeda. Tomando conhecimento das várias opiniões de atores com os quais Ziembinski trabalhou, é difícil evitar a impressão de que ele teve também uma face tirânica, ditatorial, que impunha sua vontade a todos e não admitia oposição. Esses impulsos "colonizadores", aliás, constituem hoje o aspecto mais polêmico em sua biografia. Talvez esse tenha sido um dos caminhos para formar uma nova geração de atores brasileiros, já que o sistema de formação de artistas cênicos na Polônia, ao qual Ziembinski estava acostumado, distinguia-se significativamente do que vigorava no Brasil quando de sua chegada ao país. É melhor, contudo, ouvir a opinião daqueles que experimentaram na própria pele as lições do mestre polonês.

Uma das histórias que melhor reflete o caráter autoritário do mestre é contada por Luíza Barreto Leite:

> Em *Pelleas e Melisanda*, ele dava a fala e dizia:
> – Repete!
> E eu repetia. Ele dizia:
> – Não está igual!
> Eu dizia:
> – Ziembinski, não pode estar igual. Eu sou brasileira e você é polonês. Você pode me fazer plantar bananeira em cena, mas a falar como polonês você não vai me obrigar nunca, porque eu não vou falar como polonês, eu sou brasileira![18]

◁ Ziembinski em entrevista.

Historietas semelhantes não faltam. São dessa mesma opinião tanto atores que trabalharam com Ziembinski (Paulo Autran, Sérgio Britto, João Angelo Labanca) quanto teóricos e críticos de teatro (Décio de Almeida Prado, Sábato Magaldi e Jacó Guinsburg). Alguns enxergaram vantagens nessa atitude autoritária – Décio de Almeida Prado afirmou que isso era inevitável num contexto em que os atores realmente não sabiam como atuar e que a disciplina que lhes foi imposta por Ziembinski e a imitação do mestre ajudaram a jovem geração de atores a aprender seu ofício. Outros compararam os métodos ziembińskianos aos métodos empregados por outro polonês, Zygmunt Turkow. Paulo Autran recorda:

> Ziembinski dirigia com mão-de-ferro. Exigia que se colocasse o dedo mínimo numa tal posição, o pé tinha que estar com uma inclinação de tantos graus em relação ao pé da cadeira, a outra mão tinha que ser colocada em tal lugar, tinha-se a inflexão de cada palavra que, aliás, ele exigia que se copiasse igual ao que ele fizesse e assim ele conseguiu que certos amadores representassem até que razoavelmente bem. Lembro-me que eu tinha vinte e poucos anos e fazia um papel de um homem de mais de quarenta, um homem gordo, com uma enorme barriga, ele mandou fazer um enchimento para mim e até ensinou como era feito esse enchimento; realmente, dava a impressão de que eu mudasse a voz e a maneira de inflexionar. Ele exigiu que eu mudasse a voz e a maneira de inflexionar. Me colocou numa verdadeira camisa de força. Inicialmente me revoltei, mas, de repente, percebi que aquele papel eu não faria jamais pois não tinha experiência nenhuma para poder fazê-lo. Submeti-me totalmente ao Ziembinski e, como resultado, tive um sucesso pessoal muito grande na peça. Mas o resultado mais doloroso é que depois disso, durante um ano, todos os papéis de homem mais velho e mais forte que eu fazia, lá vinha a voz, a posição de pé, da personagem que eu havia feito. Havia ficado tão marcado dentro de mim, que eu me fiscalizava o máximo possível para não fazer e, de repente, ficava parecido. Levei mais de um ano para me libertar dessa personagem.[19]

Décio de Almeida Prado chamou atenção também para outros atores que se encontraram sob forte influência de Zimba, grandes nomes do teatro brasileiro do século xx como Graça Mello (1914-1979) e Maria Della Costa (1926-2015), aos quais custou muito livrar-se da dicção típica de Ziembinski.

> Para se ver como ele marcava! Mas aquilo se compreendia porque o nosso teatro estava muito no início, então as pessoas se agarravam a Ziembinski como a um professor. [...] Ziembinski trabalhava com uma minúcia extraordinária. Como era muito bom ator, fazia os papéis para os atores representarem; esse era, um pouco, o defeito dele – os atores copiavam muito Ziembinski. Naquele momento foi uma coisa boa: como as pessoas não tinham experiência nenhuma, copiavam alguém que sabia fazer o papel, e alguém que conhecia muito bem a expressão corporal, mímica.[20]

Os atores Sérgio Britto e Paulo Autran, bem como o crítico e pesquisador Sábato Magaldi também trataram do assunto, respectivamente:

> Naturalmente, Ziembinski, de saída, foi um dominador.
> – Dizia-se muito que todo mundo era Ziembinski em cena, mas isso porque ele ensaiava os atores sem o domínio total da nossa língua, e para poder colocar essa gente funcionando como ele queria, ele tinha que ensaiar detalhes – contava tempo de pausa, dizia: "1, 2, 3, põe a mão na cabeça; 4, 5, 6 tira a mão da cabeça". Quer dizer, ele dirigia os atores de maneira absoluta, total. [...] Havia maldade de toda ordem. Jayme Costa colocava na porta do teatro: "Hoje estreia mais uma peça polonesa, dirigida por Bronikokowski". Inventavam nomes: iluminação de Peter Smith, tradução de Conrad Lewis. Faziam uma gozação total de estrangeiro por causa do Ziembinski. A classe teatral profissional que vivia com sua vidinha arrumada sentiu a presença dos Comediantes como uma coisa que iria incomodar.[21]

> No dia da leitura de uma peça, Ziembinski descrevia todas as cenas como iam ser, descrevia a personalidade da personagem. Não discutia com ninguém. Dizia ao ator como era a personagem nos menores detalhes,

> a personagem podia aparecer apenas numa cena e dizer: – "o jantar está servido", ele já contava como era a mãe do garçom, o avô do garçom, onde tinha nascido, o que tinha feito; ele fazia toda a vida pregressa da personagem e impunha ao ator a aceitação daquilo. Ele tinha o espetáculo pronto na cabeça no primeiro dia de leitura da peça. Era assim que ele dirigia. [...] A maneira de Ziembinski dirigir era uma maneira antiga, uma maneira tapada, hoje em dia ninguém mais dirige assim. Celi não dirigia assim. Ele fazia exercícios conosco, discussões de texto. Celi tinha uma grande autoridade, mas a autoridade dele era exercitada no sentido de esclarecimento, no sentido de discussão, no sentido de proposta. Com ele havia uma possibilidade de discussão que com Ziembinski não havia. Ziembinski não aceitava outra ideia que não fosse a dele, era absolutamente ditatorial.[22]

> Acho que um ator e diretor que tem uma personalidade tão forte como ele tinha, tende a marcar rigorosamente. Mas depois ele evoluiu, como encenador. Acredito que sua experiência no TBC foi muito útil no sentido de que permitiu a ele cotejar seu trabalho com o de outros jovens diretores italianos.[23]

Em meio ao grupo de poloneses que conseguiram fama no teatro brasileiro, achou-se igualmente Zygmunt Turkow, nascido em 1896, em Varsóvia. De origem judaica, era ator, diretor e dramaturgo, e fez sucesso principalmente em papéis cinematográficos e teatrais em iídiche. Não chegou a ser tão famoso quanto Ziembinski, mas seu papel é injustamente subvalorizado. Também ele trouxe consigo toda uma bagagem de experiências na área de atuação e da direção, entre as quais o conhecimento do método de Stanislávski. Brilhou no Brasil como diretor e professor. Alguns afirmam até mesmo que era melhor diretor que Ziembinski.

> O Ziembinski apareceu antes. Era uma pessoa mais comunicativa. Foi uma paixão coletiva pelo Ziembinski. [...] O Ziembinski nos obrigava a imitá-lo. Nós éramos uma cópia fiel do Ziembinski. Ele não admitia que um dedo fosse levantado, assim ou assado [...]. Era tudo

uma criatividade dele. E veio o Turkow, ao contrário. Ele nos obrigou a estudar o texto, nos ensaiava [...]: "Raciocina com a personagem!" E nos obrigou a estudar. Realmente nos deu toda uma estrutura interna, do que é um ator, internamente. E nessa época lançou muitas ideias do método de Stanislávski.[24]

Ao contrário de Turkow, o ator tinha que fazer o que ele queria. Ele não trabalhava o ator para que de dentro do ator brotasse aquilo que ele queria, que era a linha de Turkow. Por isso o Turkow ficava em cima do ator até que de dentro a interpretação desejada saísse dele como algo próprio, espontâneo. Ziembinski não, ele já tinha a coisa desenhada, ele já tinha o espetáculo desenhado na cabeça.[25]

Também falou sobre o método de direção praticado por Ziembinski a atriz Maria Esmeralda. De seu estilo de direção método ela recorda, sobretudo, o cuidado com os detalhes. Chegava inclusive ao ponto de dizer aos atores "o tempo que tinha de durar uma vírgula"[26]. Às vezes, também mostrava como deveriam aproveitar o espaço e o tempo. Seu trabalho com o tempo era muito específico. "A gente dizia que nas pausas de Ziembinski passavam carroças..."[27] Ziembinski não permitia que os atores começassem a falar enquanto ele não estivesse convicto de que a pausa havia chegado ao fim. Por outro lado, contudo, nunca se irritava, não levantava a voz com ninguém. A única coisa que não suportava e não tolerava eram atrasos. Não mantinha, também, relações mais próximas com os atores fora do teatro. Quando terminavam os ensaios, ele ia se ocupar da cenografia e de outros detalhes ou ia embora.

Resta-nos apenas perguntar se sem esse jeito autoritário de dirigir e sem a disciplina que impunha seriam produzidos espetáculos como *Vestido de Noiva*, *Pega-Fogo* e *Paiol Velho*.

SO

12
AQUELE BÁRBARO
DAQUE POLONÊS!

No processo de desenraizamento e, depois, de novo enraizamento em solo estrangeiro, Ziembinski perdeu seu típico "ń" polonês e tornou-se Ziembinski. Em 12 de dezembro de 1960, passados vinte anos desde sua chegada ao Brasil, ele recebeu a cidadania brasileira, ainda que, como ele mesmo afirma, "fosse brasileiro antes de falar português"[1]. Em outra entrevista, enfatizou: "Sou um diretor brasileiro de teatro. Durante esses anos todos eu me tornei brasileiro."[2] E o próprio Nelson Rodrigues diria sobre Ziembinski: "Ziembinski foi não só um grande homem mas, também e sobretudo, um grande brasileiro. [...] Conhecia profundamente nossa língua. Tinha uma ternura imensa pela nossa gíria e entendia profundamente o povo brasileiro."[3]

Ziembinski perdeu sua cidadania polonesa, embora nunca tenha rompido os laços sentimentais que o ligavam à Polônia. Tornou-se, portanto, um brasileiro com forte sotaque polonês, sotaque que não perdeu até o fim da vida. Alguns afirmam que sua autoridade no Brasil era tão grande que o sotaque estrangeiro constituía apenas um detalhe, um elemento a mais em sua pessoa, que não o diminuía. Aos grandes artistas pode-se perdoar uma imperfeição assim. De acordo com o diretor Antunes Filho:

> O que ele tinha de negativo (para o público, para mim – não) era o sotaque, ele tinha um sotaque acentuado. Mas eu quando vi ele trabalhar, ele superava isto. Ele ensaiando era uma pessoa muito meticulosa, chata,

aborrecida até, ele quer ver o dedo, o braço, a mão. Ele era um romântico, um sonhador. Eu gostava muito do trabalho dele. Mesmo que ele estivesse com aquele forte sotaque, com um certo maneirismo. Mas ele era uma pessoa que se gostava. Eu gostava mais porque, apesar de todo o maneirismo, eu via a vida interior da personagem. Eu via como e onde ele ia buscar o raio da inflexão, o raio da ação. Isto eu admirava, então para mim não existia o sotaque.[4]

Entre os vários depoimentos que foram deixados pelos conhecidos de Ziembinski, encontram-se muitas observações relativas a esse "defeito" que era seu sotaque polonês:

> Presença poderosa e magnética, enchendo a cena também com a força da voz, não obstante o sotaque nunca perdido.[5]

> Era um sujeito de uma presença fascinante, poderosíssima. Podia dizer coisas das quais discordássemos, mas falava de uma maneira que ele acabava se empolgando e ao auditório. Ele tinha esse dom, embora o português dele não fosse perfeito, mas ele vencia porque tinha qualidades de ator.[6]

> Ziembinski fazia muito sucesso na televisão. Realizava-se muito como ator. [...] Nem o problema do sotaque incomodava mais, aquilo estava incorporado a sua personalidade.[7]

Também se pode encontrar, todavia, a opinião de que era difícil escutar alguns papeis interpretados por Ziembinski, papéis em que seu forte sotaque perturbava a harmonia da peça e tornava-se um obstáculo para a recepção. Ergueram-se inclusive algumas vozes que imputaram a Ziembinski a culpa pelo fracasso da peça *Boca de Ouro*, de Nelson Rodrigues (falaremos sobre o assunto mais adiante). Há aqueles que dão mais valor à direção ziembińskiana do que a sua atuação como ator. O que é mais importante, contudo – sua carreira artística sempre esteve ligada ao fato de "ser estrangeiro", de "ser polonês". Dão testemunho disso os títulos de inúmeros artigos publicados na imprensa brasileira, nos quais sempre aparecia, ao lado de seu nome, o adjetivo "polonês": "o pai polonês do teatro brasileiro moderno", "o ator e diretor polonês", "mestre da Polônia", "inovador polonês" e assim por diante. Paralelamente a seu *status* de artista, de artista acima de quaisquer fronteiras, Ziembinski também é marcado pelo *status* de estrangeiro. Talvez em outros países, sobretudo em sociedades mais fechadas, isso fosse percebido de um modo crítico. No Brasil, contudo, país que em regra tem uma relação cordial com os estrangeiros, já que sua sociedade foi formada graças a influxos migratórios e à miscigenação de povos originários dos mais distantes recantos da terra, ser estrangeiro não implica estigma ou desprezo. Antes o contrário. Há uma série de artistas de origem polonesa aos quais o rótulo "polaco" acabou aderindo em definitivo e eles não são vistos por tal razão de maneira negativa pela sociedade brasileira. Além de Ziembinski, pode-se mencionar aqui Paulo Leminski, que também ficou conhecido como *polaco loco*[8]. Voltando, porém, à questão do sotaque estrangeiro em pessoas para as quais a fala é o instrumento de trabalho, vale a pena atentar noutras personalidades polonesas que precisaram lidar com situação semelhante: Pola Negri e Helena Modrzejewska. Nem todos tiveram, afinal, a mesma sorte que sorriu para Ziembinski. O sotaque estrangeiro trouxe prejuízo à carreira de alguns. Nascida em Lipno, Pola Negri (1897-1987) quase alcançou o estrelato internacional, porém seu sotaque pôs tudo a perder. Verdade seja dita, ela tornou-se uma estrela do cinema mudo dos Estados Unidos; entretanto, quando principiou a era do som, o encanto se desfez e seu sotaque estrangeiro impediu que prosseguissem as conquistas artísticas da diva. Depois do primeiro filme sonoro em que atuou nos Estados Unidos, em 1932 (*A Woman Commands*), voltou para a Europa.

Houve, no entanto, um punhado de felizardos que fizeram de seu sotaque de estrangeiros uma arma. O acento não atrapalhou, por exemplo, a carreira de Helena Modrzejewska (1840-1909), polonesa nascida em Cracóvia que atuou com frequência em dramas de Shakespeare nos Estados Unidos. Conta-se que após a primeira peça em que se apresentou para lá do oceano, o público a chamou de volta ao palco onze vezes. Nunca perdeu o sotaque, mas interpretava tão maravilhosamente seus papeis que ninguém tinha coragem de criticá-la. Depois que faleceu, segundo consta, não se queria mais assistir a outras atrizes atuando em peças de Shakespeare sem sotaque estrangeiro.

Ziembinski também foi um felizardo. Fez de seu sotaque uma característica que o distinguia na multidão. Mas também a terra na qual acidentalmente aportou – buscando os sonhados Estados Unidos – se diferenciava das outras pela tolerância:

▷▷ Ziembinski. Arquivo Cenacen.

> Falaria um português com sotaque da Cracóvia, mas que até lhe caía bem, principalmente quando ficava furioso. (Ruy Castro)
>
> Um homem alto, vigoroso, de voz grossa, enfim, leonino, com um sotaque polonês fortíssimo que ele julgava não ter. (Domingos Oliveira)
>
> Que ideia foi essa de dar ao Sr. Ziembinski, com o sotaque varsoviano que não o larga, o papel de um fazendeiro brasileiro? (Paschoal Carlos Magno)

Apesar de a maioria dos comentários ter uma ressonância favorável, não é possível ignorar aqueles espetáculos que não emplacaram justamente por conta do sotaque estrangeiro do ator. Decerto houve muitos outros motivos para tanto, mas a causa central do fiasco de *Boca de Ouro*, ao que tudo indica, foi o papel-título encarnado por Ziembinski. Terá sido difícil para o espectador brasileiro imaginar a figura de um típico malandro carioca, de um bicheiro, na personagem criada por Ziembinski com seu forte sotaque polonês. Na peça escrita por Nelson Rodrigues em 1959, cuja estreia se deu no Teatro Federação em outubro de 1960, Ziembinski reservou para si mesmo o papel de protagonista, incumbindo-se, ao mesmo tempo, da direção da montagem.

Em *O Anjo Pornográfico,* biografia de Nelson Rodrigues da pena de Ruy Castro, o autor relembra o fracasso do espetáculo *Boca de Ouro*:

> Um dos motivos, o de que Ziembinski, contra todas as evidências de que não daria certo, insistiu em ser, ele próprio, o Boca de Ouro. Tudo bem que Nelson tinha definido o personagem como o "Drácula de Madureira", o "Rasputin suburbano", mas essas imagens centro-europeias não obrigavam o ator que o representasse a falar com um sotaque da Transilvânia. A não ser que Ziembinski atribuísse aquele sotaque ao fato de que Boca de Ouro talvez fosse filho de uma polaca do mangue. Mas claro que não podia dar certo: Boca de Ouro era um malandro de subúrbio carioca, com ginga, malícia e swing próprios – o que Ziembinski, com toda a sua vivência do Rio, era incapaz de reproduzir. Foi essa a opinião do crítico Décio de Almeida Prado, com a qual Sábato Magaldi concordou. E, com isso, *Boca de Ouro* encerrou rapidinho sua temporada em São Paulo.[9]

◁◁ Ziembinski em entrevista.

Não importava há quanto tempo Ziembinski residia no Rio de Janeiro e quão bem conhecia a gíria, o estilo de vida e os costumes dos cariocas (em especial de sua periferia), o sotaque o traiu em cena e fez com que a personagem interpretada por ele resultasse inverossímil. E há ainda uma série de testemunhos que falam sobre a influência negativa do sotaque de Ziembinski mesmo quando o diretor não surgia em cena como ator.

Seu forte acento estrangeiro chegou a interferir na atuação de muitos artistas formados por ele. Nydia Licia manifestou opinião parecida recordando certo espetáculo em que ela, nascida na Itália e desde tenra infância radicada no Brasil, não foi capaz de se defender da forte influência de Ziembinski. Durante a estreia de *Lembranças de Berta*, de Tennessee Williams, cuja ação se passa em um bordel da pior categoria no sul dos Estados Unidos, a atriz não conseguiu evitar a mera imitação do diretor:

> Foi meu primeiro trabalho com Ziembinski. Ele era um tipo de diretor que sabe tudo da peça, dá todas as inflexões e exige que não se mude absolutamente nada. Só que ele não tinha perdido o sotaque polonês, o que levava a maioria dos atores que ele dirigia a imitá-lo também nisso, e eu não escapei à regra. Não que eu quisesse imitá-lo, é que acabava copiando-o sem querer, de tanto ouvi-lo.[10]

> Eu fui uma espécie de mau resultado dele numa peça. Porque eu não me defendi de jeito nenhum, eu me entreguei à direção dele. De repente, no palco, reparei que não estava falando português – estava falando com o sotaque polonês. Peguei o sotaque dele. Foi justo na estreia. Depois pensei: "Pera aí, não é assim. Tenho que tirar dele tudo de bom, mas aquilo que não é bom para mim, tenho que esquecer."[11]

Assim como muitos outros aspectos, tanto da obra quanto da personalidade de Ziembinski, que provocaram toda uma gama de emoções, do puro enlevo à total negação, também o sotaque estrangeiro, esse pequeno elemento em sua figura, lhe garantiu uma pletora de comentários, benignos, bem como arrasadores.

Quanto mais longa a estada em novas terras, tanto mais difícil será o caminho de volta para as recordações dos anos da infância e da juventude.

Paul Scheffer

O emigrante, por conta de sua posição "entre", não pertence de todo a lugar algum e assim é duplamente estrangeiro, no novo país, como recém-chegado, e no antigo, como alguém que já não divide a experiência de comunidade com seus "compatriotas".

Dorota Kołodziejczyk

13
EMIGRANTE VOLTA

Em 1963, Ziembinski decide ir à Polônia depois de mais de vinte e quatro anos de ausência do país. Teria essa sua visita à terra natal sido impulsionada pelo desejo de se reencontrar com seu filho, que então já havia se tornado um ator formado? Durante a ausência de Ziembinski, Krzysztof havia concluído os estudos na Faculdade de Atuação da Escola Superior de Teatro, em Varsóvia, e, em seguida, se diplomara também na Faculdade de Direção da mesma instituição. Seguiu os passos do pai ausente de sua vida.

Ou talvez tenha se tratado de uma viagem com caráter de missão diplomático-cultural, visando divulgar dramaturgos brasileiros para lá do oceano? Ou talvez de fato tenha pesado mais nessa decisão o desejo de se confrontar com o próprio passado não resolvido, interrompido quando menos se esperava?

Antes da viagem à Polônia, Ziembinski escreveu uma carta a seu antigo aluno Erwin Axer, então no cargo de diretor do Teatr Współczesny, em Varsóvia, compartilhando seus planos:

> Rio, 27 de maio de 1963
> Caro Sr. Erwin,
> Colega e Amigo,
> [...] Gostaria de viajar à Polônia mais ou menos em setembro-outubro e, naturalmente, em primeiro lugar a Varsóvia. Se pudesse contar com

o seu teatro e com trabalho nele, isso seria extremamente simpático. De qualquer maneira, peço que me responda com toda sinceridade se isso seria conveniente, bem como se essa época é interessante para o Sr. Ainda não estabeleci a data de minha volta para o Brasil, mas tenho a intenção de ficar na Polônia entre quatro e cinco meses.

Quanto às peças, quero deixar o Sr. inteiramente à vontade para a escolha e, de minha parte, limito-me apenas a algumas sugestões que talvez possam interessar. Em relação à peça de Dias Gomes, *O Pagador de Promessas*, ela teve aqui enorme sucesso, tal como o filme baseado nela (como decerto o Sr. terá ouvido). Se interessar ao Sr., podemos fazê-la, muito embora, pessoalmente, eu a considere uma peça bastante fraca; além do que ela não desfruta de lugar de maior relevo no panorama da literatura dramática brasileira[1]. A ideia da peça é excelente, mas seu desenvolvimento, um tanto estereotipado e, às vezes, até vulgar. Algumas boas cenas e muito de banal, de situações perdidas, aqui e ali pobreza de realização de uma ideia que poderia levar a soluções gigantescas. Escrevo estas poucas palavras de crítica apenas para dar-lhe a conhecer o que penso sobre a peça, porém repito que no caso de o Sr. se interessar pela sua montagem estou pronto a fazê-la.

Tenho a intenção de levar comigo em tradução própria duas ou três peças brasileiras que julgo dignas de nota e que talvez interessem ao Sr. Por exemplo, *Paiol Velho*, de Abílio Pereira de Almeida, peça contemporânea muito interessante sobre o problema da terra, sobre o marasmo dos grandes proprietários rurais, daqueles que chamamos de "pessoas da sociedade" e os direitos daqueles que trabalham na terra e a tornam produtiva. Peça saudável, forte e muito brasileira, muito típica.

Há uma peça muito interessante de Antonio Callado, *A Cidade Assassinada*, que remete aos primórdios da história do Brasil e cuja ação tem por eixo a luta ideológica de duas cidades e a derrota do indivíduo que, com seu próprio sangue, criou o povo da nova nação. Cheia de primitivismo e brutalidade e, em igual medida, cheia de poesia e profunda fé na vitória do homem.

Meu grande amigo Nelson Rodrigues, um dos melhores dramaturgos brasileiros, tem toda uma série de peças formidáveis e é curioso que a sua primeira peça, *Vestido de Noiva*, encenada por mim em 1943, no Rio, tenha sido o início de todo o movimento de renovação do teatro do Brasil.

Em 1960, dirigi e atuei em *Boca de Ouro* – na minha opinião a melhor das peças de Nelson Rodrigues; considero-a extraordinariamente interessante, forte e original. Peça contemporânea, impregnada do Rio de Janeiro contemporâneo, de sua mentalidade, sua violência e leviandade, é um quadro vivo da nova cidade brasileira. O próprio autor a chama, no subtítulo, uma "Tragédia Carioca" [...].

Pode-se pensar numa dessas três peças. Eu poderia levá-las traduzidas ou então lê-las aí para o Sr. vertendo o texto do português para o polonês e, se uma delas lhe agradasse, depois eu me incumbiria rapidamente da tradução.

O mesmo Nelson Rodrigues tem ainda duas peças (entre muitas outras) das quais eu gosto imensamente: *O Beijo no Asfalto* e *Otto Lara Rezende ou Bonitinha, Mas Ordinária*.

Também seria possível lê-las.

Imagine o Sr. que no dia 15 de maio realizei a estreia de *César e Cleópatra*, de Shaw, espetáculo em que também faço o papel de César. Enviei a meu filho várias fotos dessa montagem. Escrevo a ele pedindo que em sua próxima ida a Varsóvia mostre ao Sr. essas fotografias.

Se até esta oportunidade o Sr. não tiver encenado nenhuma peça de Shaw e se essa obra acaso lhe interessar, é também uma ideia a mais.

Encenei aqui e também atuei em *Desejo* e *Jornada de um Longo Dia Para Dentro da Noite*, de Eugene O'Neill.

São ideias que me ocorrem e que de forma caótica vou lançando no papel. Naturalmente, se o Sr. tiver outras ideias que lhe interessem mais, peço que me diga com toda franqueza, pois o que proponho são apenas sugestões para iniciar um diálogo.

Caro Sr. Erwin, esta carta já não é uma carta, está se tornando uma pequena novela, e ainda haveria tanto a escrever. Não quero fatigar o Sr. Pense nisso tudo apoiando-se mais ou menos nos dados que envio e responda-me o mais rapidamente possível, dizendo-me com toda a sinceridade o que o Sr. acha e o que seria possível realizar.

Uma carta do Sr. será sempre uma grande alegria para mim, não apenas como resposta a alguma carta minha, mas também como prolongamento de um diálogo com uma pessoa com a qual se pode e vale a pena conversar.

Queira aceitar meus protestos de verdadeira amizade e um cordial aperto de mão.

Cordiais saudações a todos os colegas do seu teatro,

Ziembinski.[2]

Ziembinski queria a todo custo voltar ainda que por um momento aos palcos poloneses, independentemente do repertório com o qual teria de se haver. Na carta a Erwin Axer, pode-se perceber com clareza sua determinação. Certamente, também desejava saber como o teatro polonês tinha se desenvolvido durante as mais de duas décadas em que estivera ausente. Após a chegada à Polônia, tratou de avistar-se com antigos colegas de teatro e pôs-se a trabalhar nos dois espetáculos que tinha o propósito de encenar. Ficou extasiado com o que encontrou no país depois de tantos anos fora. Escreve o jornalista brasileiro Van Jaffa, que seguiu os passos das peças brasileiras apresentadas na Polônia:

> Encontrei Ziembinski no bar do hotel Orbis de Varsóvia, onde habitualmente se reúne gente de teatro. Estava numa roda de velhos amigos, amigos que igualmente não via há mais de vinte anos. Mas o bate-papo era animado, como se tivessem saído juntos do último ensaio em comum. [...] Contou que havia chegado a Varsóvia apenas há quatro dias, mas que já assistiu cinco peças. Que achava o nível do teatro polonês atual muito bom. [...] Ziembinski comentou com emoção o encontro com seu filho Krzysztof, que deixou com a idade de três anos.[3]

■ ◆ ■

O *Dziennik Wieczorny*, jornal de Bydgoszcz, publicou dia 28 de junho de 1963 uma curta nota informativa sobre a visita de Ziembinski à Polônia. O título era "O

O EMIGRANTE VOLTA

Criador do Teatro Nacional do Brasil É Nosso Conterrâneo". Causa tristeza que apareçam no artigo informações em desacordo com a verdade. Quem as forneceu? O próprio Ziembinski? Talvez um erro do jornalista? Se alguém do meio teatral brasileiro chegasse a esse artigo, poderia se revoltar:

> Poucos sabem que o criador da cena brasileira moderna, a qual se acha em franco desenvolvimento, é um polonês: o diretor Zbigniew Ziembinski, que foi impelido pelos azares da guerra até a costa brasileira. Ziembinski [...] depois da guerra radicou-se no Brasil, onde fundou o Teatro Brasileiro de Comédia (TBC), que ocupa hoje um dos lugares centrais entre os teatros brasileiros.

Ora, Ziembinski não havia sido, de maneira alguma, o fundador do Teatro Brasileiro de Comédia, apenas foi convidado pelo diretor do teatro, Franco Zampari, para dirigir – a princípio – algumas peças. Uma significativa diferença, que escapou aos jornalistas poloneses, e não somente uma vez. No *Życie Warszawy* de 6 de agosto de 1963 publicou-se artigo semelhante, dessa vez com um título ainda mais bombástico: "Z. Ziembiński, Criador do Teatro Brasileiro, Vem à Polônia". As informações, dessa vez, vêm da Polska Agencja Prasowa (Agência Polonesa de Imprensa) – um importante órgão de informação. E aqui tampouco deixou de se repetir o mesmo vergonhoso erro: "Nos próximos dias chega a Varsóvia, vindo do Brasil, o grande ator e diretor Zbigniew Ziembiński. Nosso compatriota, que durante a guerra fixou residência no Brasil, é considerado atualmente um dos criadores do teatro nacional naquele país. Por sua iniciativa surgiu o Teatro Brasileiro de Comédia (TBC), que está entre os principais palcos brasileiros."[4]

Sobre sua chegada, sobre as palestras que foram organizadas, sobre os encontros e os espetáculos a serem encenados por ele, escreveu-se em todos os jornais do país. À parte os dois artigos acima referidos, em que aparece o grosseiro erro concernente à fundação do Teatro Brasileiro de Comédia, outros artigos parecem ser mais condizentes com a verdade:

> Momentos sobremaneira interessantes foram experimentados, ontem, pelos artistas dos teatros de Cracóvia e os simpatizantes de sua arte,

escutando, no Clube MPiK, as palavras de Zbigniew Ziembinski sobre o teatro brasileiro. Como se sabe, Crácovia recebe nesse momento o grande artista que rumou para o Brasil no tempo da guerra, tornou-se o criador do teatro moderno daquele país e continua a colaborar para seu desenvolvimento. Por seus méritos nesse âmbito, o artista polonês recebeu a maior comenda brasileira: a Ordem Nacional do Cruzeiro do Sul.

Z. Ziembinski falou de modo sugestivo sobre seus mais de vinte anos de trabalho na seara do teatro brasileiro – desde o primeiro contato com o grupo amador "Os Comediantes", passando por um período de teatro semiprofissional, baseado em grande medida na própria dramaturgia nacional. Falou de um teatro que, na história do teatro mundial, já ocupa um lugar de destaque, e que agora – após um período de buscas de natureza mais formal – começa a se sentir responsável pelos temas, começa a entender que em relação aos grandes acontecimentos sociais do Brasil também é obrigado a tomar uma posição.

Terminada a palestra, houve perguntas em profusão. Graças a elas os presentes tomaram ciência, entre outras coisas, de que durante sua estada no Brasil Irena Eichlerówna trabalhou com Ziembinski e que até hoje os brasileiros se recordam da atuação da atriz.[5]

Em sua tese de doutorado, Fausto Fuser não escondeu a indignação diante do espalhafato com que Ziembinski se arrogou na Polônia os louros de pai do teatro brasileiro. Pode-se ter a impressão de que todo o seu trabalho de pesquisa teve por objetivo desconstruir esse mito. Em um dos últimos capítulos da tese, Fuser demonstra o desconhecimento de Ziembinski em relação às questões do teatro brasileiro, uma vez que este declara que "no Brasil não existia, em absoluto, teatro no sentido europeu. Perambulando de um lugar para outro, as companhias de atores tinham um caráter antes amador do que artístico. Conceitos como direção, encenação, cenografia, eram-lhes completamente desconhecidos"[6].

E prossegue:

Ao declarar à imprensa polonesa, à televisão e ao cinema documental de sua terra que, quando chegou ao Brasil, não havia absolutamente teatro, nem coisa alguma do gênero, além de bobagens cômicas e comerciais mambembes, Zimba comete no mínimo uma inverdade, fruto talvez de vaidade e certamente da ignorância de tudo o que se passou a sua volta, como iria deixar claro, depois, na Aliança Francesa.

A imensidão das pretensões de Zimba sobre o teatro brasileiro parece não conhecer limites. [...]

Mas na Polônia, diante de jornalistas desprovidos de qualquer possibilidade de pesquisa e verificação, Ziembinski incentivou a vaidade de seus compatriotas, insinuando [...] que ele era, em pessoa, o pai do teatro brasileiro. Isso deu margem a mais reportagens e entrevistas a jornais pouco importantes da Polônia, mas nenhuma nas grandes revistas especializadas *Teatr* ou *Dialog*, diga-se em homenagem à seriedade desses periódicos.[7]

Diferentemente do que afirma Fausto Fuser, a revista *Dialog* publicou uma peça traduzida por Ziembinski e Małgorzata Hołyńska, *Vereda da Salvação*, e a *Teatr*, uma entrevista com Ziembinski[8].

A única coisa que se poderia estranhar é o número relativamente modesto de críticas sobre os dois espetáculos que Ziembinski dirigiu na Polônia. Considerando o quanto fora incensada sua pessoa, quantas vezes foi repetido o brado de glória à contribuição dos poloneses ao desenvolvimento da cultura internacional, é digno de nota um certo laconismo, uma certa frieza dos críticos de teatro diante das montagens sob a batuta do mestre[9].

Em 20 de dezembro de 1963, o Teatr Stary, de Cracóvia, cujo diretor era Zygmunt Hübner, apresentou *Boca de Ouro*, de Nelson Rodrigues, em tradução de Zbigniew Ziembinski e Jerzy Lisowski. O espetáculo foi encenado cinquenta e duas vezes. Em 19 de março de 1964, o Teatr Współczesny de Varsóvia, cujo diretor era Erwin Axer, apresentou *Vereda da Salvação*, de Jorge Andrade, em tradução de Zbigniew Ziembinski e Małgorzata Hołyńska; desta feita, o espetáculo ocupou a cena apenas quinze vezes. As críticas sobre *Boca de Ouro* não foram entusiásticas, ainda que melhores do que as que veicularam após a estreia do mesmo espetáculo no Brasil. Na Polônia, porém, Ziembinski ficou apenas na direção do espetáculo e não atuou no papel-título.

> R. Filipski (Boca de Ouro) dominou a apresentação, seus dotes de ator encontraram no papel a mais apropriada expressão de benévolo cinismo. Seu rival, Leleco, foi interpretado por M. Dąbrowski com notável expressividade, usando variados recursos cênicos em três transformações consecutivas. Com igual violência de expressão K. Maciejewska interpretou a pérfida e venal Celestina.
> J. Nowak criou um arquétipo tragicômico com seu atormentado Agenor, cuja lasciva esposinha foi interpretada por H. Kuźniakówna com a verve das ruas. [...] De uma maneira geral, a apresentação distinguiu-se pela homogeneidade no nível de atuação e pelo dinâmico desenvolvimento da ação. [...] A cenografia de Skarżyński, calculadamente "pitoresca", criou o ânimo adequado e garantiu a fluida mudança de imagens.[10]

> Ziembinski confiou três papéis principais a atores jovens, e os demais, em sua maioria, não são muito mais velhos do que eles. Não retocando excessivamente a drasticidade da situação e do texto, manteve o grupo todo no limite da resistência estética do espectador. Sublinhou com nitidez o ambiente exótico, porém com tato; por toda parte sente-se a mão experiente, dominando por completo o material com que constrói o espetáculo.[11]

Sobre a estreia de *Vereda da Salvação*, de Jorge Andrade, que se deu em março do ano seguinte, escreveu o jornal *Express Wieczorny*:

> Zbigniew Ziembiński, depois de ausentar-se do país por 25 anos, dirige no palco do Teatr Wspólczesny. O *Express* conversou com o grande ator.
> Como já havíamos informado, está há alguns meses na Polônia Zbigniew Ziembiński, grande ator e diretor que deixou o país em 1939 e desde então mora no Brasil.
> Zbigniew Ziembiński dirigiu como convidado em Cracóvia, e agora prepara no Teatr Wspólczesny de Varsóvia a estreia mundial da peça do brasileiro Jorge Andrade intitulada *Vereda da Salvação*. A estreia acontecerá no dia 19 de março.

13
O EMIGRANTE VOLTA

Aproveitamos a oportunidade para conversar com Zbigniew Ziembiński sobre assuntos antigos e novos, poloneses e brasileiros.

Vale lembrar que Ziembiński estava entre os mais populares atores de Varsóvia, que o público do pré-guerra o conhece e lembra-se bem dele. Algumas personagens cênicas até hoje estão ligadas, na memória do espectador, ao nome de Ziembiński: Chopin em *Verão em Nohant*, de Iwaszkiewicz, ou ainda o compositor Senger, em *Tessa*. Ziembiński também se inscreveu na história do teatro polonês como um excepcional diretor.

– Com qual peça e com qual papel o senhor se despediu de Varsóvia em 1939?

– Foi com a peça *Genebra*, de G. B. Shaw. Atuei nela no papel do Juiz do Tribunal e também fui diretor do espetáculo. A peça entrou em cena no dia 21 de julho de 1939, e foi apresentada pela última vez dia 3 de setembro, ou seja, já durante a guerra.

– Suas errâncias durante a guerra o levaram a Paris através da Romênia. Depois, como sabemos, o senhor desembarcou no Brasil. Conte-nos, por favor, como foi que o senhor, um ator e diretor polonês, tornou-se o "pai" do teatro nacional brasileiro?

– Cheguei ao Brasil em 1941. Logo depois também aportou lá Irena Eichlerówna. No Brasil não existia teatro, não havia nenhuma tradição teatral. Consegui, por meio de um círculo de intelectuais brasileiros, graças ao seu apoio, dar início a um movimento amador. Comecei a criar um teatro a partir das bases, aos poucos começou a se desenvolver um enorme movimento de massa. Organizei preleções, conferências, ensinei o ofício de ator na prática durante os ensaios. Na realidade, eu criei o teatro no Brasil. Recebi, por isso, a mais alta comenda nacional: "A Ordem Nacional do Cruzeiro do Sul".

– O senhor encenou alguma peça polonesa no Brasil?

– Apenas uma, *Assim Falou Freud*, de Cwojdziński. Eu tive muita dificuldade com o repertório – obras dramáticas brasileiras quase não existiam. Eles possuíam a rigor um excelente comediógrafo do século XIX. Mas no momento em que principiou o movimento teatral, de pronto a dramaturgia ganhou vida.

> É preciso dizer que a dramaturgia brasileira contemporânea vai se desenvolvendo de forma bastante interessante. Possui um estilo próprio, um rosto próprio. O público polonês terá oportunidade de conhecer essa arte peculiar a partir do exemplo da peça que agora mesmo estamos preparando no palco do Teatr Współczesny.
> – E como foi o trabalho com os colegas poloneses?
> – Excepcional. Tanto em Cracóvia quanto em Varsóvia deparei com uma grande cordialidade por parte dos diretores e colegas. Tive chance de conhecer atores poloneses do melhor ângulo possível. O trabalho com eles foi ótimo.
> – Logo após a estreia, o senhor parte de volta para o Brasil; tem intenção de dirigir novamente na Polônia?
> – Sim. É claro. Tenho até mesmo propostas concretas – do diretor Axer, do diretor Świderski, e também do reitor Kreczmar, que propôs que eu dê aulas na Escola Superior de Arte Teatral. Eu virei, então, com certeza.[12]

Infelizmente, Ziembinski nunca mais regressou à Polônia.

Em sua tese de doutorado, referindo-se às conversas que teve com Erwin Axer e Zbigniew Zapasiewicz, Fausto Fuser escreveu:

> Erwin Axer assistiu a alguns ensaios de *Vereda da Salvação* com curiosidade. Viu em Ziembinski um diretor de enorme capacidade lidando com seus atores, um profissional muito competente. [...] A Zbigniew Zapasiewicz estava confiado um dos papéis de maior responsabilidade naquele espetáculo. Ele recorda-se até hoje dos ensaios que tanto agradaram ao Sr. Axer. Para ele, realmente, o lado profissional, artesanal, de Ziembinski, era algo fantástico. A parte técnica de Ziembinski no trato com os seus atores faz parte das lendas do teatro na Polônia. O seu domínio, inédito, do ofício teatral, marcou quantos o conheceram nesta visita. A direção dos grupos de atores, as cenas coletivas da peça de Jorge Andrade fascinaram a todos que delas participaram pela incrível coordenação, talvez muito pesada, mas ao mesmo tempo fluente.

Zapasiewicz – hoje um dos mais destacados atores poloneses – mesmo considerando a grande quantidade de diretores com os quais tem trabalhado, julga que poucos encenadores atuais da Polônia possuem o mesmo domínio do ofício teatral exibido por Ziembinski naquela ocasião. [...] Erwin Axer, já na época diretor do Teatr Współczesny de Varsóvia, apesar de elogiar muito a maneira como Ziembinski conduzia os seus atores, principalmente os mais jovens, levanta uma suspeita grave, dentro das razões que teriam causado um tão desastroso resultado para o espetáculo *Vereda da Salvação*. Esse erro estaria embutido nas próprias qualidades de Ziembinski: ele teria tratado os seus atores eslavos como se fossem brasileiros.[13]

No *Słownik biograficzny teatru polskiego 1900-1980* (Dicionário Biográfico do Teatro Polonês, 1900-1980), encontra-se um comentário um tanto lacônico sobre as realizações de Ziembinski na Polônia:

Quase um século de distância, e talvez uma escolha infeliz de peças, resultaram contudo em um desencontro entre Ziembiński e os gostos e a sensibilidade do público e da crítica poloneses. Os espetáculos dirigidos por Z. na temporada 1963-1964 foram recebidos na Polônia com polidez, mas sem entusiasmo. Louvou-se o pitoresco e a força expressiva das cenas coletivas, a competência na direção dos atores, mas acusou-se a encenação de um estilo expressionista "antiquado", por um lado, e inclinação ao naturalismo, por outro.[14]

Como afirmam Jacó Guinsburg e Fausto Fuser, Zimba, esse "monstro do teatro", como costumeiramente era chamado, não teve grandes chances de conseguir sucesso nos teatros de Varsóvia e Cracóvia na temporada de 1963-1964. Não era mais suficientemente polonês. Cometeu erros inocentes num país que já não o conhecia bastante bem. Desejou participar de igual para igual em um teatro que havia passado por um significativo processo de transformações, tanto no nível estético, quanto social. Ziembinski permaneceu à parte de todas essas mudanças e a isso exatamente se deve atribuir as reações comedidas da crítica. Ademais, a temática das peças estava tão estreitamente ligada à realidade brasileira que os espetáculos não puderam despertar maior entusiasmo e nem mesmo ser entendidos pelo público polonês.

Ao mesmo tempo que Ziembinski experimentava seu excitante *come back*, tentando contrabandear para os palcos de sua pátria a dramaturgia brasileira moderna, Tadeusz Kantor e Jerzy Grotowski, dois dos mais importantes reformadores do teatro do século XX, apresentavam visões cênicas originais, muito diferentes e muito mais inovadoras do que aquela que então era proposta por Zimba. Ainda sob o terror da ocupação nazista, como se sabe, haviam-se iniciado as atividades clandestinas do Teatro Independente de Kantor, cujos experimentos terão continuidade a partir de meados dos anos de 1950 com a fundação do Cricot 2, desdobrando-se por toda a série de marcantes espetáculos que dialogam com a obra de vanguarda de Stanisław Ignacy Witkiewicz (1885-1939), até a concepção do Teatro da Morte, inaugurada com *A Classe Morta*, em 1975[*]. Grotowski, por sua vez, foi trazendo à vida a partir de fins da década de 1950 a concepção de um "teatro pobre", um teatro que se desfazia de tudo que era dispensável. Restavam nele apenas o ator e o espectador, sem ornamentos inúteis, sem cenários tradicionais nem acessórios. Um ano após Ziembinski deixar a Polônia, recorde-se, é publicado um dos mais importantes manifestos teatrais do século XX: "Para um Teatro Pobre"[..].

Voltemos, contudo, ao malogro de *Boca de Ouro* e *Vereda da Salvação* em palcos poloneses. Argumenta Antunes Filho: "Provavelmente ninguém entendeu o contexto cultural. Mas tem que admitir que ele o entendia ou o intuía muito bem. Ele tinha uma boa intuição. De repente ele ficou brasileiro demais, não conseguiu ser mais polonês? Não conseguiu voltar? Ele ficou fascinado pelo Brasil, ele incorporou o Brasil."[15]

No Brasil, Ziembinski sempre foi polonês – sotaque polonês, bagagem polonesa de experiências, formação europeia, raízes polonesas, referências polonesas e estilo de direção polonês. Ainda que, como diz Antunes Filho, tivesse um sentido de brasilidade:

> O que eu admiro nele é que ele tinha uma visão, às vezes até um pouco estereotipada, ele via as características do brasileiro, as características exteriores, ele via o dedo, o braço, ele sabia ver os tipos brasileiros melhor

que a gente. Ele – como estrangeiro – fixava melhor os traços do brasileiro na ação física brasileira, na sociedade. Nisto ele era campeão. Malandro brasileiro – ele fazia malandro de uma maneira extraordinária. Ele imitava muito bem.[16]

Durante o breve retorno a sua pátria, Ziembinski talvez tenha encontrado dificuldade para compreender o gosto dos críticos ou as necessidades do público polonês, o qual se diferenciava de modo significativo do brasileiro. Na Polônia, então, quiçá tenha sido visto como um polonês abrasileirado, ao qual se podiam perdoar alguns tropeços; tudo se justificava, afinal, por conta de sua incompreensão da realidade contemporânea do país, do qual o Atlântico o havia separado por um quarto de século. Como dizia Gombrowicz: "É esse o destino de todo aquele de uma certa idade, cuja vida se partiu em dois pedaços."[17]

▷▷ Sebastião Vasconcelos, Ziembinski e Luiz Linhares. Fotografia de Carlos Moskovics.

Nunca será demais ressaltar o que significou para o teatro brasileiro a vinda inesperada desse extraordinário homem de teatro. Talvez devêssemos agradecer aos alemães por terem invadido sua terra e tê-lo feito dar às costas brasileiras, perfeitamente incógnito. Alguém poderá hoje dizer, como teria sido a história do teatro brasileiro se esse homem não tivesse batido à nossa porta?

Programa do espetáculo *Desejo*, 1959.

14
...USÃO EM TORNO ...A PATERNIDADE

E quem é o pai? Quem?

Ziembinski, para desagrado de uns e júbilo de outros, reivindica para si a paternidade. Um dos mais proeminentes críticos de teatro do Brasil provoca de caso pensado a confusão. Sugere perguntas que induzem Ziembinski a afirmações imodestas: "Sim, sou eu o pai. Reivindico a paternidade. Não importa se vão espernear, se vão se levantar contra mim, se vão negar e dizer que não sou eu o pai, mas sim eles."

Perguntamos a Ziembinski se não pensou em prosseguir viagem para os Estados Unidos.

– Não. O contato com o teatro do Brasil foi tão decisivo que, sem falsa modéstia e sem vaidade, pressenti que a minha presença podia ser mais frutífera nesta terra do que minha vontade de estabilidade ou de ganhar dinheiro nos Estados Unidos. [...] Sou muito orgulhoso da minha ação, no Brasil, mas não quero, com esse orgulho, parecer pernóstico ou vaidoso. Acho, na verdade, que trouxe para o Brasil a consciência do teatro. Não quero citar detalhes: se se tratou de escola de interpretação, direção, figurinos ou iluminação, que são células do teatro. Acho que implantei no Brasil a consciência do que é e como se faz teatro, e tentei provar que sei fazê-lo e que o brasileiro é também capaz de realizá-lo.

Não sou revolucionário: tento apenas fazer o que no mundo inteiro se chama bom teatro.[1]

Após um texto como esse vir a lume em uma importante revista especializada, seria difícil que o meio teatral não entrasse em polvorosa. E entrou – até demais. Não foi preciso esperar muito por respostas indignadas. Sônia Oiticica, a primeira atriz brasileira a encarnar o papel de Julieta na tragédia de Shakespeare, em 1938, e que causou não pouco escândalo ao protagonizar um beijo em cena, não esconde sua reprovação diante do gesto de reivindicação de paternidade por parte de Zimba:

> A verdadeira renovação, modernização do teatro brasileiro se deve a Paschoal Carlos Magno, ao Teatro do Estudante. É uma injustiça dizer que a renovação começou com Os Comediantes, não foi mesmo. Quem acabou com o sotaque lusitano e o esquema das companhias estáveis tipo Dulcina e Odilon, foi o Teatro do Estudante. Os Comediantes contribuíram maravilhosamente para essa renovação, mas a grande busca, o entusiasmo foi do Teatro do Estudante. É inegável. [...] Atualmente, essa consciência de teatro brasileiro está bastante difundida. O teatro brasileiro hoje é uma realidade. A paternidade, acho que é de Nelson Rodrigues. Não posso dizer se Ziembinski foi o criador da consciência teatral brasileira. Acho que foi o Paschoal. O Ziembinski já pegou a coisa fervendo.[2]

Chico de Assis também protestou. De acordo com ele, Ziembinski foi apenas um "catalisador", mas não o chamaria de pai da consciência teatral no Brasil:

> Não me parece que a consciência teatral brasileira tenha sido trabalho de uma única pessoa. E muito menos de uma pessoa – Ziembinski – que chegou aqui quando o nosso teatro já ia a meio caminho. O papel dos diretores estrangeiros foi o de dar para nós o mapa da mina, de dizer como se faziam as coisas. Nós aprendemos olhando. Você tem pessoas que são condicionantes de determinado momento, agentes catalizadores, mas, nenhuma delas é responsável pela consciência nacional.[3]

José Renato, diretor teatral e lendário fundador do Teatro de Arena, de São Paulo, ressaltou, por sua vez, o papel do dramaturgo brasileiro no processo de renovação do teatro nacional:

> Eu não diria que foi Ziembinski o criador da consciência teatral brasileira. Eu diria que Nelson Rodrigues tem uma responsabilidade maior na criação dessa consciência. Sem dúvida nenhuma, o papel de Ziembinski foi muito importante, porque ele começou a nos dar consciência do teatro moderno [...]. Nelson Rodrigues tem um papel completamente diferente de Ziembinski, que trouxe uma cultura importada, enquanto Nelson estruturou e criou a sua aqui mesmo.[4]

Sábato Magaldi estava ciente da grande comoção que a entrevista publicada por ele poderia suscitar. Ela poderia gerar uma onda de críticas (e gerou) e fazer novos inimigos para Ziembinski (e fez). As declarações ziembińskianas pareciam minorar a importância das realizações teatrais brasileiras anteriores ou – o que é talvez ainda mais grave – ignorá-las completamente. E o pior que pode acontecer a um artista é ser ignorado. Cônscio do escândalo, Magaldi comentou as circunstâncias em que decidiu publicar a controversa entrevista:

> Quando publiquei a entrevista com Ziembinski na revista *Teatro Brasileiro* sobre o problema da consciência do teatro brasileiro, eu sei que ela provocou uma grande indignação. Muita gente protestou. Soube que a Dulcina ficou furiosa com Ziembinski, e que outras pessoas também ficaram, achando que era um grande vaidoso em dizer aquilo. Agora, eu acho que tinha razão e vou dizer por que: não vi a famosa temporada de Dulcina em 1945, no Teatro Municipal do Rio de Janeiro, que ele chamou de pseudorrenovação. *Vestido de Noiva* foi em 1943, cronologicamente anterior a essa suposta pseudorrenovação. Vi Dulcina nos anos posteriores, acompanhei como espectador e como crítico no Rio de Janeiro, de 1950 a 1952, e seu resultado artístico era bem mais pobre do que os dos Comediantes. [...] De fato, a contribuição de Ziembinski, pela própria repercussão que alcançou, foi uma coisa única. Creio que não atribuir

> a Ziembinski essa primazia seria até um contrassenso histórico. Todos, na época da estreia de *Vestido de Noiva*, assinalaram, registraram, escreveram, berraram, discursaram a respeito. Fica muito difícil, anos depois, querer apresentar outra versão dos fatos. A primazia é dele. Ele tinha essa consciência plena e era um trabalho realmente consciente. Estou de acordo com as declarações dele naquela entrevista. Sabia que iria provocar mil problemas, mas acredito que ele tinha razão de reivindicar para si essa renovação que, de fato, é uma obra dele.[5]

Ziembinski também foi defendido por outro grande admirador seu, o excelente crítico Décio de Almeida Prado:

> Com relação à declaração de Ziembinski na revista *Teatro Brasileiro* sobre a consciência teatral brasileira, acredito que Ziembinski foi realmente o primeiro, isto é, havia uma procura muito grande, anterior a ele. Os próprios Comediantes tinham feito um espetáculo antes, uma peça de Pirandello, parece que era uma coisa bem feita, e quando Os Comediantes vieram aqui pela primeira vez fizeram espetáculos que não eram dirigidos por Ziembinski. A peça de Artur Azevedo, dirigida por Adacto Filho, que havia sido barítono de ópera, era um espetáculo já de nível superior à média do que se fazia aqui. Mas nada dessas coisas anteriores se compara ao trabalho de Ziembinski em *Vestido de Noiva*, pelo menos para mim. Foi realmente a primeira vez que, aqui no Brasil, nós tivemos uma consciência muito clara do que era um trabalho, um encenador, no sentido de imaginar completamente um espetáculo em todos os detalhes, isto é, detalhes materiais. Ele influenciou a cenografia acredito. Santa Rosa também, que era uma pessoa que se interessava muito por teatro, mas não tinha a experiência de Ziembinski; na iluminação ele era um técnico muito refinado; e também teve uma atuação sobre cada ator em particular, porque naquele momento, como havia realmente uma passagem de um estilo de representar para outro, nós não tínhamos atores profissionais que pudessem fazer o trabalho que o Ziembinski queria. Ele fez o primeiro espetáculo, *Vestido de Noiva*, somente com amadores,

alguns com experiência anterior, outros sem experiência nenhuma. Por exemplo: a estrela, que era a esposa de Edgar da Rocha Miranda, era uma senhora muito fina que depois acabou não ficando e não fez mais teatro. [...] No teatro brasileiro acho que ele deu essa consciência teatral, não só no sentido artístico como também no sentido de apego ao teatro, no sentido moral. Lembro-me que os atores comentavam que Ziembinski chegava muito mais cedo ao teatro, levava muito tempo se maquiando, depois fazia uma espécie de preparação, uma espécie de retiro espiritual para poder entrar em cena. Ele trazia essa herança, talvez da Rússia não sei, da Polônia mesmo, de levar o teatro quase como teatro sagrado, isto é, a pessoa é quase um sacerdote de um culto. Isto acredito que era uma coisa inteiramente nova, porque o teatro que se fazia era um teatro muito mais comercial, muito mais de olho na bilheteria. Ziembinski introduziu uma nova perspectiva desse ponto de vista: a paixão com que fazia teatro. Acho que no fim da vida ele perdeu um pouco isso, começou a fazer coisas para sobreviver, para subsistir. Mas quando ele chegou, não. Quando chegou trouxe uma concepção diferente de teatro, não só artística, mas moral também. Acredito que ele tem razão em ter declarado aquilo na *Teatro Brasileiro*.[6]

Sérgio Britto também afirmou concordar com a declaração feita por Ziembinski, no entanto, atribuiu ao artista polonês um certo egocentrismo:

Acho que Ziembinski tinha todo o direito de se declarar o criador da consciência teatral brasileira. Ele dizia isso com muita pretensão, com muita vaidade, mas eu acho que ele foi mesmo. Ziembinski é a consciência que orientou a renovação do teatro no Brasil. Agora, naquela época, o grande problema dessa renovação toda é que não havia o autor nacional. Surgiu o Nelson Rodrigues e tanto ele foi importante que fez o movimento do Rio de Janeiro tomar peso.[7]

Manifestou opinião mais equilibrada o ator Ademar Guerra, o qual sustentou que o significado de Ziembinski "no teatro brasileiro foi inestimável. Ele foi, porém,

apenas um dos elementos da construção do teatro brasileiro. Ziembinski formou bons autores e conseguiu apresentá-los muito bem, mas a consciência teatral brasileira não surgiu junto com ele. Não surgiu junto com ninguém. Ela é independente"[8].

◁ Ziembinski no Rio de Janeiro, 1975.

15
DESPEDIDA

Após o retorno da Polônia, a boa sorte deixou de acompanhar Ziembinski. Não conseguiu se reencontrar de todo na nova situação política e cultural do país subjugado pela ditadura militar. Em março de 1964 deu-se o golpe de Estado cujas consequências marcaram a história do Brasil. Ziembinski decidiu tomar uma posição radicalmente apolítica, motivo pelo qual se afastou por completo das tendências teatrais de maior vigor no país. Os teatros engajados politicamente, tais como o Arena, o Centro Popular de Cultura (CPC) e o Movimento de Cultura Popular (MCP), faziam uso de uma linguagem distinta daquela que Ziembinski empregava. Ele ficou, portanto, à margem das principais correntes teatrais, e os espetáculos que dirigiu após 1964 já não tiveram força artística bastante para falar aos amplos setores do público absorvidos pela luta contra a opressão, a agressão e a tortura praticadas pelos militares. A partir desse momento pode-se falar de um progressivo declínio do artista polonês *como encenador*[1]. Yan Michalski tenta justificar a posição adotada por Ziembinski lembrando que sua formação fora "fortemente marcada por idealizações românticas"[2], nas quais o artista como que se eleva sobre todos os problemas terrenos. Além disso, ainda que tenha obtido a cidadania brasileira em 1960, era afinal um estrangeiro e talvez também por isso não tenha querido envolver-se politicamente nos problemas do país.

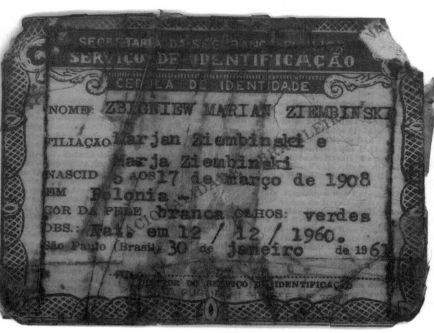

Apesar das críticas positivas sobre a montagem de *Toda Nudez Será Castigada*, de Nelson Rodrigues, cuja estreia aconteceu em junho de 1965, no Teatro Serrador, no Rio de Janeiro, ao longo dos anos de 1960-70 foi se tornando cada vez mais difícil deparar com elogios aos espetáculos dirigidos por Ziembinski. Nesse meio tempo, ele começou a se distanciar do teatro e a se aproximar da televisão, seja atuando em alguns papéis em telenovelas (*Eu Compro Esta Mulher, O Rei dos Ciganos, A Rainha Louca, Ricardinho: Sou Criança, Quero Viver, João Juca Jr., Assim na Terra Como no Céu*), seja assumindo a função de diretor do programa "Caso Especial", na Rede Globo de Televisão. Depois de voltar da Polônia, também desempenhou alguns papéis em filmes como *Eu, Coração de Ouro* (1966), *É Simonal* (1967), *Capitu* (1968), *Madona de Cedro* (1968), *Brasil Ano 2000* (1968), *O Descarte* (1973), *Tio Maneco, o Caçador de Fantasmas* (1975) e *O Homem de Papel* (1976). Ao fim da década de 1960 criou, em parceria com Hugo Brockes, o cenário do filme *O Diabo Mora no Sangue* (1968, com direção de Cecil Thiré).

> Assumi a TV com a mesma importância e carinho com que tratava o teatro. As divergências de forma para as pessoas de talento, embora existam, não são assustadoras. Existe a possibilidade de se realizar coisas num programa de TV como se fazia no espaço cênico do teatro. A minha transposição para a TV foi para buscar as minhas formas de direção e interpretação mais adaptáveis ao veículo, através do qual descobri a mesma volúpia e prazer artísticos. Só não faz bons papéis, bons espetáculos na TV, quem não se importaria também de fazê-los no teatro.[3]

Nessa mesma época, Ziembinski realizou alguns espetáculos menores, que apresentou fora do eixo Rio-São Paulo. Essas montagens subiram ao palco em cidades como Porto Alegre, Belo Horizonte e Brasília, porém não deixaram rastros de maior importância. O próprio Ziembinski não as colocou em seu *curriculum vitae* artístico. É importante destacar, todavia, seus papeis femininos – tanto no teatro (*Celestina*, de Fernando de Rojas) quanto nas telenovelas (*O Bofe*, 1972-1973)[4]. Alguns anos depois, atuou no primeiro papel homossexual da televisão brasileira, na telenovela *O Rebu* (Rede Globo de Televisão, 1974-1975).

A peça *Celestina*, cuja estreia se deu em 26 de outubro de 1969, no Teatro 13 de Maio, em São Paulo, mostrou-se uma tentativa de renovação cênica na criação de

◁ Cédula de identidade de Ziembinski, 1961.

Ziembinski. Ele mesmo admitiu que, de certo modo, mudou sua concepção de direção teatral:

> A gente tem de se renovar um pouco, não é verdade? A gente muda de conceito conforme o tempo. Não quero negar o teatro aristotélico. Mas temos de pensar na experiência de um Grotowski, que está dirigida no sentido de modificar o espetáculo teatral, compreende? Temos de acompanhar o mundo novo, tomar parte nele, enfrentando os problemas do público moderno. Senão, o público se afastará do teatro. Estamos diante de uma transformação completa do espetáculo teatral.[5]

A despeito dessas declarações, nas quais se pode observar um desejo de mudança e renovação de sua linguagem cênica, três anos depois da encenação de *Celestina* Ziembinski anunciou que iria se afastar do teatro. Com o espetáculo *Check-Up*, sob a direção de Cecil Thiré, cuja estreia aconteceu em setembro de 1972 no Teatro Gláucio Gil, no Rio de Janeiro, o ator, que já contava sessenta anos, queria se despedir do público e passar definitivamente para a televisão. Ao que parece, as críticas negativas sobre seus últimos espetáculos o fizeram tomar consciência do quanto o público havia se afastado do teatro que propunha. Malgrado as tentativas de renovar sua linguagem teatral, distanciava-se cada vez mais das demandas das plateias. O texto de *Check-Up* foi escrito por Paulo Pontes. É uma comédia sobre as condições dos hospitais públicos e dos serviços básicos de saúde com elementos da biografia do próprio Ziembinski – que interpretou o protagonista da peça. A personagem principal, Zambor (difícil não perceber a semelhança do nome com o apelido Zimba), um imigrante europeu, é um velho ator que, em seu leito de morte num hospital, recorda-se dos momentos de glória. Inicialmente, a comédia de Paulo Pontes era uma crítica ácida ao sistema de saúde brasileiro; quando Ziembinski veio a conhecer o texto, porém, decidiu propor colaboração ao autor, inserindo na obra elementos autobiográficos. Não obstante as declarações de que desejava se despedir oficialmente do teatro e da plateia com essa peça, o papel de Ziembinski em *Check-Up* foi um grande sucesso e ninguém pensou que ele se permitiria deixar o teatro em um momento tão bom.

> Ziembinski está magnífico nesse desempenho, pode-se igualmente dizer que ele está impagável... Como já havia escrito ao noticiar este espetáculo, dizia que ele não seria o proclamado adeus de Ziembinski ao teatro, mas apenas um *check-up*. E este confirma a plena forma do ator que não pode se retirar da cena porque umas ou outras direções suas tenham malogrado. Essas coisas acontecem com todos os diretores e *Check-Up* mostra que Ziembinski – pelo menos como ator – está em plena forma. Quanto a isso ele pode ficar tranquilo e deve tirar da cabeça essa história – também melodramática – de retirar-se do palco.[6]

Yan Michalski teve opinião semelhante: "Creio que não precisamos preocupar-nos muito com as ameaças de afastamento voluntário de Ziembinski. Enchendo o palco do Teatro Gláucio Gil com a sua presença, ele parece um peixe dentro d'água. E quem já viu o peixe abandonar a água por livre e espontânea vontade?"[7]

Talvez por obra das críticas lisonjeiras, talvez por desejo de reviver um passado repleto de sucessos, ou talvez ainda por força da persuasão de terceiros, Ziembinski de fato voltou à ribalta quatro anos depois – dessa vez apenas como diretor. Em 14 de janeiro de 1976, no teatro BNH (atualmente Teatro Nelson Rodrigues), no Rio de Janeiro, entrava de novo em cartaz, mais de trinta anos após sua estreia, *Vestido de Noiva*. Dos três grandes responsáveis pelo triunfo daquele espetáculo, ainda estavam vivos Ziembinski e Nelson Rodrigues. O cenógrafo Tomás Santa Rosa havia morrido vinte anos antes em um acidente de avião em Nova Déli. O confronto do sucesso dos anos de 1940 com a realidade teatral dos anos de 1970 confirmou que o espetáculo não havia envelhecido. Muito pelo contrário, algumas de suas soluções cênicas, inovadoras e pioneiras, também em 1976 não deixaram de ser, de certo modo, uma descoberta. Ziembinski achou-se novamente sob o brilho dos *flashes*, concedendo muitas entrevistas. No programa de *Vestido de Noiva* de 1976, ele escreveu:

> Na noite de dezembro de 1943 em que estreou *Vestido de Noiva* se deram dois acontecimentos importantes: o acontecimento literário e o acontecimento teatral. A colocação do texto que o Nelson Rodrigues deu à sua peça intitulada *Vestido de Noiva* foi uma colocação, dentro de sua época, completamente nova. Uma colocação lúcida, talentosa, inspirada,

humana e, antes de mais nada, profundamente brasileira. Essa tentativa, essa procura de um novo estilo da dramaturgia brasileira, manifestada dentro do *Vestido de Noiva*, foi realmente um acontecimento importante, e que se responsabilizou durante várias dezenas de anos pelos rumos da dramaturgia brasileira. O espetáculo *Vestido de Noiva*, o meu espetáculo, foi também sem dúvida um acontecimento, dentro do panorama teatral naquela época bastante melancólica. Foi um acontecimento surgido de uma crença profunda na possibilidade de se extrair um novo estilo teatral, um novo estilo de espetáculo enraizado nos temas, nas características, nos problemas e na temática do nosso povo. [...] Esses dois importantes acontecimentos surgiram na mesma hora e da maneira mais inesperada, num clima menos – talvez – apto para isso. Por isso seria bom, talvez, perguntar: qual foi a razão, qual foi o motivo desse surgimento de dois acontecimentos importantes quando eles estavam menos visados e pressentidos? Como sempre, em situações semelhantes, tudo partiu de uma grande fé, de um grande amor e de uma grande vontade de fazer o melhor por aquilo que merece ser feito da melhor maneira possível. Havia uma pressão interior enorme entre a gente de boa vontade e de mente aberta, de emoção fortemente aquecida de se tentar fazer, no panorama da arte, especialmente da arte dramática brasileira, algo que pudesse – não como se costuma dizer – fazê-la comparar com os outros, mas fazê-la produzir um fruto que realmente manifestasse a nossa própria força criativa dentro do panorama da arte dramática e teatral. E o fruto nasceu! Hoje, quando me lembro dos momentos de emoção da estreia de 1943, essas lembranças tornam-se tão patéticas que às vezes não consigo acreditar. Talvez tenham sido essas lembranças que nos levaram hoje a esse exame de consciência de reviver de novo dentro de um ambiente totalmente modificado e amadurecido – tanto no teatro quanto na literatura dramatúrgica brasileira – reviver esse documento que serviu durante vários anos – para não dizer décadas – de impulso, de manifesto, de alimento, de orientação ou de esperança para várias produções. E quando *Vestido de Noiva* de Nelson Rodrigues, com a minha direção, sobe agora ao palco, na forma igual ao espetáculo de 1943, o propósito é claro e nítido: não somente relembrar o testemunho da época, não somente recordar e fazer conhecer aos outros aquilo que aconteceu há 32 anos, mas ao mesmo tempo impor [...] uma pergunta, um exame de consciência, mostrando hoje esse mesmo espetáculo e tentando verificar até onde esse espetáculo da década de 40 permanece vivo, ativo, propondo sempre as coisas criadas de amor e de boa vontade. Talvez essa colocação do espetáculo *Vestido de Noiva* de 1976 seja o aspecto mais importante.[8]

"Reeditado" após tanto tempo, o espetáculo gozou de vivo interesse no mundo teatral. Em crítica sobre a montagem, Sábato Magaldi salientou particularmente o fato admirável de o texto de Nelson Rodrigues na direção de Ziembinski não ter demonstrado o menor sinal de envelhecimento depois de trinta e dois anos desde sua estreia: "Nenhum dos valores que marcaram o lançamento do espetáculo, considerado unanimemente a origem do teatro brasileiro moderno, parece prisioneiro de outro tempo e incapaz de falar à sensibilidade de hoje. [...] *Vestido de Noiva* não pode provocar hoje o choque da primitiva montagem, porque muitas das inovações que trouxe acabaram por povoar o nosso cotidiano teatral."[9]

E a essa remontagem de *Vestido de Noiva* sucederam-se outras. Entre as muitas tentativas de lidar com esse texto exigente e lendário, vale a pena referir o experimento especialmente interessante levado a cabo por um grupo de atores do Teatr 77, de Łódź, e de estudantes da Escola Nacional de Cinema, Televisão e Teatro (PWSTTViF) da mesma cidade, no ano de 2000. O diretor desse projeto teatral polono-brasileiro foi Eduardo Tolentino, do Teatro Amador Produções Artísticas (TAPA), e o espetáculo foi apresentado tanto na Polônia quanto no Brasil. Na peça atuaram, entre outros, Bogusława Pawelec, Natalia Strzelecka, Zofia Uzelac, Bronisław Wrocławski e Ireneusz Czop. Os idealizadores da empreitada foram o então cônsul-geral da Polônia em São Paulo, Ryszard Piasecki, e Urszula Groska, e a função de intérprete durante os ensaios nos quais o diretor brasileiro trabalhou com a trupe polonesa ficou a cargo de Magdalena Starzycka.

Como vimos anteriormente, Ziembinski fez repetidas tentativas de tomar distância do teatro, voltando-se primeiro para a televisão e, em seus últimos anos, também para a pintura e a fotografia. Quando se aproximavam os cinquenta anos de sua carreira teatral, decidiu aproveitar a data redonda e unir a comemoração desse aniversário a mais uma – dessa vez a derradeira – despedida dos palcos. Nessa ocasião especial, escolheu dirigir uma peça de Antônio Bivar. O bicho de teatro, como foi chamado por Jacó Guinsburg, precisou ficar face a face com o aparato estatal que cuidava da ordem e dos bons costumes da sociedade. Sua posição apolítica, sua opção por manter-se à parte dos problemas políticos do país sob o tacão dos militares, pouco lhe ajudou. Tornou-se vítima da censura.

Quarteto, peça que resolveu encenar a título de comemoração de seus cinquenta anos de teatro, foi encomendada por Ziembinski ao escritor e dramaturgo paulista Antônio Bivar. Os ensaios do espetáculo duraram vários meses. No dia da estreia, 29 de outubro de 1976, tudo estava preparado como devia. No palco – cenografia pronta; nos bastidores – os atores caracterizados em seus figurinos. Todos esperavam o momento em que as luzes seriam apagadas e haveriam de apresentar-se na nova produção festejando o jubileu de ouro do artista polonês. Infelizmente, quando o público já estava sentado na plateia do Teatro Ipanema, surgiu no palco um desolado Ziembinski.

> São 50 anos de teatro: 35 dedicados ao Brasil. Quando essa data estava chegando, achei que seria justo que eu e meus companheiros a comemorássemos em contato com o público. Por isso, pedi a Bivar uma boa peça, e que fosse de importância para o momento que vivemos. Ele escreveu *Quarteto*. Como sempre fui cauteloso – e nunca tive um trabalho proibido, antes –, peguei o texto e levei diretamente para o Sr. Wilson Queiroz, chefe do Departamento de Censura. Levei pedindo consideração especial, já que se tratava de um texto de importância. Levei pedindo um especial carinho. Ele me disse que dentro de uma semana procurasse o Sr. Ernani; ele me daria uma resposta.
>
> Voltei lá, uma semana depois. O Sr. Ernani me pediu mais quatro dias. Telefonei – passado esse tempo –, e ele me recebeu muito bem, dizendo que eu já podia marcar o ensaio geral para a Censura. Perguntei:
> – Nenhum problema?
> Ele repetiu:
> – Não, pode marcar.
> Ainda insisti:

15
DESPEDIDA

– Preciso ver o texto?

E ele, novamente:

– Não, senhor. Pode marcar o ensaio geral.

Então, começamos a trabalhar. E trabalhamos até o dia 22, sexta-feira, quando marcamos o ensaio geral para a Censura. Vieram dois rapazes que assistiram à peça toda, com roupas, luz, cenário, tudo. Depois da apresentação, curiosos, perguntamos:

– Gostaram?

Eles responderam:

– Muito. O espetáculo é muito bom. Está tudo certo. Naturalmente, é preciso ainda melhorar um pouco o ritmo... Mas boa sorte e sucesso.

E foram embora. Depois disso, ensaiamos sábado, domingo e segunda. Hoje, terça-feira, às 17 horas, veio uma pessoa ao teatro, enquanto outra me telefonava proibindo definitivamente a exibição.

Tentei ainda telefonar para o chefe da Censura. Pedi que ele viesse pessoalmente assistir a peça. Ele retrucou que poderia até vir, mas não adiantaria nada, porque todo o texto estava condenado. Disse que a peça usava expressões que não podem ser usadas. Ainda tentei comparar com outros textos em cartaz, mas não adiantou. Mais tarde, recebi o seguinte ofício, datado de hoje: "Prezado Sr: Com este, comunico a V.S. que o texto da peça intitulada *Quarteto*, de Antônio Bivar, teve negada a autorização para sua encenação por infringência ao disposto nas alíneas *a* e *c* do artigo 41 do regulamento aprovado pelo decreto nº 20.493, de 10/01/46. Ao ensejo apresento a V.S. protestos de estima e consideração. Wilson Queiroz Garcia."

No telefone, ainda perguntei por que os rapazes que estiveram conosco, no ensaio para a Censura, haviam dito que estava tudo certo. Recebi a resposta que "eles quiseram ser gentis com os senhores".

É isso. Fé em Deus e pé na tábua. Eu, no meu 50º aniversário de teatro, vou pedir desculpas a vocês por não poder me apresentar.[10]

Foi assim a despedida de Ziembinski do teatro e, ao mesmo tempo, a comemoração de seus cinquenta anos de palco. O jubileu consistiu também em um ótimo ensejo para olhar para trás e refletir sobre o passar do tempo. Após cinquenta anos de atividade no palco, Ziembinski não havia cessado de tecer planos relativos a novos empreendimentos artísticos:

> – E como o senhor se sente com cinquenta anos de teatro? [perguntou o jornalista do *Correio Braziliense*].
> – É difícil dizer, porque sou um homem que dificilmente sente o tempo passar. Então, não tenho noção de que se passaram quarenta, vinte ou cinquenta anos. Sinto o presente que me empolga e aquilo que ainda quero fazer.[11]

A CRUZ DE OURO DO MÉRITO

O momento amargo que lhe permitiu entender que o aparato da censura era capaz de calar os lábios mesmo daquele a quem o teatro brasileiro devia tanto, logo tornou-se todavia um momento de satisfação. Um ano mais tarde, Ziembinski foi condecorado com a Cruz de Ouro do Mérito, que recebeu das mãos do embaixador da República Popular da Polônia no Brasil, Edward Wychowaniec. Entregando a medalha, o embaixador afirmou que o exemplo de Ziembinski personificava os laços de amizade entre as duas nações. Em resposta, o homenageado também lembrou a Ordem Nacional do Cruzeiro do Sul que recebera do governo brasileiro, acrescentando que ambas as comendas não pertenciam apenas a ele, porém a ambos os países aos quais era tão grato.

O *Jornal de Brasília* de 26 de janeiro de 1977 publicou a íntegra do discurso do embaixador Wychowaniec e de Zbigniew Ziembinski:

> O motivo desse ato é o quinquagésimo aniversário da sua atividade criativa, de sua abnegada dedicação à arte teatral. Nós, representantes do Estado polonês, estamos orgulhosos que a nossa pátria tenha dado ao mundo um de seus filhos, cujo nome, hoje, é conhecido e apreciado no Brasil, na Polônia e em todo o mundo teatral. Quinze anos do seu

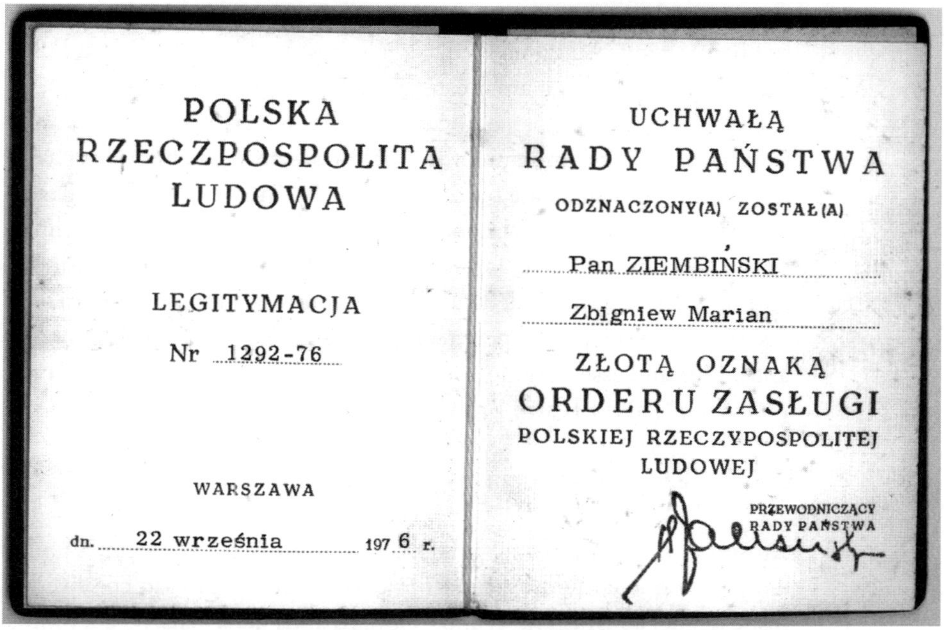

POLSKA RZECZPOSPOLITA LUDOWA

LEGITYMACJA

Nr 1292-76

WARSZAWA

dn. 22 września 197 6 r.

UCHWAŁĄ
RADY PAŃSTWA
ODZNACZONY(A) ZOSTAŁ(A)

Pan ZIEMBIŃSKI

Zbigniew Marian

ZŁOTĄ OZNAKĄ
ORDERU ZASŁUGI
POLSKIEJ RZECZYPOSPOLITEJ LUDOWEJ

PRZEWODNICZĄCY
RADY PAŃSTWA

△ Ordem do Mérito da República Popular da Polônia, 1976.

trabalho, Mestre, os passou na Polônia. Foi lá onde ele despertou a sua paixão vital. Ainda na escola, e já se jogava ao teatro. Foi na Polônia que ele aprendeu a amar esta arte difícil que é o teatro. Depois, tal como nós, poloneses, passou pelas tragédias e vicissitudes da Segunda Guerra Mundial: como numerosos poloneses, teve que fugir dos nazistas. O destino o levou até o outro lado do Atlântico. Chegou ao Brasil, país que o acolheu cordialmente e que se transformou em sua segunda pátria. Retribuindo este cordial acolhimento que lhe brindou a nova pátria, o Brasil, está lhe dedicando as suas forças e capacidades criadoras, sua arte e sua paixão pelo teatro. E assim, está já trabalhando há 35 anos. Durante esse período, a nova pátria outorgou-lhe um título bem merecido: "Pai do Teatro Brasileiro".

A essa laudação, Ziembinski respondeu com as seguintes palavras:

> Eu sou ator. Perdoem-me, pois não sei fazer discurso. Porém, a honra e o prazer que eu tenho de receber essa condecoração são comovedores. Cheguei ao Brasil há 35 anos. Com 10 anos nesse país, recebi minha primeira condecoração, e tive oportunidade de ir visitar a Polônia. Eu já era cidadão brasileiro, e revi meu país como estrangeiro. No período que aí passei, traduzi e montei textos brasileiros nos teatros poloneses.
>
> Hoje, eu, brasileiro, recebo do Governo da Polônia a mais alta condecoração oferecida por esse país a um estrangeiro. Unem-se na minha vida, no meu cotidiano, dois povos, dois países: o Brasil e a Polônia. Eu sou, ao mesmo tempo, polonês e brasileiro. E procuro, ao mesmo tempo, fazer o que posso para engrandecer o teatro desses dois países. A Ordem do Cruzeiro do Sul, que me foi oferecida pelo Governo Brasileiro e a Ordem do Mérito – Classe Ouro, que, nesse momento, me foi entregue pelo representante do Governo Polonês não são minhas. São nossas. São do povo. São do mundo.[12]

A PINTURA E O TEMPO

"Se o senhor quiser fazer piada, escreva que sou um homem de sessenta e nove anos de idade no qual nasceu um pintor de dezoito anos" – disse Ziembinski a um jornalista, quando foi aberta no Rio de Janeiro uma exposição com quarenta e três obras suas – aquarelas, pinturas a óleo e desenhos. O *vernissage* aconteceu na Galeria Cézanne, pertencente à atriz Neuza Amaral, que foi diretamente responsável pela mostra dos trabalhos de Ziembinski. Um dia antes da inauguração, ao que consta, dez quadros já haviam sido vendidos. Dessa maneira, no fim da vida, Ziembinski despertou em si uma nova paixão. Ou antes – reavivou uma paixão dos tempos da infância.

> O aspecto plástico nunca me abandonou, porque constantemente é colocado com muita força nos meus espetáculos [...]. Inclusive fui autor de vários cenários em peças dirigidas por mim e toda esta parte plástica do teatro sugou o meu dom de pintar. Entre meus espetáculos, onde pude colocar a pintura no sentido mais forte, posso destacar *Vestido de Noiva*, em 1943. Quando no ano passado reprisei a peça, provavelmente alguma válvula se acendeu novamente e despertou a minha pintura já estocada há bastante tempo. Senti uma vontade imensa de recomeçar a pintar, um ano atrás. Aos poucos essa pintura tornou-se uma linguagem e, através dela, comecei a dizer alguma coisa. Minha vida no teatro e na televisão, sempre atribulada, me afastava muito das telas, mas sempre que eu tinha um tempo começava a pintar [...].
>
> É uma barra para um homem de quase 70 anos começar uma vida artística nova, mas eu me orgulho disso porque chegando ao conhecimento de outras pessoas, tenho certeza de que elas vão procurar encontrar uma outra juventude que está dentro delas mesmo. Sempre é válido começar uma aventura ou uma proposta nova. Bata na porta, entre e vá atrás das coisas que o atraem.[13]

A passagem do tempo não parece afetar Ziembinski. Faz planos, traduz peças polonesas para o português, seleciona atores para um próximo espetáculo que tem intenção de montar, não obstante as muitas despedidas simbólicas do palco que já vão se acumulando.

> O tempo é um ruído que não me perturba. Vivo sempre sem tempo. Estou aqui no Recife e já me preocupo com o Caso Especial que está sendo gravado no Rio. É um erro confundir a passagem do tempo como sinal ou marca da velhice. [...] O que me preocupa é a soma de experiências que vou realizando, sempre me levando a concretizar o ser humano que gostaria de atingir, com toda minha liberdade individual, profissional [...]. E tudo isso depende de uma só pessoa: de mim mesmo. Viver com plenitude, fazendo um trabalho que não me foi proposto, mas que reflete a minha realidade e o meu entusiasmo, o meu talento. Além disso ninguém vive sozinho. Cultivo minhas amizades.[14]

Em outra entrevista, mostrou otimismo ainda maior:

> A minha maior alegria, minha grande força, é sentir-me vivo. Isso não tem nome, pode ser teatro, cinema, pintura, canto, poesia, qualquer coisa. Daí decorre que eu não me preocupo com o tempo que me resta, a idade, a velhice, a morte que me ameaça. Não tenho de mim a imagem de um homem de 70 anos, a não ser como crescimento de experiências. Minha paixão pela existência é uma forma de temperamento, criatividade, interesse pelo que me cerca e muda a todo instante. Não adianta pensar na morte que virá, e a morte para mim não é um fim.[15]

Porém, o último ano de vida trouxe a dura prova da luta contra o câncer. Desse período, lembra-se melhor um amigo de Zimba, o diretor de cinema Domingos Oliveira. O câncer foi um grande choque para Ziembinski. Ele, que amava a vida, precisou fazer frente a uma doença que lhe causava grande sofrimento. Oliveira frequentemente o visitava nesse período. Ziembinski estava muito infeliz. Delirava por conta dos analgésicos, dizia coisas como: "Domingos, já estou um degrau abaixo", "Domingos, me salve, eu fui raptado". Um dia, inesperadamente, é Domingos quem o recebe em visita a seu apartamento. Precisava muito conversar com ele.

Ziembinski o respeitava como diretor e queria propor uma nova ideia que há algum tempo lhe rondava a cabeça. Novos projetos e ideias acompanharam-no até os últimos dias, mantendo-o em constante atividade criativa, sem descanso. Oliveira então perguntou se ele já teria um cenário escrito – pois se tratava de um filme – e se o trouxera consigo. Ziembinski respondeu:

– Na minha cabeça, só na minha cabeça. Mas talvez você seja o único que possa filmar isso.

Em seguida, por mais de uma hora, contou todos os detalhes sobre o que deveria ser o filme que tanto queria fazer. Não custa perceber certa semelhança entre a história imaginada por Ziembinski e o famoso romance de Pirandello, *O Falecido Mattia Pascal*, e também alusões à sua própria vida. Seria a história de um ator de teatro e televisão já maduro e muito famoso que começa a sentir que, aos poucos, vai faltando espaço para ele no meio artístico. Seus colegas entram nos camarins e, cheios de entusiasmo, parabenizam todos os atores, mas até ele se achegam apenas dando-lhe tapinhas nas costas e dizendo:

– Então... você, como sempre, atuou bem.

E nada além disso. O ator começa a sentir um vazio cada vez maior. Sai do teatro e vai comprar alguma coisa na farmácia quando, de súbito, um menininho andando de mãos dadas com sua mãe aponta-lhe o dedo, gritando:

– Mamãe, ele não morreu, ele não morreu!

Visivelmente, a criança tinha se lembrado da personagem de um filme no qual ele atuara. Um dia, decide forjar sua própria morte para ver quão grande era seu significado para o mundo e se alguém sentirá sua falta, se sentirão saudades dele. Com ajuda de um amigo, faz um boneco de cera e habilmente leva a cabo toda a farsa. É "enterrado" com honrarias, as pessoas fazem discursos de despedida, choram diante do caixão, seu corpo é posto num mausoléu no cemitério de São João Batista, enquanto isso ele mesmo observa a cena de um esconderijo, mas com indisfarçável satisfação. Com o tempo, no entanto, a fama e as homenagens vão passando, e o ator pouco a pouco cai no esquecimento. Tomando

▷▷ Da esquerda para a direita: [?], [?], Ziembinski, Odilon Azevedo e [?] no Teatro Dulcina no Rio de Janeiro em foto sem data.

consciência dessa realidade, vendo que a vida segue adiante sem ele, o desolado ator vai-se embora, vagando incógnito pelos vilarejos do interior do país. Sente que não é mais necessário a ninguém. E, de súbito, sente desejo de retornar. Retornar ao mundo dos vivos. Quer que todos em volta saibam que mentiu, que está vivo, mas logo compreende que é tarde demais, que isso já não é mais possível. Os lugares foram ocupados, ergueu-se uma nova ordem na qual não há espaço para ele. O filme termina com uma cena noturna, no aniversário de sua suposta morte. Desesperado, o ator deseja invadir seu mausoléu, tenta forçar a porta para entrar e ficar ali para sempre.[16]

Na tarde de 17 de outubro de 1978, com setenta anos de idade, morreu em seu apartamento em Copacabana, após meses de luta contra um câncer, Zbigniew Marian Ziembinski. No velório no Teatro Municipal do Rio de Janeiro, despediram-se do artista quinze mil pessoas. No cemitério São João Batista, onde foi enterrado, foram feitos muitos discursos de despedida, calorosos e cordiais. No túmulo de mármore foi posta uma cruz, com seu nome escrito logo abaixo. Numa placa ao lado até hoje se vê a inscrição: "Zbigniew Ziembinski 'Zimba' – O pai polonês do moderno teatro brasileiro".

Oxalá não tenha assistido a essas cenas de algum esconderijo.

POST MORTEM

Nydia Licia, uma das atrizes do TBC, contou-me uma história. Antes da morte, consciente da piora de seu estado de saúde, Ziembinski escreveu uma carta a seu primo Wacław Piotrowski. Guardou a carta em um envelope e, depois, confiou-o pessoalmente à amiga e atriz Cleide Yáconis, pedindo que a enviasse a seu primo. Quando Ziembinski morreu, Cleide enviou a carta pelo correio, realizando, assim, sua última vontade. Meio ano depois, encontrou Wacław na rua, por acaso, e perguntou se ele havia recebido a carta que Ziembinski lhe havia escrito. Wacław estranhou bastante:

– Que carta?
– A carta que Zbigniew escreveu a você pouco antes de morrer.
– Nunca recebi. Para qual endereço você enviou?
Seguiu-se um silêncio.
– Mas eu não moro lá há mais de um ano!
Wacław foi até seu antigo endereço e bateu na porta. Uma velhinha desconhecida atendeu. Ele perguntou se no último ano não havia recebido nenhuma correspondência.
– Recebi sim. Chegaram algumas cartas. Guardei todas elas por um ano. Até que ontem, fazendo a faxina, decidi me livrar de tudo, porque eu não tinha ideia de como ia encontrar o senhor.[17]

A carta com a última vontade de Ziembinski foi parar no lixo.

ANEXOS

1

Y. MICHALSKI, ZIEMBINSKI: 25 ANOS
Jornal do Brasil, 12 out. 1966.

Sem querer desmerecer os corajosos precursores que, há um quarto de século atrás, já estavam lutando por dotar o Brasil de um teatro digno do nosso século, não podemos deixar de reconhecer que foi Ziembinski, a partir da sua chegada em 1941, o verdadeiro pai e o verdadeiro ponto de partida do teatro brasileiro tal como o vemos e concebemos hoje em dia.

A sua imensa contribuição pode ser resumida em quatro pontos principais:

1. A revolução que ele operou na forma e no espírito do espetáculo brasileiro, impondo, pela primeira vez, a figura do diretor como o verdadeiro autor intelectual do conjunto de uma realização cênica, e introduzindo concepções técnicas e artísticas autenticamente contemporâneas – mas até então praticamente desconhecidas no Brasil – na cenografia, na iluminação, na interpretação, na maneira de transpor um texto para a sua forma cênica [...].

2. Independentemente desta sua importância como inovador, Ziembinski foi responsável, principalmente como diretor, mas também como ator, por

algumas das realizações mais importantes, expressivas e inesquecíveis vistas até hoje, nos palcos brasileiros. Desde a tragédia clássica até o teatro de *boulevard*, desde o drama expressionista até a comédia de costumes, Ziembinski soube sempre impregnar admiravelmente todas as suas realizações – e mesmo aquelas que menos nos satisfizeram – com a impressionante força da sua personalidade e com uma incomparável noção de beleza estética.

3. Ziembinski contribuiu muito para o surgimento e o progresso da dramaturgia brasileira, com a sua experiência, os seus conselhos e a sua capacidade de transformar em realidade cênica convincente ideias que os jovens e inexperientes – ou até não tão jovens e não tão experientes – autores brasileiros muitas vezes haviam apenas vagamente intuído. A sua histórica montagem de *Vestido de Noiva*, de Nelson Rodrigues, foi, sem dúvida, o divisor de águas a partir do qual o autor brasileiro passou a ser levado a sério [...].

6. O trabalho de Ziembinski foi sempre o de um pedagogo, que tem a noção do ensino no sangue, e que procura apaixonadamente transmitir um pouco do muito que sabe aos seus jovens companheiros de profissão. Tanto aqueles que tiveram a sorte de o ter como professor, numa das várias escolas em que ele chegou a lecionar[1], como também todos aqueles que têm participado de espetáculos por ele dirigidos, aprenderam com ele não somente como construir um personagem ou como iluminar um espetáculo, mas também – e, quem sabe principalmente – como amar, respeitar e honrar, com paixão, a profissão teatral.

Não podemos esquecer a importância da fascinante e generosa personalidade humana de Ziembinski no panorama do ambiente teatral brasileiro. Com o seu temperamento vibrante, a sua eterna juventude de espírito, a sua contagiante comunicabilidade, a sua incansável vontade de falar e de ouvir, com o calor da sua presença, e com a irresistível teatralidade de tudo que ele faz e diz, Ziembinski é, para todos nós, um pouco um símbolo vivo do próprio teatro.[2]

△ Ziembinski na Biblioteca do Serviço Nacional do Teatro (SNT) no Rio de Janeiro, 1975. Fotografia de Ney Robson.

2

ENTREVISTA COM ZBIGNIEW ZIEMBINSKI.
Publicada na revista *Teatr*, 1963, ano XVIII, n. 22.

Aproveitando a estadia em Varsóvia do conhecido ator e diretor da cena polonesa do pré-guerra, Zbigniew Ziembinski, que desde 1941 mora no Brasil, pedimos que nos pusesse a par da vida teatral naquele país e do papel que nela detém.

Como aconteceu de o senhor, um estrangeiro recém-chegado naquelas paragens, representando uma tradição artística totalmente distinta, tornar-se, de certa forma, pioneiro da renovação do teatro no Brasil – onde, como sabemos, o senhor ainda é tratado como um "Deus na terra" no âmbito de todos os assuntos relacionados à arte cênica?

Antes de responder a isso diretamente, preciso apresentar em linhas gerais a situação do teatro brasileiro no momento em que cheguei lá, isto é, cerca de vinte anos atrás. A situação que se descortinava era melancólica: o leito em que a vida teatral corria era estreito e raso. Naquele tempo, o teatro manifestava-se ali antes como uma forma de diversão esporádica e não muito exigente, do que como um fenômeno artístico segundo nossas ideias atuais. Isso se dava por dois motivos. Antes de mais nada, o Brasil, como organismo nacional independente e como sociedade com uma consciência cultural estabelecida, é uma formação ainda muito jovem: há não muito mais de cem anos, o Brasil era ainda uma típica província (portuguesa), submetida às mesmas leis que as outras regiões periféricas desse gênero, separadas dos grandes centros culturais. Antes da conquista da independência não se criou no Brasil nenhuma tradição teatral própria. Claro, houve alguns notáveis talentos entre os atores locais – por exemplo o excelente ator trágico do começo do século XIX, João Caetano – mas essas eram as exceções confirmando a regra.

A conquista de um Estado autônomo sucedeu no Brasil nos anos que, no campo do teatro, definimos como a época das grandes – mas solitárias – estrelas. De início, então, brilhavam em esporádicas apresentações itinerantes famosos atores europeus, principalmente franceses, que iam para lá com suas próprias "companhias"; depois, no final do século, companhias locais temporárias, formadas de atores menos qualificados, não raro semiamadores, serviam como pano de fundo para as exibições cênicas de notáveis individualidades artísticas – brasileiros de origem. Todos esses espetáculos constituíam, a rigor, uma exibição da arte de alguma celebrada "estrela" e evidentemente não tinham nada em comum com uma forma artística orquestrada conforme nosso entendimento atual; não havia nem sinal neles de uma concepção refletidas de direção ou cenografia (diretor e cenógrafo sequer existiam, naquela época), como tampouco do que se define como um conjunto de atores.

Nessas condições, não se criou lá nenhuma tradição de teatro como um ramo específico da arte; não se criou a tradição do trabalho do ator como uma disciplina artística própria. Em nosso século, quando sobreveio o ocaso da época das "estrelas" e começaram a vigorar critérios totalmente distintos em relação ao teatro, à sua função social e artística – no Brasil havia um vazio nesse campo. Havia o teatro como edifício, mas não havia propriamente quase nenhuma companhia e eram poucos os atores qualificados, conhecedores de seu ofício e que tratavam o teatro como arte.

Mas o Brasil já era então um país independente há muitos anos. As jovens gerações, nascidas na liberdade, não ansiavam pelo teatro? Não surgiram espontaneamente amantes dessa arte – dos dois lados da ribalta? Esse é um fenômeno tão universal...

Eis que exatamente aqui se delineia a segunda das causas pelas quais o teatro no Brasil foi, por tanto tempo, um "Grande Ausente". Essa causa se encontra nas disposições psíquicas, na mentalidade, no tipo de temperamento dos habitantes daquele belo país. São pessoas notavelmente talentosas, dotadas de imensa sensibilidade, de um inaudito sentido de ritmo e de musicalidade, em um grau que é difícil imaginar na Europa; mas governadas sobretudo pelo impulso, o instinto, a paixão, relutantes a qualquer disciplina, desacostumadas ao esforço mental duradouro. O brasileiro médio é enormemente sensível, entusiasma-se com facilidade, engaja-se emocionalmente, mas muito rápido desanima, perde a vontade, é tomado pelo tédio e pela impaciência. Não tem o hábito de focar, de se concentrar – sequer na medida indispensável ao espectador de um espetáculo; de um espetáculo que tenha algum peso, é claro, que vá além da farsa ou do melodrama sentimental.

A arte teatral não teve ali um solo fértil, não apenas pela falta de atores mas, acima de tudo, pela falta de público. Atores talvez se achasse – como provaram os últimos anos –, mas não tinham muito para quem representar... Não havia aquilo que eu definiria como *consciência* do teatro: o sentimento do significado e da função dessa arte, o fascínio por sua magia, a consciência de seus valores morais e educativos, de seu papel na formação da cultura. Influenciavam nisso também os métodos utilizados no sistema de ensino, a insuficiente consideração nele reservada aos elementos pedagógicos, a pouca atenção concedida ao aprimoramento da vontade e do caráter, à estima, por parte da juventude, das grandes ideias universais e do papel do imponderável na vida do homem. Em consequência dessa formação, o brasileiro médio não sente a necessidade de aspirar a objetivos superiores, não é capaz de se distanciar dos próprios humores mutáveis e paixões passageiras e subordiná-los a alguma instância que os supere. E é exatamente isso que a verdadeira dedicação à arte exige – à arte teatral, em particular... Hoje, de todo modo, percebe-se uma melhora muito acentuada sob esse aspecto, mas apenas os últimos anos a trouxeram.

Essas mudanças para melhor concernem justamente talvez ao campo do teatro. Sabemos afinal da grande quantidade de interessantes espetáculos no Brasil, com criações artísticas excelentes e originais. Parece que em todo esse processo de renovação o senhor exerceu papel fundamental. Como isso aconteceu?

Começou de maneira muito humilde, a partir de um contato casual – logo após minha chegada ao Rio de Janeiro, em 1941 – com um pequeno grupo de amadores que nas horas vagas tentavam, para seu próprio prazer, "brincar de teatro". Comecei a ajudá-los... Nosso trabalho teve considerável repercussão nos círculos da *intelligentsia*; procurou-me um tanto da juventude universitária, que comecei sistematicamente a "introduzir ao teatro". Mais ou menos após um ano de trabalho (realizado em condições muito difíceis, à margem das atividades normais dos participantes) apresentamos *Orfeu* de Cocteau e *As Preciosas Ridículas*. Foi apenas um espetáculo com fins de caridade, mas obteve uma grande repercussão. Depois veio o período de trabalho com um grupo maior e mais sério que, logo em seguida, assumiu o nome de "Os Comediantes", e com o qual, no fim de 1941, realizamos os três primeiros espetáculos "para valer". Foram eles *Pelleas e Melisanda*, de Maeterlinck, *Fim de Jornada*, de Sheriff, e a peça que alcançou maior repercussão e deu início ao desenvolvimento artístico de seu autor que então debutava – *Vestido de Noiva*, de Nelson Rodrigues, hoje um dos maiores dramaturgos brasileiros (é justamente uma peça sua, *Boca de Ouro*, que dirigirei agora em Cracóvia). Essa apresentação foi em certo sentido um marco, mostrando o teatro aos espectadores em uma perspectiva completamente nova.

Parece que participou dessa peça Irena Eichlerówna?

Sim, e foi um grande sucesso dela; mas ela atuou na peça apenas em sua reprise em 1945. Todavia, tiveram maior significado não tanto os valores do próprio espetáculo, quanto o trabalho que o precedeu, um trabalho a partir das bases, um abrir os olhos dos artistas, e depois também dos críticos e dos criadores, para a essência da arte cênica, para os próprios rudimentos da arte teatral. Pela primeira vez se dava um encontro com o teatro como um tipo de síntese artística... Foi um momento crucial. Crucial, por um lado, em relação aos artistas; por outro – em relação ao espectador. Um ataque ao público, uma tentativa, em suma, de conquistá-lo para o teatro...

E essa tentativa deu certo?

Em grande medida, sim. Hoje uma grande parcela do público não apenas sente necessidade de teatro, mas também entende suas particularidades específicas, como portador de um certo conteúdo mais profundo, e, ao mesmo tempo, como construção autônoma, que se rege por suas próprias leis artísticas. É preciso, porém, lembrar que ainda não há no Brasil teatros permanentes, que se apresentem por toda uma temporada, tenham seu perfil artístico definido e um grupo de atores com contrato garantido por todo o ano[3]. Formam-se companhias específicas que, com uma peça definida, apresentam-se em algum dos edifícios teatrais do Rio ou de São Paulo. Se a peça pega, o grupo tem garantia de existência por um período mais longo, às vezes, por vários meses. Mas isso é sempre um grande risco.

Apesar disso, encontram-se candidatos à profissão de ator?

Sim, apesar de que nessas condições isso exija grande sacrifício. Tirando alguns dos melhores artistas, que gozam de maior popularidade, o ator médio, no Brasil, precisa ter outros empregos que lhe permitam sobreviver às frequentes interrupções das temporadas. E mesmo assim há uma boa quantidade de atores e ela continua aumentando (nesse momento, eu estimaria seu número entre 150 e 200). Aqui tenho em mente, é claro, atores plenamente qualificados, senhores de todos os meios de expressão cênica, que tratam sua profissão como uma verdadeira vocação.

O senhor também deu início à constituição de um sistema de educação teatral?

Tal afirmação não seria exata. Indubitavelmente, tanto meus primeiros trabalhos, sobre os quais já falei, quanto os numerosos cursos posteriores, palestras, minhas aulas nos mais variados locais, influenciaram e indiretamente ocasionaram a compreensão da necessidade desse tipo de instituição de ensino. Mas elas se formaram espontaneamente. Há algumas delas, mas a mais importante fica em São Paulo (também fui professor nela). A Escola de Arte Dramática em São Paulo forma não apenas atores, mas também diretores e dramaturgos. Muitos dos meus antigos alunos são hoje criadores independentes – encenadores e dramaturgos. Um deles é Jorge Andrade, autor de *Vereda da Salvação*, que o Teatr Współczesny de Varsóvia pretende apresentar sob minha direção.

O método de atuação do ator no Brasil difere fundamentalmente do nosso?

Não substancialmente, contudo se distingue, sem dúvida, pelo temperamento mais acentuado, pelo maior ardor e também por uma velocidade de fala muito mais rápida. Os atores de lá talvez tratem o texto com mais superficialidade, mas também com mais emoção, com maior intensidade afetiva e maior engajamento interno do que é corrente, de uma maneira geral, nos palcos poloneses. Mas no decurso geral da abordagem ao papel, a interpretação da personagem baseia-se nos mesmos princípios que em todo o teatro europeu. Alcançar a verdade da expressão, a verdade da vivência – no plano artístico, é claro, em uma transformação, uma apreensão sintética.

O senhor também atuou como ator. Conseguiu ter domínio suficiente da língua?

Comecei a atuar depois de dois anos no Brasil.

Posso pedir para que cite alguns de seus principais papéis?

Foram vários... O pai em *Desejo*, de O'Neill, e outro pai em *Longa Viagem Noite Adentro*, do mesmo autor, Volpone, e novamente o papel do pai em *Pega-Fogo*, e, para variar, o Marido em *Divórcio Para Três*, de Sardou...

O senhor ocupa alguma posição oficial na hierarquia teatral do Brasil? Tem algum "cargo" definido?

Não, eu nunca quis isso. Sou totalmente independente. Sem dúvida, porém, em todas as questões teatrais do Brasil eu tenho muito a dizer; preciso admitir que não apenas o meio artístico, mas também as assim chamadas "autoridades competentes" das esferas governamentais dirigem-se a mim com uma confiança comovente, levam em consideração todos os meus postulados e sugestões e esforçam-se, na medida do possível, para levá-los a cabo. Talvez, em parte, exatamente por eu não ocupar nenhum cargo oficial – por eu ser uma pessoa independente?

Palestra de Ziembinski em Petrópolis. Fotografia de Ney Robson.

3

PEÇAS EM QUE ZBIGNIEW ZIEMBINSKI FOI DIRETOR OU ATUOU COMO ATOR.
Parte I
Polônia e Europa

Król
    G. Caillavet, R. Flers. E. Arene, Teatr Miejski im. Juliusza Słowackiego em Cracóvia, estreia 3 de setembro de 1927,
    direção de Z. Nowakowski, Z. Ziembiński – ator.

Volpone
    B. Jonscn, Teatr Miejski im. Juliusza Słowackiego em Cracóvia, estreia 17 de dezembro de 1927,
    direção de J. Sosnowski, Z. Ziembiński – ator.

Droga do piekła
    Z. Kawecki, Teatr Mały, estreia 3 de maio de 1931,
    direção de Ziembiński.

Spódniczka czy toga,
    P. Veber, A. Madis, Teatr Miejski em Łódź, estreia 25 de outubro de 1931,
    direção de Z. Ziembiński.

Mieszkanie Zojki,
    M. Bułhakow, Teatr Miejski em Łódź, estreia 21 de novembro de 1931,
    direção de Z. Ziembiński.

Rodzice i dzieci
    G. B. Shaw, Teatr Miejski em Łódź, estreia 9 de maio de 1932,
    direção de Z. Ziembiński.

Burza w szklance wody
    B. Frank, Teatr Miejski em Łódź, estreia 16 de janeiro de 1932,
    direção de Z. Ziembiński.

Hau hau
>P. Hoodges, J. Percival, Teatr Miejski em Łódź, estreia 3 outubro de 1931,
>direção de Z. Ziembiński.

Wilki w nocy
>T. Rittner, Teatr Kameralny em Łódź, estreia em setembro de 1931,
>direção de Z. Ziembiński.

Mademoiselle
>J. Deval, Teatr Nowy, estreia 23 de setembro de 1932, direção de Z. Ziembiński.

Hulla Ben Bulla
>F. Arnold, E. Bach, estreia em 1932,
>direção de Z. Ziembiński.

Wesele
>S. Wyspiański, Teatr Narodowy, estreia 28 novembro de 1932,
>direção de L. Solski, Z. Ziemiński – ator.

Pierwsza sztuka Fanny
>G.B. Shaw, Teatr Narodowy, estreia 31 de dezembro de 1932,
>direção de K. Borowski, Z. Ziembiński – ator.

Cień
>D. Niccodemi, Teatr Nowy, estreia 19 de fevereiro de 1933,
>direção de Z. Ziembiński.

Wir
>N. Coward, Teatr Narodowy, estreia 7 de maio de 1933,
>direção de Z. Ziembiński (também atuou como ator).

Hau hau
>P. Hoodges, J. Percival, Teatr Narodowy, estreia 15 de julho de 1933,
>direção de Z. Ziembiński.

Stefek
>J. Deval, Teatr Nowy, estreia em 9 de julho de 1933,
>direção de Z. Ziembiński.

Testament jaśnie pana
> B. Hjalmar, Teatr Narodowy, estreia 1º de setembro de 1933,
> direção de Z. Ziembiński.

U mety
> K.H. Rostworowski, Teatr Narodowy, estreia 29 de setembro de 1933,
> direção de L. Solski, Z. Ziembiński – ator.

Pieniądz nie jest wszystkim
> Bus-Fekete, Teatr Letni, estreia 11 de novembro de 1933,
> direção de Z. Ziembiński.

Ivar Kreuger
> J. Tepa, Teatr Letni, estreia 13 de fevereiro de 1934,
> direção de Z. Ziembiński.

Szkoła podatników
> L. Verneulile, J. Berr, estreia 10 de março de 1934,
> direção de Z. Ziembiński (também atuou como ator).

Simona
> J. Deval, Teatr Nowy, estreia 6 de maio de 1934,
> direção de Z. Ziembiński.

Arletta i zielone pudła
> A. Acremant, G. Acremant, Teatr Nowy, estreia 7 de julho de 1934,
> direção de Z. Ziembiński.

Niepoprawny Bobuś
> K. Bachman, Teatr Letni, estreia 2 de setembro de 1934,
> direção de Z. Ziembiński.

Taniec
> W. Grubiński, Teatr Mały, estreia 29 de setembro de 1934,
> direção de Z. Ziembiński (também atuou como ator).

Henryk IV
> L. Pirandello, Teatr Nowy, estreia 19 de dezembro de 1934,
> direção de Z. Ziembiński.

Most
>J. Szaniawski, estreia 20 de janeiro de 1935,
>direção de Z. Ziembiński (também atuou como ator).

Miss Ba
>R. Besier, Teatr Nowy, estreia 6 de fevereiro de 1935,
>direção de Z. Ziembiński.

Cudzik i S-ka
>S. Kiedrzyński, Teatr Mały, estreia 16 de fevereiro de 1935,
>direção de K. Borowski, Z. Ziembiński – ator.

Wszelkie prawa zastrzeżone
>I. K. Davis, Teatr Mały, estreia 6 de abril de 1935,
>direção de Z. Ziembiński.

Obrona Keysowej
>B. Winawer, Teatr Mały, estreia 28 de maio de 1935,
>direção de Z. Ziembiński.

Stare wino
>A. Dukes, S. Hicks, Teatr Narodowy, estreia 6 de julho de 1935,
>direção de Z. Ziembiński.

Powrót mamy
>M. Pawlikowska-Jasnorzewska, Teatr Nowy, estreia 19 de setembro de 1935,
>direção de Z. Ziembiński (também atuou como ator).

Dom otwarty
>M. Bałucki, Teatr Letni, estreia 17 de outubro de 1935,
>direção de Z. Ziembiński.

Tessa
>B. Dean, M. Kennedy, Teatr Nowy, estreia 11 de março de 1936,
>direção de A. Węgierko, Z. Ziembiński – ator.

Zwycięska płeć
>M. Egan, Teatr Mały, estreia 1º de novembro 1936,
>direção de Z. Ziembiński

ANEXOS

Było tak
    J. Wołoszynowski, Ziembiński – ator.

Lato w Nohant
    J. Iwaszkiewicz, Teatr Mały, estreia 4 de dezembro de 1936,
    direção de E. Wierciński, Z. Ziembiński – ator.

Wiśniowy sad
    A. Czechow, Teatr Polski, estreia 27 de abril de 1937,
    direção de Z. Ziembiński.

Lato w Nohant
    J. Iwaszkiewicz, Teatr Miejski im. Juliusza Słowackiego
    em Cracóvia, estreia 9 de junho de 1937,
    direção de Z. Ziembiński (também atuou como ator).

Jadzia wdowa
    J. Tuwim, R. Ruszkowski, Teatr Polski, estreia 7 de agosto
    de 1937,
    direção de Z. Ziembiński.

Gałązka rozmarynu
    Z. Nowakowski, Teatr Polski, estreia 9 de novembro de 1937,
    direção de A. Węgierko, Z. Ziembiński – ator (substituto).

Walący się dom
    M. Morozowicz-Szczepkowska, Teatr Mały, estreia em 1937 (?),
    direção de Z. Ziembiński (também atuou como ator).

Domino
    M. Achard, Teatr Mały, estreia 3 de fevereiro de 1938,
    direção de Z. Ziembiński (também atuou como ator).

Noc listopadowa
    S. Wyspiański, Teatr Polski, estreia 17 de abril de 1938,
    direção de A. Wegierok, Z. Ziembiński – ator.

Cyganeria paryska
    T. Berriere, H. Murger, Teatr Polski, estreia 10 de junho de 1938,
    direção de Z. Ziembiński (também atuou como ator).

Pani Natura
    A. Biraberau, Teatr Mały, estreia 11 de agosto de 1938,
    direção de Z. Ziembiński.

Rodzeństwo Thierry
    R. Martin du Gard, Teatr Kameralny, estreia 15 de novembro de 1938,
    direção de K. Adwentowicz, Z. Ziembiński – ator.

Temperamenty
    A. Cwojdziński, Teatr Mały, estreia 14 de dezembro de 1938,
    direção de Z. Ziembiński (também atuou como ator).

Mazepa
    J. Słowacki, Teatr Mały, estreia 15 de fevereiro de 1939,
    direção de Z. Ziembiński (também atuou como ator).

Elżbieta królowa, kobieta bez mężczyzny
    A. Josset, Teatr Kameralny, estreia 25 de março de 1939,
    direção de H. Szletyński, Z. Ziembiński – ator.

Brat marnotrawny
    O. Wilde, Teatr Mały, estreia 17 de março de 1939,
    direção de Z. Ziembiński (também atuou como ator).

Expose pani ministrowej
    Juliusz Krzewiński, Teatr Kameralny, estreia 13 de maio de 1939,
    direção de K. Adwentowicz, Z. Ziembiński – ator.

Koleżanki
    S. Krzywoszewski, Teatr Polski, estreia 14 de maio de 1939,
    direção de Z. Ziembiński.

Genewa
    G. B. Shaw, Teatr Polski, estreia 25 de julho de 1939,
    direção de Z. Ziembiński (também atuou como ator).

Uciekła mi przepióreczka
    S. Żeromski, Bucareste, estreia 17 de novembro de 1939,
    direção de Z. Ziembiński.

Uciekła mi przepióreczka
>S. Żeromski, Paris, estreia 10 de fevereiro de 1940, direção de Z. Ziembiński.

Złoty Pysk
>N. Rodrigues, Teatr Stary em Cracóvia, estreia 20 de dezembro de 1963 roku, direção de Z. Ziembiński.

Ścieżka zbawienia
>J. Andrade, Teatr Współczesny em Varsóvia, estreia 19 de março de 1964, direção de Z. Ziembiński.

Parte II
Brasil

COMO DIRETOR

À Beira da Estrada
>Jean-Jacques Bernard, encenada em 1941.

Orfeu
>Jean Cocteau, encenada em 1942.

As Preciosas Ridículas
>Molière, encenada em 1942.

Vestido de Noiva
>Nelson Rodrigues, encenada em 1943.

Fim de Jornada
>Robert Sherriff, encenada em 1943.

Pelleas e Melisanda
>Maeterlinck, encenada em 1943.

A Família Barrett
>Rudolf Besier, encenada em 1945.

Desejo
> Eugene O'Neill, encenada em 1946.

Era uma Vez um Preso
> Jean Anouilh, encenada em 1946.

A Rainha Morta
> Henry de Montherlant, encenada em 1946.

Não Sou Eu
> Edgard da Rocha Miranda, encenada em 1947.

Anjo Negro
> Nelson Rodrigues, encenada em 1948.

Lua de Sangue
> Georg Büchner, encenada em 1948.

Uma Rua Chamada Pecado
> Tennessee Williams, encenada em 1948.

Medéia
> Eurípides, encenada em 1948.

Os Homens
> Louis Ducreux, encenada em 1948.

Revolta em Recife
> Alceu Marinho Rego, encenada em 1948.

Pais e Filhos
> George Bernard Shaw, encenada em 1949.

Além do Horizonte
> Eugene O'Neill, encenada em 1949.

Esquina Perigosa
> J.B. Priestley, encenada em 1949.

Nossa Cidade
> Thornton Wilder, encenada em 1949.

Fim de Jornada
> Robert Sheriff, encenada em 1949.

Amanhã, se Não Chover
> Henrique Pongetti, encenada em 1950.

Helena Fechou a Porta
> Accioly Netto, encenada em 1950.

Assim Falou Freud
> Antoni Cwojdziński, encenada em 1950.

O Banquete
> Lucia Benedetti, encenada em 1950.

O Cavalheiro da Lua
> Marcel Achard, encenada em 1950.

O Homem da Flor na Boca
> Luigi Pirandello, encenada em 1950.

Pega-Fogo
> Jules Renard, encenada em 1950.

A Endemoniada
> Karl Schonherr, encenada em 1950.

Doroteia
> Nelson Rodrigues, encenada em 1950.

Adolescência
> Paul Vanderberghe, encenada em 1950.

Cavaleiro da Lua
> Marcel Achard, encenada em 1950.

Rachel
> Lourival Gomes Machado, encenada em 1950.

Lembranças de Berta
> Tennessee Williams, encenada em 1950.

Harvey
> Mary Chase, encenada em 1951.

O Grilo da Lareira
> Charles Dickens, encenada em 1951.

Paiol Velho
>Abílio Pereira de Almeida, encenada em 1951.

Divórcio Para Três
>Victorien Sardou, encenada em 1953.

Se Eu Quisesse
>Paul Géraldy i Robert Spitzer, encenada em 1953.

Desejo
>Eugene O'Neill, encenada em 1953.

Negócios de Estado
>Louis Verneuil, encenada em 1954.

Cândida
>George Bernard Shaw, encenada em 1954.

...E o Noroeste Soprou
>Edgard da Rocha Miranda, encenada em 1954.

Um Pedido de Casamento
>Anton Tchékhov, encenada em 1954.

Um Dia Feliz
>Emile Mazaud, encenada em 1954.

Volpone
>Ben Jonson, encenada em 1955.

Maria Stuart
>Friedrich Schiller, encenada em 1955.

Manouche
>André Birabeau, encenada em 1956.

Adorável Júlia
>Marc-Gilbert Sauvajon, encenada em 1957.

Leonor de Mendonça
>Gonçalves Dias, encenada em 1957.

O Santo e a Porca
>Ariano Suassuna, encenada em 1958.

Jornada de um Longo Dia Para Dentro da Noite
    Eugene O'Neill, encenada em 1958.
O Protocolo
    Machado de Assis, encenada em 1958.
Santa Martha Fabril S/A
    Abílio Pereira de Almeida, encenada em 1958.
Pega-Fogo
    Jules Renard, encenada em 1958.
Os Perigos da Pureza
    Hugh Mills, encenada em 1959.
As Três Irmãs
    Anton Tchékhov, encenada em 1960.
Carrossel do Casamento
    Leslie Stevens, encenada em 1960.
Boca de Ouro
    Nelson Rodrigues, encenada em 1960.
Sangue no Domingo
    Jorge Valter Durst, encenada em 1960.
Exercício Para Cinco Dedos
    Peter Shaffer, encenada em 1960.
Os Espectros
    Henrik Ibsen, encenada em 1961.
Círculo Vicioso
    Somerset Maugham, encenada em 1961.
Zefa Entre os Homens
    Henrique Pongetti, encenada em 1962.
Paixão da Terra
    Heloísa Maranhão, encenada em 1962.
César e Cleópatra
    Bernard Shaw, encenada em 1963.

Descalços no Parque
    Neil Simon, encenada em 1964.

Vereda da Salvação
    Jorge Andrade, encenada em 1964.

A Perda Irreparável
    Wanda Fabian, encenada em 1965.

Toda Nudez Será Castigada
    Nelson Rodrigues, encenada em 1965.

Os Físicos
    Friedrich Dürrenmatt, encenada em 1966.

O Santo Inquérito
    Dias Gomes, encenada em 1966.

Orquídeas Para Cláudia
    Henrique Pongetti, encenada em 1966.

A Mulher Sem Pecado
    Nelson Rodrigues, encenada em 1969.

O Marido de Conceição Saldanha
    João Mohana, encenada em 1969.

A Celestina
    Fernando de Rojas, encenada em 1969.

Henrique IV
    Luigi Pirandello, encenada em 1970.

Vivendo em Cima da Árvore
    Peter Ustinov, encenada em 1971.

Dom Casmurro
    Machado de Assis, encenada em 1972.

Quarteto
    Antônio Bivar, encenada em 1976.

Vestido de Noiva
    Nelson Rodrigues, encenada em 1976.

COMO ATOR

Fim de Jornada,
    Robert Sheriff, direção de Zbigniew Ziembinski, encenada em 1943.

Pelleas e Melisanda
    Maurice Maeterlinck, direção de Zbigniew Ziembinski, encenada em 1943.

Desejo
    Eugene O'Neill, direção de Zbigniew Ziembinski, encenada em 1946.

Era uma Vez um Preso
    Jean Anouilh, direção de Zbigniew Ziembinski, encenada em 1946.

A Rainha Morta
    Henry de Montherlant, direção de Zbigniew Ziembinski, encenada em 1946.

Terras do Sem Fim
    Jorge Amado, direção de Zygmunt Turkov, encenada em 1947.

Não Sou Eu
    Edgard da Rocha Miranda, direção de Zbigniew Ziembinski, encenada em 1947.

Era uma Vez um Preso
    Jean Anouilh, direção de Zbigniew Ziembinski e Miroel Silveira, encenada em 1947.

Lua de Sangue
    Georg Büchner, direção de Zbigniew Ziembinski, encenada em 1948.

Os Homens
    Louis Ducreux, direção de Zbigniew Ziembinski, encenada em 1948.

Revolta em Recife
    Alceu Marinho Rego, direção de Zbigniew Ziembinski, encenada em 1948.

Vestir os Nus
    Luigi Pirandello, direção de Adacto Filho, encenada em 1948.

Nossa Cidade
    Thorton Wilder, direção de Zbigniew Ziembinski, encenada em 1949.

Fim de Jornada
    Robert Sheriff, direção de Zbigniew Ziembinski, encenada em 1949.

Estrada do Tabaco
    Erskine Caldwell e Jack Kirkland, direção de Ruggero Jacobbi, encenada em 1949.

Do Mundo Nada se Leva
    George S. Kaufman e Moss Hart, direção de Luciano Salce, encenada em 1950.

Assim Falou Freud
    Antoni Cwojdziński, direção de Zbigniew Ziembinski, encenada em 1950.

O Banquete
    Lucia Benedetti, direção de Zbigniew Ziembinski, encenada em 1950.

O Cavalheiro da Lua
    Marcel Achard, direção de Zbigniew Ziembinski, encenada em 1950.

Pega-Fogo
    Jules Renard, direção de Zbigniew Ziembinski, encenada em 1950.

Adolescência
    Paul Vanderberghe, direção de Zbigniew Ziembinski, encenada em 1950.

O Cavaleiro da Lua
    Marcel Achard, direção de Zbigniew Ziembinski, encenada em 1950.

Ralé
    Maksim Górki, direção de Flaminio Bollini, encenada em 1951.

Convite ao Baile
    Jean Anouilh, direção de Luciano Salce, encenada em 1951.

ANEXOS

Arsênico e Alfazema
   Joseph Kesselring, direção de Adolfo Celi, encenada em 1951.

Harvey, Mary Chase
   direção de Zbigniew Ziembinski, encenada em 1951.

O Grilo da Lareira
   Charles Dickens, direção de Zbigniew Ziembinski, encenada em 1951.

Antígone
   Jean Anouilh e Sófocles, direção de Adolfo Celi, encenada em 1952.

Vá Com Deus
   Allen Boretz e John Murray, direção de Flaminio Bollini, encenada em 1952.

Divórcio Para Três
   Victorien Sardou, direção de Zbigniew Ziembinski, encenada em 1953.

Na Terra Como no Céu
   Fritz Hochwalder, direção de Luciano Salce, encenada em 1953.

Se Eu Quisesse
   Paul Géraldy e Robert Spitzer, direção de Zbigniew Ziembinski, encenada em 1953.

Negócios de Estado
   Louis Verneuil, direção de Zbigniew Ziembinski, encenada em 1954.

Cândida
   Bernard Shaw, direção de Zbigniew Ziembinski, encenada em 1954.

...E o Noroeste Soprou
   Edgard da Rocha Miranda, direção de Zbigniew Ziembinski, encenada em 1954.

Mortos Sem Sepultura
   Jean-Paul Sartre, direção de Flaminio Bollini, encenada em 1954.

Um Dia Feliz
   Emile Mazaud, direção de Zbigniew Ziembinski, encenada em 1954.

Volpone
>Ben Jonson, direção de Zbigniew Ziembinski, encenada em 1955.

Os Filhos de Eduardo
>Marc-Gilbert Sauvajon, direção de Cacilda Becker e Ruggero Jacobbi, encenada em 1955.

Gata em Teto de Zinco Quente
>Tennessee Williams, direção de Maurice Vaneau, encenada em 1956.

Manouche
>André Birabeau, direção de Zbigniew Ziembinski, encenada em 1956.

A Rainha e os Rebeldes
>Ugo Betti, direção de Maurice Vaneau, encenada em 1957.

Adorável Júlia
>Marc-Gilbert Sauvajon, direção de Zbigniew Ziembinski, encenada em 1957.

As Provas de Amor
>João Bethencourt, direção de Maurice Vaneau, encenada em 1957.

O Santo e a Porca
>Ariano Suassuna, direção de Zbigniew Ziembinski, encenada em 1958.

Jornada de um Longo Dia Para Dentro da Noite
>Eugene O'Neill, direção de Zbigniew Ziembinski, encenada em 1958.

Santa Martha Fabril S/A
>Abílio Pereira de Almeida, direção de Zbigniew Ziembinski, encenada em 1958.

Maria Stuart
>F. Schiller, direção de Zbigniew Ziembinski, encenada em 1958.

Pega-Fogo
>Jules Renard, direção de Zbigniew Ziembinski, encenada em 1958.

Os Perigos da Pureza
>Hugh Mills, direção de Zbigniew Ziembinski, encenada em 1959.

Dom João Tenório
	José Zorrilla, direção de Luís Escobar, encenada em 1960.

Boca de Ouro
	Nelson Rodrigues, direção de Zbigniew Ziembinski, encenada em 1960.

Sangue no Domingo
	Jorge Valter Durst, direção de Zbigniew Ziembinski, encenada em 1960.

Exercício Para Cinco Dedos
	Peter Shaffer, direção de Zbigniew Ziembinski , encenada em 1960.

Os Espectros
	Henrik Ibsen, direção de Zbigniew Ziembinski, encenada em 1961.

Círculo Vicioso
	Somerset Maugham, direção de Zbigniew Ziembinski, encenada em 1961.

César e Cleópatra
	Bernard Shaw, direção de Zbigniew Ziembinski, encenada em 1963.

Descalços no Parque
	Neil Simon, direção de Zbigniew Ziembinski, encenada em 1964.

A Perda Irreparável
	Wanda Fabian, direção de Zbigniew Ziembinski, encenada em 1965.

Os Físicos
	Friedrich Dürrenmatt, direção de Zbigniew Ziembinski, encenada em 1966.

A Volta do Lar
	Harold Pinter, direção de Zbigniew Ziembinski, encenada em 1967.

A Celestina
	Fernando de Rojas, direção de Zbigniew Ziembinski, encenada em 1969.

Os Gigantes da Montanha
	Luigi Pirandello, direção de Federico Pietrabruna, encenada em 1969.

Henrique IV
>Luigi Pirandello, direção de Zbigniew Ziembinski, encenada em 1970.

Vivendo em Cima da Árvore
>Peter Ustinov, direção de Zbigniew Ziembinski, encenada em 1971.

Check-Up
>Paulo Pontes, direção de Cecil Thiré, encenada em 1972.

Quarteto
>Antônio Bivar, direção de Zbigniew Ziembinski, encenada em 1976.

NOTAS

UM ZIEMBIŃSKI QUE PERDEU O "Ń"

1 P. Leminski, *Cruz e Sousa*.
- Zdzisław Dąbrowski: diretor de teatro e rádio, por muitos anos diretor do Teatr Polskiego Radia, para o qual criou centenas de programas. (N. da T.)

1. MAMÃE, VOU SER ATOR

1 *Depoimentos VI*.
2 Trata-se, provavelmente, de Cieszyn, conforme se pode inferir da entrevista concedida por Ziembinski ao Museu da Imagem e do Som do Rio de Janeiro.
- Uma das mais antigas universidades da Europa, fundada em 1364. (N. da T.)
- - Aleksander Zelwerowicz (1877-1955), ator e diretor polonês. (N. da T.)

2. ZIEMBINSKI NOS PALCOS POLONESES

1 Zelwerowicz tornou-se diretor do Instituto Nacional de Arte Dramática apenas em 1932.
2 Z. Ziembinski apud Y. Michalski, *Ziembinski e o Teatro Brasileiro*.

- [a] Em consequência das partilhas da Polônia – Processo ocorrido entre 1772 e 1795, no qual a então República das Duas Nações teve seus territórios divididos, seja como compensação de guerra ou sob ameaça armada, pela Prússia, a Áustria dos Habsburgos e o Império Russo –, Vilna achou-se sob o domínio tzarista. (N. da T.)
- Juliusz Osterwa (1885-1947), ator e diretor polonês. (N. da T.)

3 J. Kreczmar, *Notatnik aktora*.
4 Z. Ziembinski, apud Y. Michalski, op. cit.
- Diminutivo de Zbigniew, uma pronúncia aproximada seria *zbéchek*. (N. da T.)

5 Z. Niwińska, apud Y. Michalski, op. cit.
6 A União dos Artistas Cênicos Poloneses veio à luz em 21 de dezembro de 1918. Seu estatuto foi elaborado ainda durante a Primeira Guerra Mundial por Stefan Jaracz, Juliusz Osterwa, Aleksander Zelwerowicz e outros grandes nomes do teatro.
- Arnold Szyfman (1882-1967), diretor e dramaturgo polonês (N. da T.).

7 J. Kreczmar, *Notatnik aktora*.
8 M. Leyko, Tempestade Num Copo d'Água, *Kurier Łódzki*, n. 7.

- Aleksander Węgierko (1893-1941 ou 1942): ator e diretor teatral polonês. Fundador e primeiro diretor do Teatr Dramatyczny em Białystok. (N. da T.)
9 Z. Koczanowicz, *Czterdzieści lat to niewiele.*
10 A. Słonimski, *Gwałt na Melpomenie.*
11 T. Boy-Żeleński, *Murzyn zrobił... Wrażeń teatralnych seria siedemnasta.*
12 K. Wierzyński, *Wrażenia teatralne: recenzje z lat 1932-1939.*
13 I. Krzywicka, Kontrola współczesności, em A. Zawiszewska, Agata (org.), *Wybór międzywojennej publicystyki społecznej i literackiej z lat 1924-1939.*

3 SOU OBCECADO PELO DRAMA BURGUÊS

1 Y. Michalski, *Ziembinski e o Teatro Brasileiro.*
2 A. Słonimski, *Gwałt na Melpomenie.*
3 T. Boy-Żeleński, *Reflektorem w serce. Romanse cieniów. Wrażenia teatralne.*
- Alusão à peça *Moralność Pani Dulskiej* (*A Moral da Senhora Dulska*), escrita em 1907 pela grande dramaturga polonesa Gabriela Zapolska, em que é feita uma crítica mordaz aos costumes burgueses da época. (N. da T.)
4 A. Słonimski, op. cit.
5 Idem.
6 T. Boy-Żeleński, op. cit.
7 J. Iwaszkiewicz, *Teatr Polski w Warszawie 1938-1949.*
8 T. Boy-Żeleński, *1001 noc teatru.*
9 A. Słonimski, op. cit.
10 T. Boy-Żeleński, *Perfumy i krew. Krótkie spięcia. Wrażenia teatralne.*
11 B. Korzeniewski, *Spory o teatr. Recenzje z lat 1935-1939.*
12 Ibidem.
13 A. Słonimski, op. cit.
14 T. Boy-Żeleński, *1001 noc teatru.*
15 A. Słonimski, op. cit.
16 Ibidem.
17 Ibidem.
18 Ibidem.

4 O TEATRO POLONÊS DURANTE A GUERRA

1 I. Krzywicka, Kontrola współczesności, em Agata Zawiszewska (org.), *Wybór międzywojennej publicystyki społecznej i literackiej z lat 1924-1939.*
- Entre os anos de 1939 e 1944, Pawiak foi o maior presídio político nos territórios poloneses ocupados pelos alemães. (N. da T.)
2 Tadeusz Boy-Żeleński foi assassinado em junho de 1941 no massacre dos professores de Lwów.
3 T. Boy-Żeleński, *1001 noc teatru.*
4 I. Krzywicka, Kontrola współczesności, em Agata Zawiszewska (org.), *Wybór międzywojennej publicystyki społecznej i literackiej z lat 1924-1939.*
5 T. Boy-Żeleński, *1001 noc teatru.*
6 I. Krzywicka, *Naprzód,* n. 213.
7 *Depoimentos VI.*
8 A. Szyfman, *Moja wojenna tułaczka.*
- Ryszard Ruszkowski (1856-1898): diretor, cantor e comediógrafo polonês. (N. da T.)
9 J. Tuwim, "Jarmark rymów", *Dzieła,* t. 3.
10 S. Marczak-Oborski (org.), *Polskie życie teatralne podczas II wojny światowej, Pamiętnik Teatralny,* n. 1-4 (45-48), Rok 12.
- Stefan Jaracz (1883-1945): ator, escritor e diretor polonês. (N. da T.)
- Rua no centro histórico de Varsóvia. (N. da T.)
11 J. Zawieyski, Melpomena schodzi do podziemia, *Pamiętnik Teatralny,* n. 1-2.
- Parque no centro de Varsóvia. (N. da T.)
- Leon Schiller (1887-1954): diretor, crítico e teórico do teatro polonês. (N. da T.)
- Julian Tuwim (1894-1953): grande poeta, tradutor e ensaísta polonês, celebrizou-se também por sua verve criativa voltada para os palcos e cabarés: vaudeviles, textos satíricos, letras de canções etc. (N. da T.)
12 S. Marczak-Oborski (org.), *Polskie życie teatralne podczas II wojny światowej, Pamiętnik Teatralny,* n. 1-4 (45-48).
13 A. Szyfman, op. cit.
14 *Depoimentos VI.*

- ZASP: Związek Artystów Scen Polskich (União dos Artistas Cênicos Poloneses). (N. da T.)
- Stefan Żeromski (1864-1925): escritor e dramaturgo, chamado de "a consciência da literatura polonesa". (N. da T.)
15 Da Companhia de Artistas dos Teatros de Varsóvia fizeram parte também: T. Olsza, K. Weyman, E. Dziewońska, J. Budzyński, J. Bajan, S. Baczyński, S. Sielański, B. Lipski, E. Dziekoński e L. Krzemieński.
16 S. Marczak-Oborski (org.), *Teatr czasu wojny (1939-1945)*.
•• Aleksander Fredro (1793-1876): poeta, prosador e dramaturgo polonês. (N. da T.)
••• Roman Niewiarowicz (1902-1972): ator, diretor teatral, dramaturgo e roteirista. (N. da T.)
17 S. Marczak-Oborski (org.), *Teatr czasu wojny (1939-1945)*.
18 Ibidem.
19 Ibidem.
20 Hoje, Lviv, na Ucrânia.
- Oflag: abreviação de *Offizierslager*: designação dos campos alemães de prisioneiros destinados especificamente aos oficiais durante a Segunda Guerra Mundial. (N. da T.)
•• Stalag: abreviação de *Stammlager*, designação aplicada, durante o Terceiro Reich, aos campos de prisioneiros de guerra de patente inferior. (N. da T.)
21 Introdução de Zbigniew Raszewski, intitulada Do naszych czytelników, *Pamiętnik Teatralny*, ano XII, n. 1-4 (45-48).
22 S. Marczak-Oborski (org.), *Teatr czasu wojny (1939-1945)*.
- Hanka Ordonówka, nome artístico de Maria Anna Tyszkiewiczowa (1902-1950): célebre cantora, dançarina e atriz polonesa. (N. da T.)
- Termo usado para definir pessoas etnicamente alemãs, mas nascidas fora do *Reich*. (N. da T.)
23 S. Marczak-Oborski (org.), *Teatr czasu wojny (1939-1945)*.
24 A. Bogucka, Piękny statysta, *Kronika Mazowiecka*, n. 2 (156).

5. ESBOÇO DE HISTÓRIA DA IMIGRAÇÃO POLONESA NO BRASIL

1 M. Szawleski, *Kwestia emigracji w Polsce*.
2 J. Jondro (ed.), *Ilustrowany Przewodnik po Brazylii wraz z mapką Parany i Ameryki Południowej*.
3 Ibidem.
4 Ibidem.
5 Ibidem.
6 P. Sosnowski, *Brazylja. Jej przyroda i mieszkańcy*.
7 O. Bujwid, *Stosunki zdrowotne Brazylji*.
8 Ibidem.
9 Ibidem.
- Trata-se evidentemente do bicho-de-pé. (N. da T.)
10 J. Ostrowski, *Polscy konkwistadorzy*.
•• Utiliza-se no texto original o decalque fonético "żararaki". (N. da T.)
11 M. Paradowska, *Polacy w Ameryce Południowej*.
12 E. Anuszewska, Gospodarowanie Polonii brazylijskiej, em M. Kula (org.), *Dzieje Polonii w Ameryce Łacińskiej*.
- Ver capítulo 2, Ziembinski Nos Palcos Poloneses, infra p. 299, n. •[a]. (N. da T.)
13 *Conselhos e Advertências Para os Que Partem Para o Brasil*, Lwów, 1896.
14 M. Paradowska, op. cit.
15 M. Szawleski, op. cit.
16 A. Olcha, Introdução, em W. Wójcik, *Moje życie w Brazylii*.
17 *Pamiętniki emigrantów*.
18 Z. Malanowski, Carta de 1° de Março de 1912, *Towarzystwo opieki nad wychodźcami*, livro 21.
19 *Emigracja Polska w Brazylii*.
- Referência ao governo polonês no exílio, que se formou em Londres durante a Segunda Guerra e, no pós-guerra, manteve posição contrária ao regime comunista. (N. da T.)

6. UM VISTO PARA A LUA

- Bodzechów: nessa cidade, o pai de Witold Gombrowicz, Jan Onufry Gombrowicz, era diretor de uma fábrica. (N. da T.)

- - Małoszyce: cidade natal de Witold Gombrowicz. (N. da T.)
1 W. Gombrowicz, *Dziennik 1961-1966*.
2 Gravações de Zbigniew Ziembinski, em Y. Michalski, *Ziembinski e o Teatro Brasileiro*.
- Os Pireneus. (N. da T.)
3 *Depoimentos VI*.

7. NÃO ESTOU ENTENDENDO NADA, MAS É MARAVILHOSO

1 *Depoimentos VI*.
2 Como Os Comediantes, o TEB também surgiu em 1938.
3 L.B. Leite, Entrevista, em F. Fuser, *A Turma da Polônia na Renovação Teatral Brasileira*.
4 T.S. Rosa, *A Noite*, 3 out. 1943.
5 Z. Ziembinski, *Revista Dionysos*, n. 22.
6 Entrevista feita com Zbigniew Ziembinski para o Serviço Nacional de Teatro, 16 abril 1975, em Y. Michalski, *Ziembinski e o Teatro Brasileiro*.
7 Z. Ziembinski, *Revista Dionysos*, n. 22.
8 Entrevista concedida por Luíza Barreto Leite a Yan Michalski e Filomena Chiaradia, 6 fev. 1985, em Y. Michalski, op. cit.
9 Z. Ziembinski, Entrevista, *O Globo*, 14 jan. de 1976.
10 Idem, *Revista Dionysos*, n. 22.
11 A. Mesquita, Entrevista, em F. Fuser, op. cit.
12 N. Rodrigues apud A. Gilberto, *Ziembinski*.
13 D.A. Prado apud A. Gilberto, op. cit.
14 A. Mesquita apud A. Gilberto, op. cit.

8. POLONESES NOS PALCOS BRASILEIROS

1 G. Dória, *Revista Dionysos*, 1975, n. 22.
2 I. Stypińska, apud A. Grodzicki, *Eichlerówna: szlachetny demon teatru*.
3 M. Silveira, Entrevista, em F. Fuser, *A Turma da Polônia na Renovação Teatral Brasileira*.
4 L. B. Leite, *A Mulher no Teatro Brasileiro*.
5 Não nos foi possível encontrar nenhuma crítica teatral em que se comentasse sobre seu sotaque estrangeiro, o que com frequência ocorreu no caso de Ziembinski.
6 A. Szyfman, Carta de 1º ago.1946 para Irena Eichlerówna, apud A. Grodzicki, op. cit.
- *Warszawianka*: drama de autoria de Stanisław Wyspiański. (N. da T.)
7 I. Eichlerówna, Carta de 5 ago. 1946 para Arnol Szyfman, apud A. Grodzicki, op. cit.
8 Cf. D. Sosnowska, *Królowe* PRL.
9 Do TBC à Globo, o mesmo Ziembinsky, *Folha de São Paulo*, 19 mar. 1977.
10 Entrevista de Miroel Silveira para o SNT, 24 jan. 1975, publicada em *Depoimentos* II.
11 P. C. Magno, A Rainha Morta, *Correio da Manhã*, 26 out. 1946.
12 Cf. M. Nunes, A Rainha Morta, *Jornal do Brasil*, 27 nov. 1946.
13 P. C. Magno, op. cit.
14 C. de Garcia, No Teatro Fênix, [jornal não identificado, provavelmente *Rio Magazine*], em Y. Michalski, *Ziembinski e o Teatro Brasileiro*.
15 D. A. Prado, Era uma Vez um Preso, *O Estado de S. Paulo*, 31 maio 1947.
16 Comunicação pessoal à autora (19 nov. 2014).
17 L.B. Leite, Entrevista, em F. Fuser, op. cit.
18 D.A. Prado, Entrevista, em F. Fuser, op. cit.
19 Y. Michalski, Entrevista, em F. Fuser, op. cit.
20 C. de Assis, Entrevista, em F. Fuser, op. cit.
21 A. Mesquita, Entrevista, em F. Fuser, op. cit.
22 Com base em conversa com Antunes Filho (9 dez. 2014).
23 S. Magaldi, Entrevista, em F. Fuser, op. cit.

9. O MISTERIOSO GOTTLIEB VON SAMBOR

1 Svengali – nome da personagem do romance *Trilby*, de George du Maurier, escrito em 1894. Svengali era um hipnotizador mau-caráter, que usava as pessoas para atingir seus objetivos. Uma de suas vítimas foi uma bela modelo, chamada Trilby, que ele tirou do Quartier Latin de Paris

e levou para Londres. Graças a forças ocultas, tornou-a uma famosa cantora.
2   L. B. Leite, Svengali e suas "marionnettes" humanas, *Correio da Manhã*, Rio de Janeiro, set. 1948, apud F. Fuser, *A Turma da Polônia na Renovação Teatral Brasileira*.
•   *Przedwiośnie*: romance político de Stefan Żeromski, editado em 1924. O filme de 1928 nele baseado teve direção de Henryk Szaro. (N. da T.)
3   H. Markiewicz (org.), Polski Słownik Biograficzny, v. XXXIV/3, Zakład Narodowy Im. Ossolińskich.
4   H. Markiewicz (org.), Polski Słownik Biograficzny, Vol. 24/3, Zakład Narodowy Im. Ossolińskich.
5   L.B. Leite, Entrevista, em F. Fuser, op. cit.
6   S. Polloni, Entrevista concedida a Yan Michalski, 16 fev. 1986, em Y. Michalski, *Ziembinski e o Teatro Brasileiro*.
7   P. C. Magno, *Lua de Sangue* no Fênix, *Correio da Manhã*, 28 ago. 1948.
8   R. Brandão, Louvação de *Lua de Sangue*, *Diário Carioca*, 29 ago. 1948.
9   J. A. Labanca, Entrevista, em F. Fuser, op. cit.
10 S. Britto, Entrevista, em F. Fuser, op. cit.
11 M. Silveira, Entrevista, em F. Fuser, op. cit.
12 G. Mello, *Revista Dionysos*, n. 22.

10. A MUDANÇA DO RIO DE JANEIRO PARA SÃO PAULO

1   D.A. Prado, *Apresenteção do Teatro Brasileiro Moderno*.
2   Z. Ziembinski, Entrevista concedida ao Serviço Nacional de Teatro, 16 abr. 1975, em Y. Michalski, *Ziembinski e o Teatro Brasileiro*.
3   Antes do encontro com Ziembinski e Os Comediantes, Cacilda atuou no GUT (Grupo Universitário de Teatro), em São Paulo, sob a direção de Décio de Almeida Prado. Decerto já então ela pôde trabalhar tendo à disposição todo o texto da peça e analisando com cuidado as personagens a interpretar.
4   Com o tempo, porém, as peças de autores brasileiros começaram a frequentar cada vez mais assiduamente a ribalta do TBC e, a partir da virada promovida pelo Teatro de Arena ao fim dos anos de 1950, a tendência nacionalista passou a predominar em todos os palcos brasileiros.
5   Cf. P. C. Magno, *Crítica Teatral e Outras Histórias*.
6   *Revista Dionysos*, 1980, n. 25.
7   *Depoimentos VI*.
8   Ibidem.
9   Ibidem.
10 N. Licia, *Eu Vivi o TBC*.
11 D.A. Prado, *Apresentação do Teatro Brasileiro Moderno*.
12 N. Licia, op. cit.
13 P. Autran, Entrevista, em F. Fuser, *A Turma da Polônia na Renovação Teatral Brasileira*.
14 Z. Ziembinski, Ziembinski: implantei no Brasil a consciência do teatro, *Revista Teatro Brasileiro*, 5 mar. 1956.
15 T. Boy-Żeleński, *Perfumy i krew*.
16 Peça de Maria Pawlikowska-Jasnorzewska. Estreou em 19 set. 1935, no Teatr Nowy.
17 T. Boy-Żeleński, op. cit.
18 Estreia em 17 out. 1935, no Teatr Letni, em Varsóvia.
19 B. Korzeniewski, *Spory o teatr*.
20 *Cyganeria paryska* (*Boemia Parisiense*), peça inspirada em H. Murger e T. Barrière, escrita por Marian Hemar (Teatr Polski, estreia em 10 jun. 1938).
21 A. Słonimski, *Gwałt na Melpomenie*.
22 Com base em conversa com Antunes Filho (9 dez. 2014).
23 Além do fato de que o correr do tempo pode ter contribuído para um olhar mais indulgente, convém ainda chamar a atenção para o importante papel desempenhado por Ziembinski na formação de Antunes Filho como diretor.
24 Cf. Y. Michalski, op. cit.
25 Ibidem.
26 J. A. Labanca, Entrevista, em F. Fuser, op. cit.
27 D. A. Prado, Entrevista, em F. Fuser, op. cit.
28 A. Lins, Algumas Notas Sobre Os Comediantes, *Correio da Manhã*, 2 jan. 1944.

29 P. C. Magno, Os Comediantes e os Amadores do Ginástico, *Correio da Manhã*, 2 out. 1946.
30 Idem, *A Rainha Morta*.
31 Comunicação pessoal à autora com Nydia Licia (21 nov. 2014).
32 Com base em conversa com Maria Thereza Vargas (10 dez. 2014).

11. DA HEGEMONIA DO ATOR PARA A HEGEMONIA DO DIRETOR

1 O. Mendes, Entrevista, em F. Fuser, *A Turma da Polônia na Renovação Teatral Brasileira*.
2 J. Lorentowicz, *Teatr Polski w Warszawie 1913-1938*.
3 Ibidem.
4 Ibidem.
5 Z. Wilski, *Polskie szkolnictwo teatralne 1811-1944*.
• Região ao sul da Polônia. (N. da T.)
6 L. Schiller, *Wykształcenie reżysera*, em J. Timoszewicz, *Na progu nowego teatru*.
7 A. Filho, Entrevista, em F. Fuser, op. cit.
8 Y. Michalski, *Ziembinski e o Teatro Brasileiro*.
9 Y. Michalski, Entrevista, em F. Fuser, op. cit.
10 Ibidem.
11 L. B. Leite, Entrevista, em F. Fuser, op. cit.
12 A. Guerra, Entrevista, em F. Fuser, op. cit.
13 C. de Assis, Entrevista, em F. Fuser, op. cit.
14 Y. Michalski, Entrevista, em F. Fuser, op. cit.
15 D. A. Prado, Entrevista, em F. Fuser, op. cit.
16 M. Silveira, Entrevista, em F. Fuser, op. cit.
17 S. Britto, Entrevista, em F. Fuser, op. cit.
18 L.B. Leite, Entrevista concedida a Yan Michalski e Filomena Chiaradia, 6 fev. 1985, em Y. Michalski, op. cit.
19 P. Autran, Entrevista, em F. Fuser, op. cit.
20 D. A. Prado, op. cit.
21 S. Britto, op. cit.
22 P. Autran, op. cit.
23 S. Magaldi, Entrevista, em F. Fuser, op. cit.
24 J. A. Labanca apud J. Guinsburg; M. T. Vargas, Cacilda: A Face e a Máscara. – Um Estilo de Interpretação, em Nanci Fernandes; Maria Thereza Vargas (orgs.), *Uma Atriz: Cacilda Becker*.
25 J. Guinsburg, Entrevista, em F. Fuser, op. cit.
26 M. Esmeralda, Entrevista a Yan Michalski e Johana Albuquerque (jan. 1988), em Y. Michalski, *Ziembinski e o Teatro Brasileiro*.
27 Ibidem.

12. AQUELE BÁRBARO SOTAQUE POLONÊS

1 Z. Ziembinski, Entrevista para o Museu da Imagem e do Som do Rio de Janeiro, 14 jun. 1967.
2 Idem, apud J. Antônio, Ziembinski e os Passos do Espetáculo, *O Globo*, 26 abr. 1966.
3 N. Rodrigues, apud A. Gilberto, *Ziembinski*.
4 Com base em conversa com Antunes Filho (9 dez. 2014).
5 S. Magaldi, *Folha de São Paulo*, 24 mar. 1996.
6 D. A. Prado, Entrevista, em F. Fuser, *A Turma da Polônia na Renovação Teatral Brasileira*.
7 S. Magaldi, Entrevista, em F. Fuser, op. cit.
8 Em 1992, é lançado o documentário *Polaco Loco Paca*, com direção de João Knijnik.
9 R. Castro, *O Anjo Pornográfico*.
10 N. Licia, *Eu Vivi o TBC*.
11 Comunicação pessoal à autora (21 out. 2014).

13. O EMIGRANTE VOLTA

1 A opinião sugere um discernimento limitado da parte de Ziembinski no que toca à valoração das obras da dramaturgia brasileira.
2 E. Szrojt, *Teatr współczesny w Warszawie*.
3 V. Jaffa, Ziembinski em Varsóvia, *Correio da Manhã*, 8 out. 1963.
4 *Życie Warszawy*, 6 ago. 1963.
5 O teatrze brazylijskim, *Dziennik Polski*, 24 set. 1963.
6 *Stolica Warszawa*, 24 out. 1964 (trad. Fausto Fuser).
7 F. Fuser, *A Turma da Polônia na Renovação Teatral Brasileira*.
8 A entrevista constitui um dos anexos do presente livro.

9   A recepção da crítica polonesa às montagens ziembińskianas é discutida com vagar em Y. Michalski, Uma Missão Brasileira na Polônia, *Ziembinski e o Teatro Brasileiro*.
10 T. Kudliński, Tydzień teatralny, *Dziennik Polski*, 1964, n. 14.
11 Ki, Złoty Pysk, *Teatr*, 1964, n. 7.
12 *Express Wieczorny*, 13 mar. 1964.
13 F. Fuser, op. cit.
14 *Słownik biograficzny teatru polskiego 1900-1980*, v. II.
•   Ver em português T. Kantor, *O Teatro da Morte*. (N. da T.)
•• Trata-se do texto "Ku teatrowi ubogiemu", publicado originalmente em 1965, em Wrocław, no n. 9 da revista *Odra*. Em português, ver J. Grotowski, *Em Busca de um Teatro Pobre*. (N. da T.)
15 Com base em conversa com Antunes Filho (9 dez. 2014).
16 Ibidem.
17 W. Gombrowicz, *Dziennik 1961-1966*.

14. CONFUSÃO EM TORNO DE UMA PATERNIDADE

1   Z. Ziembinski, Implantei no Brasil a Consciência do Teatro, *Revista Teatro Brasileiro*, n. 3.
2   S. Oiticica, Entrevista, em F. Fuser, *A Turma da Polônia na Renovação Teatral Brasileira*.
3   C. de Assis, Entrevista, em F. Fuser, op. cit.
4   J. Renato, Entrevista, em F. Fuser, op. cit.
5   S. Magaldi, Entrevista, em F. Fuser, op. cit.
6   D. A. Prado, Entrevista, em F. Fuser, op. cit.
7   S. Britto, Entrevista, em F. Fuser, op. cit.
8   A. Guerra, Entrevista, em F. Fuser, op. cit.

15. DESPEDIDA

1   É importante todavia não perder de vista a ressalva feita por Michalski sobre os "desempenhos privilegiados" de Ziembinski como ator na fase final de sua carreira (Y. Michalski, *Ziembinski e o Teatro Brasileiro*).
2   Ibidem.

3   *Jornal do Brasil*, 11 out. 1976.
4   Telenovela da Rede Globo de Televisão. Ziembinski interpretou o papel da Tia Stanislava.
5   Z. Ziembinski, Pra Frente, *O Globo*, 23 dez. 1969.
6   H. Oscar, Check-up, *Diário de Notícias*, 21 set. 1972.
7   Y. Michalski, Gaiatices Hospitalares, *Jornal do Brasil*, 18 set. 1972.
8   Texto publicado no programa de *Vestido de Noiva*, de 1976.
9   S. Magaldi, *Jornal da Tarde*, 20 dez. 1976.
10 Ziembinski: Há Cinquenta Anos Empolgado Com o Palco e o Presente, *Correio Braziliense*, 14 nov. 1976.
11 Ibidem.
12 Ziembinsky Recebe Medalha da Polônia, *Jornal de Brasília*, 26 jan. 1977.
13 *O Globo*, 26 jul. 1977.
14 *Jornal do Comércio*, 8 out. 1977.
15 *Jornal do Brasil*, 21 out. 1978.
16 Cf. D. Oliveira, Depoimento, em A. Gilberto, *Ziembinski*.
17 Comunicação pessoal à autora (21 nov. 2014).

ANEXOS

1   Entre outras, Ziembinski deu aulas na Escola de Arte Dramática, em São Paulo, entre 1951-1957 e na Fundação Brasileira de Teatro, no Rio, em 1960. Em 1969, realizou por quase um ano um programa semanal de ensino de interpretação, *O Ator na Arena*, para a TV Educativa de São Paulo. (N. do A.)
2   Para um balanço mais minucioso da contribuição ziembińskiana para o teatro brasileiro, ver Y. Michalski, Um Ponto de Referência, *Ziembinski e o Teatro Brasileiro*. (N. do A.)
3   Em face a esse tipo de afirmação, não é de se admirar a fúria com que Fausto Fuser investe contra Ziembinski em sua tese de doutorado. Zimba parece simplesmente se esquecer da existência de teatros como o TBC ou – considerando os grupos surgidos a partir dos anos de 1950 – o Teatro de Arena ou o Oficina. (N. do A.)

BIBLIOGRAFIA

I. ATIVIDADE TEATRAL DE ZIEMBINSKI NA POLÔNIA ENTREGUERRAS

BAJOR-CICILIATI, Anna. Zbigniew Ziembiński. Polski reformator brazylijskiej sceny, Didaskalia. *Gazeta Teatralna*, 2006, n. 75.
BOGUCKA, Agnieszka. Piękny statysta. *Kronika Mazowiecka*, n. 2, v. 156, 2016.
BOY-ŻELEŃSKI, Tadeusz. *Murzyn zrobił... Wrażeń teatralnych seria siedemnasta.* Warszawa: Państwowy Instytut Wydawniczy, 1970.
____. *Perfumy i krew. Krótkie spięcia. Wrażenia teatralne.* Warszawa: Państwowy Instytut Wydawniczy, 1969.
____. *Reflektorem w serce. Romanse cieniów. Wrażenia teatralne.* Warszawa: Państwowy Instytut Wydawniczy, 1968.
____. *1001 noc teatru: wrażeń teatralnych seria osiemnasta.* Warszawa: Państwowy Instytut Wydawniczy, 1975.
Dialog, n. 1, janeiro de 1964.
GOMBROWICZ, Witold. *Dziennik 1961-1966.* Kraków: Wydawnictwo Literackie, 1986.
IWASZKIEWICZ, Jarosław. *Teatr Polski w Warszawie 1938-1949.* Warszawa: Wydawnictwo Artystyczne i Filmowe, 1971.
KASZYŃSKI, Stanisław (org.) *Teatr przy ulicy Cegielnianej. Szkice z dziejów sceny łódzkiej 1844-1978.* Łódź: Wydawnictwo Łódzkie, 1980.
KOCZANOWICZ, Zbigniew. *Czterdzieści lat to niewiele.* Warszawa: Wydawnictwo Artystyczne i Filmowe, 1976.
KORZENIEWSKI, Bohdan. *Spory o teatr. Recenzje z lat 1935-1939.* Warszawa: Państwowy Instytut Wydawniczy, 1966.

KRASIŃSKI, Edward. *Warszawskie sceny 1918–1939*. Warszawa: Państwowy Instytut Wydawniczy, 1976
KRECZMAR, Jan. *Drugi notatnik aktora*. Warszawa: Państwowy Instytut Wydawniczy, 1971.
____. *Notatnik aktora*. Warszawa: Państwowy Instytut Wydawniczy, 1966.
LENGYEL, N. Stworzył współczesny brazylijski teatr, *Kulisy*, 1978, n. 45.
LORENTOWICZ, Jan. *Teatr Polski w Warszawie 1913-1938*. Warszawa: Instytut Wydawniczy Biblioteka Polska, 1938.
MAŁKOWSKA, Hanna. *Teatr mojego życia*. Łódź: Wydawnictwo Łódzkie, 1976.
MARCZAK-OBORSKI, Stanisław. *Teatr czasu wojny (1939-1945)*. Warszawa: Państwowy Instytut Wydawniczy, 1967.
MICHALSKI, Czesław. *Pitaval filmowy*. Warszawa: Wydawnictwo KAW, 1980.
MOŚCICKI, Tomasz. *Teatry Warszawy 1939. Kronika*. Warszawa: Bellona, 2009.
PARANDOWSKI, Jan. *Kiedy byłem recenzentem*. Warszawa: Wydawnictwo Artystyczne i Filmowe, 1963.
SEMPOLIŃSKI, Ludwik. *Wielcy artyści małych scen*. Warszawa: Czytelnik, 1968.
SŁONIMSKI, Antoni. *Gwałt na Melpomenie*. Warszawa: Czytelnik, 1969.
STARZYCKA, Magdalena. Zimba, *Tygiel Kultury*, 2005, n. 10-12.
SZROJT, Eugeniusz. *Teatr Współczesny w Warszawie*. Warszawa: Wydawnictwo Artystyczne i Filmowe, 1978.
SZYFMAN, Arnold. *Moja wojenna tułaczka*. Warszawa: Wydawnictwo MON, 1960.
TARASIEWICZ, K., Z anonimowości do chwały, *Radar*, 1979, n. 10.
Teatr, 1963, ano XVIII, n. 22.
TUWIM, Julian. "Jarmark rymów", Dzieła, t. 3., Czytelnik, Warszawa 1958.
URBANEK, Mariusz. *Tuwim. Wylękniony bluźnierca*. Warszawa: Iskry, 2013.
WIERZYŃSKI, Kazimierz. *Wrażenia teatralne: recenzje z lat 1932-1939*. Warszawa: Państwowy Instytut Wydawniczy, 1987.
WILSKI, Zbigniew. *Polskie szkolnictwo teatralne 1811-1944*. Warszawa: Wydawnictwo Polskiej Akademii Nauk, 1978.
ZAWIEYSKI, Jerzy. Melpomena schodzi do podziemia, *Pamiętnik Teatralny*, 1963, n. 1-2.
ZAWISZEWSKA, Agata (org.). *Wybór międzywojennej publicystyki społecznej i literackiej z lat 1924-1939*. Warszawa: Wydawnictwo Feminoteki, 2008.

II. IMIGRAÇÃO POLONESA NO BRASIL

BUJWID, Odo. *Stosunki zdrowotne Brazylji. Treściwie wiadomości dla użytku osadników i towarzystw emigracyjnych, o chorobach podzwrotnikowych, sposobach ich unikania, zwalczania i zapobiegania*. Warszawa: Naukowy Instytut Emigracyjny, 1930.
CIURUŚ, Eugeniusz. *Polacy w Brazylii*. Lublin: Polonijne Centrum Kulturalno-Oświatowe Uniwersytetu Marii Curie-Skłodowskiej, 1977.
INSTYTUT GOSPODARSTWA SPOŁECZNEGO. *Pamiętniki emigrantów. Ameryka Południowa*. Warszawa, 1939.
JONDRO, Józef (org.). *Ilustrowany Przewodnik po Brazylii wraz z mapką Parany i Ameryki Południowej*. Kraków: Polskie Towarzystwo Emigracyjne, 1909.

KULA, Marcin (org.). *Dzieje Polonii w Ameryce Łacińskiej. Zbiór studiów.* Wrocław: Polska Akademia Nauk. Komitet Badania Polonii–Zakład Narodowy im. Ossolińskich, 1983.
LUDOWA SPÓŁDZIELNIA WYDAWNICZA. *Emigracja Polska w Brazylii. 100 lat osadnictwa.* Warszawa, 1971.
MALCZEWSKI, Pe. Zdzisław. *Obecność Polaków i Polonii w Rio de Janeiro.* Lublin: Oddział Lubelski Stowarzyszenia Wspólnota Polska, 1995.
OSTROWSKI, Jerzy. *Polscy konkwistadorzy.* Warszawa: Nakład Gebethnera i Wolffa, 1934.
Pamiętniki emigrantów, wybór i przedmowa Kazimierz Koźniewski, Wydawnictwo Polonia, Warszawa 1965.
PARADOWSKA, Maria. *Polacy w Ameryce Południowej.* Wrocław: Zakład Narodowy im. Ossolińskich, 1977.
DOBOSIEWICZ, Z.; RÓMMEL, W. (org.). Polonia w Ameryce Łacińskiej. Lublin: Wydawnictwo Lubelskie, 1977.
SCHEFFER, Paul. *Druga ojczyzna. Imigranci w społeczeństwie otwartym.* Wołowiec: Wydawnictwo Czarne, 2010.
SOSNOWSKI, Paweł. *Brazylja. Jej przyroda i mieszkańcy.* 3. ed. revista. Warszawa: Wydawnictwo imienia Staszyca, 1909.
SZAWLESKI, Mieczysław. *Kwestia emigracji w Polsce.* Warszawa: Polskie Towarzystwo Emigracyjne, 1927.
URBAŃSKI, Edmund Stefan. *Sylwetki polskie w Ameryce Łacińskiej w XIX i XX wieku:* Uczeni, literaci, artyści, kler i wojskowi. Stevens Point: [s.n.], 1991 (v. 2).
WIERZBIAŃSKI, Bolesław. *Polonia zagraniczna w latach 1939-1946.* Londres: Wydawnictwo Światowego Związku Polaków z Zagranicy, 1946.
WÓJCIK, Władysław. *Moje życie w Brazylii.* Warszawa: Ludowa Spółdzielnia Wydawnicza, 1961.

III. ZIEMBINSKI NO BRASIL

CARVALHO, Julia. *Amordaçados: Uma História de Censura e de Seus Personagens.* Barueri: Manole, 2013.
CASTRO, Ruy. *O Anjo Pornográfico: A Vida de Nelson Rodrigues.* São Paulo: Companhia das Letras, 1994.
DEPOIMENTO. *Depoimentos VI.* Rio de Janeiro, Serviço Nacional do Teatro, 1982.
DIONYSOS. Os Comediantes. Rio de Janeiro, n. 22, 1975. Número especial.
FUSER, Fausto. *A Turma da Polônia na Renovação Teatral Brasileira, ou Ziembinski: O Criador da Consciência Teatral Brasileira?* Tese (Doutorado em Artes Cênicas), São Paulo, Universidade de São Paulo, 1987.
GILBERTO, Antonio. *Ziembinski: Mestre do Palco.* São Paulo: Imprensa Oficial, 2010. (Col. Aplauso)
GUINSBURG, J.; VARGAS, Maria Thereza. Cacilda: A Face e a Máscara – Um Estilo de Interpretação. In: FERNANDES, Nanci; VARGAS, Maria Thereza (orgs.). *Uma Atriz: Cacilda Becker.* São Paulo: Perspectiva, 1983.
GUZIK, Alberto. *TBC: Crônica de um Sonho.* São Paulo: Perspectiva, 1986.
KANTOR, Tadeusz. *O Teatro da Morte.* São Paulo: Perspectiva, 2008.
LICIA, Nydia. *Eu Vivi o TBC.* São Paulo: Imprensa Oficial, 2007.
MAGALDI, Sábato. *Nelson Rodrigues: Dramaturgia e Encenações.* São Paulo: Perspectiva, 1987.

____. *Panorama do Teatro Brasileiro*. São Paulo: Global, 1997.
____ (org.). *Teatro Completo de Nelson Rodrigues*. Rio de Janeiro: Nova Fronteira, 1989.
____. *Teatro da Obsessão: Nelson Rodrigues*. São Paulo: Global, 2004.
MICHALSKI, Yan. *Ziembinski e o Teatro Brasileiro*. 2. ed. São Paulo/Rio de Janeiro: Hucitec/Ministério da Cultura/Funarte, 1995.
PRADO, Décio de Almeida. *Apresentação do Teatro Brasileiro Moderno: Crítica Teatral de 1947 a 1955*. São Paulo: Perspectiva, 2001.
SILVA, Armando Sérgio (org.). *J. Guinsburg: Diálogos Sobre Teatro*. São Paulo: Edusp, 2002.
VARGAS, Maria Thereza. *Cacilda Becker: Uma Mulher de Muita Importância*. São Paulo: Imprensa Oficial, 2013. (Col. Aplauso)

ÍNDICE DE NOMES

Adacto Filho, (Artur Pereira de Melo, dito) 131, 246
Affonso, Ruy 183
Almeida, Abílio Pereira de 158, 189, 228, 290, 291, 296
Almeida, Guilherme de 188
Amado, Jorge 178, 295
Amaral, Neuza 263
Andrade, Jorge 233, 234, 236, 278, 287, 292
Andrycz, Nina 48
Anouilh, Jean 156, 183, 288, 293, 294, 295
Antoine, André 200
Antunes Filho, José Alves 14, 15, 162, 192, 193, 219, 238
Araújo, Auristela 129, 149
Assis, Chico de 208, 244
Autran, Paulo 183, 184, 186, 191, 197, 214, 215
Axer, Erwin 227, 230, 233, 236, 237
Azevedo, Artur 246
Azevedo, Odilon 128, 244, 265

Bałucki, Michał 13, 64, 111, 192
Bandeira, Manuel 140
Barrault, Jean-Louis 160
Barroso, Maurício 183
Becker, Cacilda 152, 158, 180, 183, 189, 196, 197, 296
Benedetti, Lúcia 188, 239, 294
Bernard, Jean-Jacques 287
Białoszczyński, Tadeusz 41
Biar, Célia 183
Biernacki, Kazimierz 85
Bivar, Antônio 258, 259, 292, 298
Bollini, Flaminio 188, 208, 294, 295
Borowski, Karol 44, 45, 46, 282, 284

Boy-Żeleński, Tadeusz 16, 50, 65, 68, 69, 71, 72, 82, 83, 191, 192,
Brandão, Roberto 173
Britto, Sérgio 174, 183, 213, 214, 215, 247
Brydziński, Wojciech 88
Büchner, George 170, 172, 288, 295
Bujwid, Odo 102

Callado, Antônio 228
Capanema, Gustavo 131
Cardoso, Lúcio 131
Cardoso, Sérgio 183, 186, 196, 197
Carrero, Tônia 163, 197
Castro, Jorge de 128
Castro, Ruy 224
Celi, Adolfo 181, 183, 188, 197, 208, 209, 210, 211, 295
Chagas, Walmor 185, 196, 197
Chase, Mary 197, 289, 295
Copeau, Jacques 128
Costa, Jayme 128, 215
Coward, Noël 65, 185, 282
Craig, Gordon 200, 201, 209
Cruz, Osmar Rodrigues 198
Ćwiklińska, Mieczysława 168
Cwojdziński, Antoni 64, 72, 289
Czop, Ireneusz 257

Dąbrowski, Bronisław 88
Dean, Basil 71, 284,
Della Costa, Maria 133, 152, 173, 183, 186, 197, 215,
Deval, Jacques 64, 68, 77, 282, 283

Dias, Gomes 228, 292
Dickens, Charles 190, 289, 295
Dietrich, Marlene 96
Dória, Gustavo 178
Duse, Eleonora 151

Eichlerówna, Irena 41, 87, 89, 90, 149, 150, 151, 165, 232, 235, 277. Ver também Stypińska, Irena

Ferreira, Procópio 128, 199
Francis, Paulo 193
Fredro, Aleksander 85, 89, 111
Fuser, Fausto 15, 16, 17, 198, 199, 232, 233, 236, 237

Garcia, Chianca de 156
Garrido, Alda 199
Goebbels, Joseph 85, 96, 169
Goldoni, Carlo 131, 183, 297
Gombrowicz, Witold 113, 114, 239
Górki, Maksim 183, 186, 294
Gosk, Hanna 122
Grabowski, Władysław 47
Grodzieńska, Stefania 88
Groska, Urszula 257
Grotowski, Jerzy 238, 254
Guerra, Ademar 159, 208, 247
Guinsburg, Jacó 15, 160, 214, 237, 258

Himmler, Heinrich 169
Hołyńska, Małgorzata 233
Hübner, Zygmunt 233

Iwaszkiewicz, Jarosław 48, 51, 64, 77, 285

Jacobbi, Ruggero 158, 183, 188, 208, 210, 294, 296
Jaracz, Stefan 85, 86, 95, 168
Jardel Filho (Jardel Frederico De Bôscoli Filho, dito) 183
Jarossy, Fryderyk 85
Jaroszewska, Zofia 42
Jonson, Ben 183, 281, 290, 296
José Renato, (Renato José Pécora, dito) 245
Jouvet, Louis 160
Junosza-Stępowski, Kazimierz 168, 170
Jurandot, Jerzy 88

Kamińska, Ida 85
Kennedy Margaret 71, 284
Kleemann, Fredi 187, 206
Klimt, Gustav 169
Koczanowicz, Zbigniew 47, 48, 81

Kołodziejczyk, Dorota 226
Korzeniewski, Bohdan 71, 72, 192, 202
Kreczmar, Jan 41
Krzywicka, Irena 51, 65, 82, 83,
Krzywoszewski, Stefan 70, 286
Kurnakowicz, Jan 64, 88
Kusnet, Eugênio 174, 189

Labanca, João Angelo 131, 149, 150, 173, 194, 214
Lechoń, Jan 110, 168
Leite, Luíza Barreto 128, 133, 150, 160, 165, 168, 171, 213
Leminski, Paulo 12, 13, 221,
Licia, Nydia 15, 133, 183, 188, 190, 196, 197, 225, 269
Lisowski, Jerzy 233

Macierakowski, Jerzy 152
Maeterlinck, Maurice 85, 131, 276, 287, 293
Magaldi, Sábato 14, 16, 162, 183, 214, 215, 224, 245, 257,
Magno, Paschoal Carlos 128, 173, 183, 195, 224, 244
Małcużyński, Witold 110, 127
Małkowska, Hanna 44
Mello, Graça 129, 131, 173, 174, 215
Mendes, Oswaldo 200
Mesquita, Alfredo 135, 146
Messal, Lucyna 85
Meierhold, Vsévolod 52, 200, 209
Michalski, Yan 15, 16, 17, 21, 127, 193, 203, 208, 251, 255, 271
Milecki, Mieczysław 44
Miller, Arthur 183
Modrzejewska, Helena 221
Molière, (Jean-Baptiste Pochelin, dito) 131, 287
Montherlant, Henry de 160, 193, 288, 293
Moraes, Dulcina de 128, 130, 244, 245, 265
Musset, Alfred de 131

Navarro, Olga 152
Negri, Pola 221
Niccodemi, Dario 77, 282
Niwińska, Zofia 41, 42
Noskowski, Witold 93
Nowakowski, Zygmunt 42, 281, 285

O'Neill, Eugene 152, 193, 210, 229, 278, 288, 290, 291, 293, 296
Oiticica, Sônia 244
Olavo, Agostinho 128, 131
Oliveira, Domingos 224, 264,
Ordonówna, Hanka 94
Osterwa, Juliusz 40, 48, 89, 201
Ostrowski, Jerzy 104

índice de nomes

Paes Leme, Bellá 129
Parandowski, Jan 65
Pawelec, Bogusława 257
Pawlikowska-Jasnorzewska, Maria 47, 284
Pedreira, Brutus 131, 138, 194
Peixoto, Fernando 14, 16, 183
Perry, Carlos 129, 139, 140, 146
Perry, Stella 129, 146
Piasecki, Ryszard 257
Piotrowski, Wacław 269
Pirandello, Luigi 64, 129, 183, 188, 246, 265, 283, 289, 292, 294, 297, 298
Polloni, Sandro 172, 173, 196
Pontes, Paulo 254, 298
Prado, Décio de Almeida 16, 141, 159, 160, 177, 188, 189, 194, 199, 209, 214, 224, 246
Próżyńska, Maria 52
Przybyłko-Potocka, Maria 48, 50, 51

Raszewski, Zbigniew 92
Ratto, Gianni 208
Reinhardt, Max 209
Renard, Jules 209, 289, 291, 294, 296
Rodrigues, Nelson 7, 119, 120, 131, 133, 135, 138, 177, 219, 220, 224, 228, 229, 233, 244, 245, 247, 253, 255, 256, 257, 272, 276, 287, 288, 289, 291, 292, 297
Rychłowski, Franciszek 40

Salce, Luciano 188, 210, 294, 295
Samborski, Bogusław (Gottlieb von Sambor) 45, 82, 83, 96, 168-175
Santa Rosa, Tomás 128, 129, 133, 146, 246, 255
Scheffer, Paul 98, 226, 290, 296,
Schiller, Friedrich 185,
Schiller, Leon 86, 95, 201, 202, 203
Shaw, George Bernard 46, 64, 81, 82, 83, 84, 229, 255, 281, 282, 286, 288, 290, 291, 295, 297
Sherriff, Robert 131, 193, 287
Sielański, Stanisław
Silva, Mário da 128
Silveira, Miroel 16, 150, 174, 210, 295
Słonimski, Antoni 16, 48, 65, 68, 70, 72, 77, 87, 192,
Słowacki, Juliusz 64, 236
Sófocles 183, 295
Sosnowski, Paweł 101
Stanislávski, Konstantin 174, 200, 202, 209, 216, 217
Starzycka, Magdalena 257

Strindberg, August 183
Strzelecka, Natalia 257
Stypińska, Irena 149, 150, 171, 194. Ver também Eichlerówna, Irena
Sym, Igo 94, 95, 96, 169
Szletyński, Henryk 88, 286
Szpakiewicz, Mieczysław 88
Szyfman, Arnold 43, 44, 48, 72, 84, 86, 89, 151, 152, 201

Tepa, Jerzy 68, 69, 283
Thiré, Cecil 15, 253, 254, 298
Tolentino, Eduardo 257
Tudor, Eva 199
Turkow, Zygmunt 131, 149, 173, 174, 178, 214, 216, 217
Turowicz, Jadwiga 93
Tuwim, Julian 85, 86, 87, 110, 112, 285

Ucicky, Gustav 169
Uzelac, Zofia 257

Vaneau, Maurice 183, 296
Vargas, Maria Thereza 15, 196

Walden, Jerzy 41
Wasilewski, Ryszard 41
Węgierko, Aleksander 45, 48, 71, 202, 284, 285
Węgrzyn, Józef 82
Węgrzyn, Mieczysław 45, 82
Wey, Waldemar 183
Wierciński, Edmund 48, 202, 285
Wierzyński, Kazimierz 51, 110
Wilde, Oscar 183, 286,
Williams, Tennessee 188, 225, 288, 289, 296
Wrocławski, Bronisław 257
Wychowaniec, Edward 260
Wyspiański, Stanisław 64, 93, 282, 285

Yáconis, Cleide 183, 269

Zamoyski, August 110
Zampari, Franco 181, 183, 184, 188, 191, 231
Zapasiewicz, Zbigniew 236, 237
Zelwerowicz Aleksander 13, 39, 40, 41, 42, 43, 44, 87, 115, 168, 201, 202, 203
Zieliński, Czesław 111
Ziembinski, Krzysztof 52, 227, 230
Żeromski, Stefan 89, 286, 287

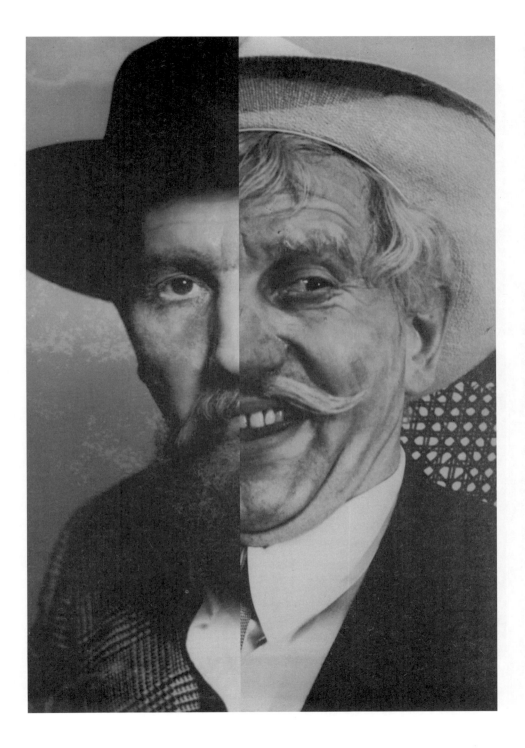

COLEÇÃO PERSPECTIVAS

Eleonora Duse: Vida e Arte
    Giovanni Pontiero
Linguagem e Vida
    Antonin Artaud
Aventuras de uma Língua Errante: Ensaios de Literatura e Teatro Ídische
    J. Guinsburg
Afrografias da Memória
    Leda Maria Martins
Mikhail Bakhtin
    Katerina Clark e Michael Holquist
Ninguém se Livra de Seus Fantasmas
    Nydia Lícia
O Cotidiano de uma Lenda: Cartas do Teatro de Arte de Moscou
    Cristiane Layher Takeda
A Filosofia do Judaísmo
    Julius Guttman
O Islã Clássico: Itinerários de uma Cultura
    Rosalie Helena de Souza Pereira
Todos os Corpos de Pasolini
    Luiz Nazario
Fios Soltos: A Arte de Hélio Oiticica
    Paula Braga (org.)
História dos Judeus em Portugal
    Meyer Kayserling
Os Alquimistas Judeus: Um Livro de História e Fontes
    Raphael Patai
Memórias e Cinzas: Vozes do Silêncio
    Edelyn Schweidson
Giacometti, Alberto e Diego: A História Oculta
    Claude Delay
*Cidadão do Mundo: O Brasil diante do Holocausto
    e dos Judeus Refugiados do Nazifascismo (1933-1948)*
    Maria Luiza Tucci Carneiro
Pessoa e Personagem: O Romanesco dos Anos de 1920 aos anos de 1950
    Michel Zéraffa

Vsévolod Meierhold: Ou a Invenção da Cena
    Gérard Abensour
Oniska: Poética do Xamanismo na Amazônia
    Pedro de Niemeyer Cesarino
Sri Aurobindo ou a Aventura da Consciência
    Satprem
Testemunhas do Futuro: Filosofia e Messianismo
    Pierre Bouretz
O Redemunho do Horror
    Luiz Costa Lima
Eis Antonin Artaud
    Florence de Mèredieu
Averróis: A Arte de Governar
    Rosalie Helena de Souza Pereira
Sábato Magaldi e as Heresias do Teatro
    Maria de Fátima da Silva Assunção
Diderot
    Arthur M. Wilson
A Alemanha Nazista e os Judeus, Volume 1: Os Anos da Perseguição, 1933-1939
    Saul Friedländer
A Alemanha Nazista e os Judeus, Volume 2: Os Anos de Extermínio, 1939-1945
    Saul Friedländer
Norberto Bobbio: Trajetória e Obra
    Celso Lafer
Hélio Oiticica: Singularidade, Multiplicidade
    Paula Braga
Caminhos do Teatro Ocidental
    Barbara Heliodora
Alda Garrido: As Mil Faces de uma Atriz Popular Brasileira
    Marta Metzler
Na Senda da Razão: Filosofia e Ciência no Medievo Judaico
    Rosalie Helena de Souza Pereira (org.)
Ziembinski, Aquele Bárbaro Sotaque Polonês
    Aleksandra Pluta

Este livro foi impresso na cidade de São Paulo,
nas oficinas da Orgrafic Gráfica e Editora, em outubro de 2016,
para a Editora Perspectiva